# 做一个会"偷懒"的班主任

## ——班级自主教育管理的艺术和技巧

（第二版）

郑学志／著

中国轻工业出版社

## 图书在版编目(CIP)数据

做一个会"偷懒"的班主任：班级自主教育管理的艺术和技巧/郑学志著．—2版．—北京：中国轻工业出版社，2019.3（2025.1重印）

ISBN 978-7-5184-2204-3

Ⅰ.①做… Ⅱ.①郑… Ⅲ.①中小学－班主任－工作经验 Ⅳ.①G635.16

中国版本图书馆CIP数据核字（2018）第252302号

---

保留所有权利。非经中国轻工业出版社"万千教育"书面授权，任何人不得以任何方式（包括但不限于电子、机械、手工或其他尚未被发明或应用的技术手段）复印、拍照、扫描、录音、朗读、存储、发表本书中任何部分或本书全部内容，以及其他附带的所有资料（包括但不限于光盘、音频、视频等）。中国轻工业出版社"万千教育"未授权任何机构提供源自本书内容的电子文件阅览、收听或下载服务。如有此类非法行为，查实必究。

---

责任编辑：吴 红 牟 聪　　责任终审：杜文勇
策划编辑：吴 红　　　　　　责任校对：刘志颖　　责任监印：吴维斌

出版发行：中国轻工业出版社（北京鲁谷东街5号，邮编：100040）
印　　刷：三河市鑫金马印装有限公司
经　　销：各地新华书店
版　　次：2025年1月第2版第7次印刷
开　　本：710×1000　1/16　印张：16.5
字　　数：185千字
印　　数：19001—22000
书　　号：ISBN 978-7-5184-2204-3　定价：48.00元
读者热线：010-65181109
发行电话：010-85119832　　010-85119912
网　　址：http://www.chlip.com.cn　http://www.wqedu.com
电子信箱：1012305542@qq.com
版权所有　侵权必究
如发现图书残缺请拨打读者热线联系调换

242412Y1C207ZBW

# 第二版序言：推动方法不断进步

出书是一件非常遗憾的事情。每当老师们兴高采烈地拿着《做一个会"偷懒"的班主任》让我签名："郑老师，我有您的这本书！"他们满脸的笑容和喜悦让我不忍心把后面的话说出来。然而，我不得不遗憾地告诉他们："其实我们还可以做得更好，针对这本书中的理念，我们有了更好的做法。"

4年来，尽管这本"偷懒"的书被印刷了十几次，作为教育类图书来说，确实已经很不错了，但是我总觉得，我还有更多、更好的做法，没有能够及时地补充进去。如果有机会，我一定要把我、把我们团队更好的做法补充进去，让更多的老师得到帮助和启发。时代在变，学生在变，我们遭遇的情况一直在变，而我们的做法，也一直在改进。不能够给予老师们我们最新的、最有意思的做法，我满心愧疚。

如果说我自己没有发展，我倒不会感到愧疚，因为我已经尽力了。要命的是，这本《做一个会"偷懒"的班主任》出版几年之后，我们确实已经有了更多的、更新的、更有意思的做法，我为什么不及时分享给大家呢？出版这本书的目的，不就是为了让更多的老师分享我们的做法，让大家都感到轻松快乐吗？

我一直不提倡班主任活得很累，如果班主任活得累，职业幸福感就会离我们很远。尽管有喜爱班主任工作的老师说"我们累并幸福着"，但是，长时间的疲惫很容易把我们当初的职业激情和幸福感消磨殆尽。很难想象，一个整天疲于奔命、忙着应付各种事务的班主任能够幸福。

可事实上，不少班主任确实过得很累。经常有老师给我留言，给我发信息，给我打电话，诉说着各种被学生"整"得够呛的场景和问题，请求我给予支援或者帮忙想办法解决。我总是很纳闷，为什么是学生让我们累得要死，而不是我们让他们感到累呢？

工作有一个方向问题。青少年精力旺盛，您不给他们找点儿事情做，他们就会给您找点儿事情做；您不让他们忙起来，他们就会让您忙起来；今天这儿出了问题，明天那儿出了问题，让您疲惫不堪。这就给我们一个启发：做一个会"偷懒"的班主任，重点不在"偷懒"上，而是在"会"字上。很多事情，您会了，难事变易；不会，容易的事情都会很难。我仔细观察了那些能干的、轻松的班主任，他们无一不是管理的高手，知道把自己解放出来，让学生去忙碌。他们基本的工作方向是"折腾"，弄点事情让学生做。当学生欢蹦乱跳地朝着您给他"折腾"的方向努力时，您就轻松了。

因此，在这本书再版时，我特意增加了一章崭新的内容——"第三章　强大的执行力是'会'偷懒的关键"，介绍了从让学生们学会议事、学会用"七小行动研究"解决问题，到他们会自己安排工作、自我激励、自我评价，这一整套让学生"折腾"自己的好办法。同时，还针对以前部分章节中存在的操作性不强的问题，比如干部培训办法，怎样把每一个学生都培养成"能独当一面的领导"，进行了彻底更新。把我对干部培训的五种模式全部补充进去，使本书具有了更强的操作性，成为升级版的"偷懒经"。

也许，有些老师觉得"偷懒"这个词用得不好，不太……积极。我想说的是，恰好是"偷懒"的人，推动了我们工作方式方法的改进，推动了社会的发展进步。因为想"偷懒"，不想走那么远的路，我们才发明了汽车、飞机、高速列车这些快捷的交通工具；因为想"偷懒"，不去做那些烦琐的小事情，我们才发展科技让生活越来越便捷。有了"偷懒"的需求，我们才会想办法进一步创新和完善。高效率地工作，充满幸福感地活着，是每一个人的正当追求。为什么我们不敢光明正大地说"偷懒"呢？

更何况，"偷懒"也是我们教育教学的要求。大家什么时候看到家长对所有事情都包办代替的孩子变得能干了？什么时候看到躲避在妈妈翅膀下的雏鹰能够高飞了？孩子需要锻炼自己的能力，才能够成长。父母再能干，终究没有孩子自己得来的经验重要。舍不得放手，见不得孩子不能干，恨不得包办代替，这样剥夺了孩子成长的空间，孩子怎么会能干呢？把班级还给学生，把体验成长的过程还给学生，把思考行动的权利还给学生，学生才能够真正地成长起来。

我们不仅要勇于"偷懒",而且要"懒"得更好、更有成效。所以,在本书再版的时候,我们特意调整了不少章节的内容,增加了整整一章关于"执行力"的内容,同时也精简了一些不够理想的文字。

我希望,不管是老读者,还是新读者,拿到再版的图书时,我都不会再深深地感到遗憾和愧疚。因为,我们已经没有保留了。

郑学志

2018 年 8 月 25 日

# 第一版序言：做像嘉靖一样会"偷懒"的班主任

当当当——"偷懒"班主任培训学校开学了！首先我们来学一学中国"偷懒"班主任史——既会偷懒，又做出了丰功伟绩，那样的班主任自然是我们学习的好榜样。

第一位出场的著名班主任是大禹。大禹做班主任的时候，任何事情都亲力亲为，是一个老黄牛型的人。他最高的荣誉是带领全班同学治水，三过家门而不入，留下了很好的口碑。可是，我们也知道，大禹那个时候，是小班制，人数少，学生思想单纯，说什么做什么，都听老师的。不像现在，学校普遍超员，班级超大，要是大禹现在还来做班主任的话，用他那套方法，我估计一辈子都是从家门口过而不入了。为什么？没有时间回家啊！在我们想偷懒的班主任心目中，大禹老师值得敬佩，但是不值得效仿。第一个被淘汰的、不会偷懒的班主任，就是大禹！

第二位著名班主任是秦始皇嬴政。嬴老师做班主任很有一套，他开始学会偷懒了，我们得注意一下。嬴老师偷懒的技巧就是依靠班长，他很注意选拔班长，而且打破班长终身制，喜欢组织不同的干部值周，吕不韦、商鞅、李斯同学都因为能力突出，先后做过值周班长，把一个人数并不多的小班，打造成统一中国的第一个超级大班。可以说嬴老师在管理学生方面很有一套。但是，嬴老师没有发动全体学生参与管理，只一味地依靠班长，结果反而被班长误了大事。嬴老师去世后，代课老师秦二世嬴胡亥做班主任，没想到被指鹿为马的班长赵高给忽悠了，班级一泻千里，嬴老师的千秋万代梦做到二世就完了。所以，嬴老师给我们留下的教训是——班长很重要，但是只依靠班长的管理，最终怕是会被班长误了大好前程。

第三位班主任还没有出场，名气就很大了，他是谁呢？唐太宗李世民。李老师吸取了嬴老师的教训，他不依靠一个班长了，而是发动整个班干部队伍的力量来做班级管理。他不仅对班干部队伍进行了科学设置，而且善于倾听干部们的意见，因此，干部们都肯为他做事。变化最大的，就是从隋炀帝杨广老师班上转来的差生魏征。魏征同学原来在杨老师那个班级谨小慎微，贪生怕死、从不轻易说话，而且爱搞点小动作。刚转到李老师班上时，还撺掇建成太子先发制人，搞恶作剧。但最后他被李老师转化了，一改过去的萎靡作风，说话做事泼辣无比，甚至敢冒死进谏，留下了千古直臣的好名声。李老师呢，也成为体恤民情、关心同学的好老师。他们班的贞观之治主题班会在历史上留下了光辉灿烂的一页。

但是，李老师的偷懒法太难学了。他动辄 CEO，开口民主，闭口爱卿，确实很有道理，但是对一般班主任来说，未免有些遥远。我更崇尚的，倒是第四位著名班主任明世宗嘉靖老师。

嘉靖老师做班主任真的很独特。据《明史》记载，从嘉靖二十九年开始，嘉靖老师就已经没有到班上按指纹打卡的习惯，之后长达 27 年的时间里，他上朝的次数只有 4 次。不上朝了，嘉靖还怎么处理朝政呢？

在民间流传的众多戏曲中，不爱上朝的嘉靖被塑造成了一个花天酒地、不理国事的昏君。真实的历史是嘉靖老师在帝国中拥有绝对的权威，即使像严嵩这样权倾朝野的大坏学生，见到嘉靖老师的背影都怕。后人感到很奇怪，一个不理朝政的人，何以能对底下的事情掌握得一清二楚？一个躲在后宫里的人，何以能让属下服服帖帖？关键原因是——嘉靖老师会"偷懒"。

明朝有一种议政方式，叫作朝对。什么是朝对呢？朝对就是皇帝把大臣单独叫到殿上和他对话；用现在的说法，可以叫述职，也可以叫调研，总之是了解情况、听取意见。还有一种方式呢，就是"内阁票拟"，也就是我们现在所说的学生集体议事制度。嘉靖老师把班上的一切政务都交给最高权力机构"内阁"来处理，他们先把管理意见（票拟）写好，然后呈给嘉靖老师审批。这就既发扬了民主，听取了不同意见，又提高了办事效率。结果，嘉靖老师创造了一个奇迹——一方面不上朝，另一方面掌握着整个大明朝的运转，成为整个明朝在位时间较长的皇帝之一。整个嘉靖朝的历史，实际上就是一部管理学运用和研究的历史。

班主任想"偷懒",就要当个像嘉靖老师一样"会"偷懒的班主任,既能享受生活,又有放手让学生管理的制度、规矩和技巧。这本《做一个会"偷懒"的班主任》,就是从剖析老师们为什么活得累入手,提出树立光明正大的"偷懒"观念,系统讲述"偷懒"的技巧,包括班主任的执行力、班级自动运行机制、学生自主教育管理、精干干部培训等,告诉你如何科学"偷懒"、如何确保"偷懒"成功、如何留下"偷懒"好名声的"歪门邪道"。愿意学的,我不保留;不愿意看的,姑且一笑。

是为序。

郑学志

2010 年 12 月 28 日

# 目　录

第二版序言：推动方法不断进步 ············································· I

第一版序言：做像嘉靖一样会"偷懒"的班主任 ······················ V

## 第一章　让师生都得到解放 ······················································· 1

1. 班主任，你为什么活得累 ············································ 3
2. 勇敢地转变工作思路 ···················································· 9
3. 寻找一条师生都解放的道路 ······································ 12
4. 及时转变自己的角色 ·················································· 16
5. 要绝对相信孩子 ·························································· 20

## 第二章　及时改变是"会"偷懒的秘诀 ································· 25

1. 尝试着让学生自己去做 ·············································· 27
2. "偷懒"得有良好的心态 ············································ 30
3. 把想到的事情提前做 ·················································· 34
4. 带差班要有建设名牌班级意识 ·································· 39
5. 掌握一点激励技巧 ······················································ 43
6. 不断升级讲理的方法 ·················································· 45
7. 关键是找到对的教育方法 ·········································· 50

## 第三章　强大的执行力是"会"偷懒的关键 ······················· 57

1. 会商量：八分钟议事法则 ·········································· 59
2. 会思考：七小行动研究，让学生自己解决问题 ······ 65
3. 会安排：不打折扣地完成任务 ·································· 70

4. 会协调：让干部从此不得罪人……76

5. 会评价：清晰地知道每一天的进步……80

6. 会升级：突破执行力的疲软极限……84

### 第四章 构建一个让学生自主的制度体系……91

1. 给学生一个明确的制度体系……93

2. 详细的制度从哪里来……98

3. 一切按照制度办事……108

4. 让学生乐于接受班规的约束……112

5. 实用的也是最省力的……115

6. 不会偷懒的六个制度误区……121

7. 确保每一个人都对制度有安全感……124

### 第五章 建立一个全面放手的运行机制……133

1. 抓住班级建设的关键词……135

2. 全员参与才能确保管理无死角……140

3. 竞争让学生身不由己地为你奔忙……146

4. 恰当的奖励让学生喜不自禁……154

5. 如何使学生保持旺盛的学习激情——激发激情的5个技巧……158

6. 协调机制是班级自治的润滑剂……162

7. 建立一个阳光温馨的监督检查系统……167

8. 自纠机制让班主任彻底放手……172

### 第六章 把每个学生都培养成能独当一面的干部……177

1. 洒脱的班主任要有一批好干部……179

2. 让更多的学生从后台走出来……181

3. 让所有学生都得到锻炼……184

4. 每个学生都能成为独当一面的班干部……188

  5. 如何指导值日班干部开展工作 …………………………………194

  6. 展现出一个领导团队的光辉 ……………………………………197

**第七章 努力打造学生自主的良好品质** …………………………………201

  1. 让学生明白学习是一种义务和责任——让学生自主学习之一 …203

  2. 建立学生学习的自我激励程序——让学生自主学习之二 …206

  3. 教会学生自主学习的方法——让学生自主学习之三 …………214

  4. 学生行为自律是我们放手的前提 ………………………………216

  5. 唤醒学生的责任意识 ……………………………………………220

  6. 用道德自省打造和谐的人际环境 ………………………………226

  7. 精神自强激励学生迎接挑战 ……………………………………230

  8. 强大的自制力可以帮助学生成功 ………………………………235

**名师推荐集锦** …………………………………………………………………242

# 第一章 让师生都得到解放

⊙我们总想管住学生，因此，当我们管不住学生的时候，我们总是想方设法去制定规章制度，想方设法去说服压制，想方设法去各个击破。但是，我们从没想过：管不住，是不是我们的管理方式有问题，是不是一开始我们的管理方向就错了？

⊙学生并不需要老师盯死看牢，并不需要手把手地去教。很多时候，他们自己知道管理自己，自己知道教育自己。只是我们做班主任的太不信任他们，总以为他们离开了班主任就不行。

⊙"管死学生"不是我们的教育目的，教育的目的是影响学生、熏陶学生、教育学生、发展学生。一味地"管"，那是封建专制对人才的奴性要求，而不是现代教育对人尊重和发展的要求。换句话说，抛开你管不住学生的实质，用"管"来代替教育，这种思想本身就是错误的。

# 1. 班主任，你为什么活得累

> 我们常提班主任的专业成长，提做一个纯粹而幸福的教育工作者。这些提法很美妙，可是，一个整天都处在疲惫不堪状态下的教育工作者，如何才能体会到幸福呢？

在"教育在线"网站上，范志伟老师发起过这样一个帖子——《年轻的班主任，你感觉到累吗》，这个帖子引起了老师们的强烈共鸣。

关庙中心小学彭敏老师说："我们很多老师都不愿当班主任，多数是因为班主任工作量很大，每天早出晚归、披星戴月地陪着学生，真是苦、真是累！对于有事业心的老师来说，他希望通过管好班级、管好学生来实现自身的人生价值，苦一点、累一点也心甘情愿，但问题是，这种苦与累是一种无望的苦与累，班主任把小命都搭上了也不见成效或收效甚微，有时还会吃力不讨好！"

网友兰弈老师承认："班主任累，做寄宿制小学的班主任更累，学生所有的生活习惯、学习习惯、行为习惯，一切的一切你都要亲自培养，甚至连教室的卫生、学生生病感冒，你都要亲自过问，真的感觉好累呀！！"

网友"横刀立马"感受更深，他说："我都不记得在阳光下回家的感觉了！"

现在，这种累的情况有增无减。一些职能部门把和教育无关的工作，都摊派到班主任身上，大家都成了政府部门扶贫、反邪教、创卫、维稳的"表哥表叔"——每天有填不完的表格！

不光是在"教育在线"网站，只要是在班主任聚集的地方，倾诉工作中的累几乎成了老师们共同的心声。在许多网站，都流行着这样一首顺口溜——《老班十累》。

班主任，有十累，你可听我谈体会。

班主任第一累,学校早操开晨会,
哨声一响气一吹,一溜小跑查部队。

班主任第二累,上课打击游击队,
你不在时他狂侃,你若在时他闭嘴。

班主任第三累,顽固堡垒攻不退,
常有二三纨绔子,总把班级当聚会。

班主任第四累,课间操时要整队,
东倒西歪像蛇舞,看你生气不生气?

班主任第五累,厌帮学校收小费,
一路吆喝一路问,总觉像个黑社会。

班主任第六累,学校做事你之最,
今朝刚把表来填,下午要你去收费。

班主任第七累,怕开学生家长会,
不问自家质与地,常怪老师无教艺。

班主任第八累,每周要搞班级会,
班无良才心受累,一个节目无人会。

班主任第九累,常忧分数夜难寐,
每日念它十遍经,自习恶补恐掉队。

班主任第十累，精神紧张身憔悴，

心若悬丝半空挂，最怕领导找开会。

我们常提班主任的专业成长，提做一个纯粹而幸福的教育工作者。这些提法很美妙，可是，一个整天都处在疲惫不堪状态下的教育工作者，如何才能体会到幸福呢？

很多班主任坦言，班主任的累，体力是一个方面，更多的是心累。心累，才更让人觉得没有奔头。

那么，除了那些外界我们无法改变的因素外，班主任自身还有什么原因呢？

**(1) 落后的工作理念和方式**

2010年8月，我们在愚公故里、著名风景区王屋山举办"全国首届班级自主化教育管理论坛"，与会的河南省优秀班主任、济源市一中的王晓琳老师在报告中坦率地剖析了自己累的根本原因。

2001年，我担任了济源市一中班主任。在工作方式上，我采用时间战和体力战，"跟紧班、紧跟班"是领导对我的评价。我带的第一届学生成绩非常优秀，考试成绩稳居年级前两名，班级6个学期都被评为校先进班集体，我也被评为优秀班主任、济源市优秀教师。这种体力战持续到2007年我带艺术实验班，这个班以高考超额完成学校的19个高考指标而完全胜出，各种荣誉和表彰扑面而至。

但是，高强度、低智慧的工作方式我无法长期承受，我就像希腊神话中推着石头上山的"西西弗斯"，"当下"永远是我的奋斗之时，却不是我的成功之地。

班上相继出现的几个极端典型事件让我对自己的工作效能产生了深重的忧虑。一个事件是某艺术女生喝醉后爬到楼顶，威胁要跳楼；另一个事件是一个名叫晓晓的女生因为情感问题而在宿舍割腕。幸好两个事件我都处理得及时，没有造成悲剧……但是，我一直很紧张，这两个事件几乎都是以命相搏的较量。我质问自己，我拼命地工作，可是为什么还难以给学生营造良好的成长环境呢？我认真负责，难道就是一个好班主任了吗？

2007年教师节，我收到数封学生给我的感谢信，整理出来发在校园网的论坛上。没想到这个帖子引起了一场轩然大波。一个自称是我第一届学生、网名为"晰清"的人跟了这样一个帖子："老师，我也是你的学生，但我不是一个幸运的学生，没有得到你的垂青。如果我也能像他们那样的话，我今天就不会在这样的大学里过日子了。工作苦和累，并不意味着老师责任的相对减轻，而是意味着更大的责任，因为你们身上有我们的期待。"

学生的跟帖让我很吃惊。很显然，我的苦和累并没有得到学生的认同。我意识到，做一个优秀的班主任，不仅仅是工作态度兢兢业业就可以了……

原来，是"跟紧班、紧跟班"这种没有技术含量的时间战和体力战，让班主任教师备感疲惫！

我敬佩王晓琳老师，她敢于在自己取得一系列突出成绩时这么坦率地剖析自己，敢于把自己内心的质疑展示给大家看。不像有些班主任，他们讳疾忌医，宁可把这种累压在心底，也不愿意轻易说出来，唯恐一说出来，就被人认为没有教育艺术，这叫死要面子活受罪！

### （2）教育管理方向错了

和王晓琳老师一样，我一直坚定地认为，累不是教育发展的真正目的，犹如科技一样，越发达应该给人带来越多的方便；如果在教育中感觉到累，感觉到体力透支和心力交瘁，那一定是我们在什么地方做错了。

很快，我就发现了我们错在什么地方。只是发现这个错，我们为之付出的代价大了些。

1994年，我刚参加工作，学校安排我做班主任。那一年，学校分来10名老师，有一半做了班主任。用校长的话说，就是"谁英雄，谁浑蛋，班主任工作比比看"。

初当班主任，我的任务就是管好学生。因为很多老班主任在我面前唠叨：

开始接班的时候必须严格管理，不然后边乱了，再来治理就很困难。他们还告诉我：对学生不能太宽容，要严厉。还给我举了好多的例子：某班主任罚迟到的学生在操场上跑20圈，结果全班学生服服帖帖的。某班学生不听话，被班主任喊出来做下蹲运动，一次就是100个，罚到学生站都站不起来，以后谁还敢乱来？某某班主任有威信，往台上一站，下面就鸦雀无声……

听得多了，我简单地得出一个经验——做班主任就是要严格管理，严就能够一了百了，严就能够出效益、出成果。于是，上课睡懒觉罚挑垃圾20担的班规就这样出台了。

严管之下，学生怕惩罚，表面上一片繁荣，学校经常表扬我们班级。可是，有一天，我到教室里去检查早自习，发现黑板上写着两行又大又粗的字：

"我们不要法西斯班主任！"

"我们要换班主任！"

我当时气愤极了。我没有想到自己这么尽职尽责，却换来这样的结果？我身体不好，父母得病了我都没能去陪伴一下，全身心的付出，换来的竟然是学生赶我下台！于是，我站在台上，做自己"最后一次"即兴发言：

"我没有想到，今天是我爱的学生们要赶我下去了。但是，在学校宣布之前，我给同学们讲最后一次话。

"今天，你们要换班主任，我理解你们，同时也感谢你们，你们让我明白，做一个班主任不容易。做你们的班主任这几个月里，我从没有在晚上11点半之前睡过觉，因为我怕有同学讲小话，妨碍了别的同学睡觉，更害怕外班没有睡觉的同学到你们寝室捣乱。只要我们班有一个同学没有睡好，我就不能安心。但是，我没有想到，我的管理给你们带来了这么大的伤害。你们要换管理松一点儿的班主任，我只能接受。

"你们说'不要法西斯班主任'！这是对我真诚的批评，我感到难过。我难过的是我的失职，而不是你们的评价，因为我应该早点意识到。

"我平时做得不好，对你们过于严厉，甚至对我自己都不放松。坦白地说，做你们的班主任这段时间，是我人生过得最累的一段时光。我不愿意这么做，但是我知道，刚进校时不对你们严格要求，等你们养成了涣散的毛病，再想纠正过来，就迟了。那时候，我们将被迫采取更专制的做法、付出更大的代价去扭转，那太划不来了。

"在良好的习惯养成之初，谁不会失去一些东西呢？我也失去了很多，包括我的健康。老实告诉你们，每个晚上，胃痛让我浑身是汗，但是我忍着，拖着，想等你们班稳定之后再去医院看病。我对自己也采取了法西斯专政。你们今天给我指出来，我才发现，在伤害自己的同时，我也伤害了你们。好吧，我接受同学们的意见，到学校领导那里去说一声，给你们换一个班主任，也给我自己放个假。

"最后，我真诚地向平时被我严厉处罚过的同学们说一句真心话。这句话，在我心中憋了很久：处罚你们，老师也难过。今天，在这里我诚恳地对你们说一声，委屈你们了，抱歉……"

这次讲话很成功。后来很多老师说，我当时之所以能够力挽狂澜，就是这次讲话入情入理，感动了学生。记得当时话还没有说完，我已经是泪水盈眶，下面早已哭成了一片。我点名批评过的、被罚跑16圈的那个女生跑上来拉着我的衣服："郑老师，我们不能没有您。他们要换，我们不换！"

我强忍着泪水，跑了出来。一个叫刘永香的女同学带着几个男生，哭着、喊着在后面追我："郑老师，我们错了，原谅我们吧！"他们并没有错，错的是我，我太严厉了。我头也不回地走了。

上午该我上第一节课时，我没有像平时那样去教室。教务处的曾梅林老师来喊我："郑老师，你快到教室里去劝一下学生。今天早上你班里没有一个人去吃早餐，全都坐在教室里哭。他们说，郑老师不要他们了，他们都不想吃饭了。"我再也控制不住自己的泪水。

等我赶到教室里，科任教师王老师眼圈红红地说："快来劝一下你的学生吧！我才说了几句，叫他们不要辜负一个好班主任，这样认真负责的班主任哪里找，他们就又哭了起来。"

我一看，教室里整整齐齐地坐着我的孩子们，个个眼眶红肿，有几个女生伏在桌子上抽泣。那几个"肇事者"——在班上带头要求学校换班主任的男生，齐刷刷地立正，站在教室后边，垂着头……

这次事件，我在很多场合都讲到过。尽管很多老师视我为智慧型班主任，视我为方法型老师，但是我一直不隐瞒这段特殊的经历。我并不认为这是一件丑事，没有谁能够随随便便就成功，在前行的路上，谁不会经历一些挫折、一些打击呢？只不过有些人被挫折击垮了，有些人却从挫折中找到了正确的途径。

这次事件让我认识到了一个很严肃的问题：我们总想管住学生，而不是去想教育的终极目的是什么、孩子们需要什么样的教育。

有一种爱，叫费力不讨好。我们只按照自己的需求去管学生，一厢情愿地做事，怎么会不累呢？

## 2. 勇敢地转变工作思路

> 学生并不需要老师盯死看牢，并不需要手把手地去教。很多时候，他们自己知道管理自己，自己知道教育自己。只是我们做班主任的太不信任他们，总以为他们离开了班主任就不行。

第一次做班主任失败后，直觉告诉我，该转变工作方式了。那段时间，我在学生时代就有的胃病犯了，于是，我向学校请假住院治疗，并申请在我住院期间不请人代班，让学生自我管理一段时间。

提这个建议的时候，我内心有点惴惴不安：一是觉得有点托大，本来班级已经发生了点事，我居然还提这个要求，确实不识时务；二是也确实找不到合适的人代班。我这个人骨子里天生就有点不安分的因素，总是不按常理出牌。

可是，没想到校长居然同意了！而且他还说，出了什么问题他担着，我觉得特别高兴。于是，在我休假的那段时间里，我们班就开始了"无班主任"运转。毕竟那时我年轻，在医院里待了不到一个星期，胃病就得到了基本控制。我讨厌医院里难闻的消毒水味道，于是提前出院，在离校不远的家中卧床休息。

那段时间，学校正筹办"抗日歌曲大联唱"活动。住院之前，我给学生选定了几首必唱歌曲，其中有一首难度比较大的《松花江上》。我很担心：我不在的时候，谁教他们唱那么老掉牙的歌？谁又来指挥他们？那么高难度的"爹娘啊，爹娘啊"，他们是否唱得来？……所以，每天中午学生在教室里练歌时，我都竖起耳朵听。

我们班在教学楼的三楼，而且整个学校就只有我一个班选唱《松花江上》，因此，每次学生练习我都能清晰地听到。学生开始唱歌了，歌声开始不跑调了，居然男女声部错开了……整个过程我都清清楚楚。我现在还清楚地记得，每天中午一点半，我们班的歌声就从教学楼三楼飘过来："我的家在东北松花江上，那里有森林煤矿……"时隔十多年，这种悠扬的歌声还好像就在耳边。

我还没有休完病假，学校的歌曲比赛就已经举办了。我到学校之后，那些做评委的老师无不遗憾地告诉我："你们班的学生我真是服了，没有班主任还一样能够练歌，而且取得了一等奖的第二名。与第一名的总分只有1分之差（要知道，共有7个评委啊）！如果不是抽签在第一个出场，你们班绝对是第一名。"他们解释说，因为当时他们想，第一个就这么好了，分数千万不能打高了，谁知道最好的出在最前面。

学生也跑到办公室报喜："郑老师，您不在学校时，我们班男生和女生寝室连续三周的卫生都是全校第一！""自习纪律没有扣过1分！""我们还得了歌咏比赛一等奖！"……我问学生谁来指导他们唱歌，他们说得眉飞色舞："我们请林老师来教的！""我们派'间谍'到别人班上偷学。"……

我突然发现，原来放手也很美丽！学生并不需要老师盯死看牢，并不需要手把手地去教。很多时候，他们自己知道管理自己，自己知道教育自己。

只是我们做班主任的太不信任他们，总以为他们离开了班主任就不行。

大概是因为久别重逢，不仅那些胆大的孩子亲热地在办公室进进出出，一些平时胆小的孩子也腼腆地站在办公室门口笑。他们全然忘记了，三个星期之前，他们还在要求郑学志"下课"。

班，还是原来的班，人还是原来的人，为什么换了一种方式之后，师生关系就如此不同呢？这种变化让我反思，并从此改变了我的教育人生。

现在很多老师问我：是什么使你的教育思想如此开放？我的回答可能让很多老师失望，因为很多时候，激发我不断探索教育本质的，仅仅是我有颗不甘失败的心和遇事爱琢磨的"坏习惯"。

我喜欢思考，尤其是喜欢读书之后对照自己的工作进行思考。放手之后的成功究竟是偶然还是必然？这里面有没有什么可以总结的规律，是否可以进一步验证？怎样才能让工作更轻松、让学生更快乐？……

这段时间我大量地阅读了国内外教育名著，也广泛地涉猎国内发行的各种教育报刊，凡引起我注意的文章或观点，我都把它们一一摘抄（或剪贴）下来。我家有一个书柜专门存放我的摘抄剪贴本，大16开的白纸，厚厚的一堆，足足有一米多高。有时候什么事情也不做，抚摸着这厚厚的剪贴本，我就很有成就感。

广泛阅读开阔了我的眼界，启迪了我的思维，更净化了我对教育的情感。如果说刚开始教书我仅仅是为了养家糊口，那么后来它就成了我自觉的追求。在工作中自发的阅读让我找到了快乐，也找到了精神寄托！我逐渐认识到，再也没有比教育更让我快乐的事情了，再也没有比不断获取教育上的真知更快乐的事情了。

我发现，一个人成长的动力源于内心的需求和渴望，而不仅仅是教师的指引和鼓励。我深刻地认识到，教育的本质是影响，而不是说教、批评和指导。我也认识到，教育最根本的任务并不仅仅是传授知识和技能，更重要的是教会学生学习的方法，教会他们如何做人；教育就是培养思想健康、身体健康、心理健康、对社会和自己都有益的人。我还认识到，教师不是万能的，教师只不过是学生成长路上的一个参考、一个路标……

我越来越自觉地感受到工作方式需要转变。我逐渐舍弃专制、权威的教育方法，遇事和学生多商量；我开始从骨子里相信他们能够做好，我需要做的就是剥开他们顽皮的表象，寻找他们内心的动力；我开始从一个正儿八经的教师变成一个和学生一起长大的人……越来越多的学生告诉我，他们越来越喜欢我做他们的班主任，越来越喜欢班级生活。

我感受到教育带来的幸福，我发现在解放学生的同时，自己也得到了解放。

## 3. 寻找一条师生都解放的道路

> 把班级还给学生，一切让学生自主，自主教育管理是班主任"偷懒"的好途径！

初次放手让我尝到了甜头，原来做班主任也不一定要那么累，我们完全可以活得很轻松。

2009年，我在历年"偷懒"的基础上，创立了班级自主教育管理模式，并以此为基础，在全国260多所学校的600多个班级进行了实验。2010年8月16日，在《班主任之友》杂志的全力支持下，我们在河南省济源市召开了"全国首届班级自主化教育管理论坛"，全国12个省市的1500多名班主任参加了会议。

在会议上，我坦率地对老师们说："辛苦不是我们的教育目的，也不是我们的命运，我们完全可以'偷懒'。这个'偷懒'，就是放手让学生自己管理自己、自己教育自己，我们老师要做的，是为学生的成长提供咨询和参考！"

其实，让学生自主，不是一个新课题，教育家陶行知早就明确提出了这个教育思想。1927年春，他在南京市和平门外的晓庄创办了南京市实验乡村师范学校，也就是后来著名的晓庄学校。1930年，陶行知被当局通缉逃亡日本时，学校老师和师范生不能够回学校任教，晓庄小学的孩子们自发地组织起来，推举同学做校长，自己办、自己教、自己学，被称为"儿童自动学校"。陶行知写信祝贺，说："有个学校真奇怪，大孩自动教小孩。七十二行皆先生，先生不在学生在。"这就是学生自主教育管理，不仅自己管理，还自己学习、自己教育。神奇吧？而且，这件事情还有后续，晓庄小学的孩子们接到陶行知写的诗歌后，回信给先生说："这首诗有一个字要改。大孩教小孩，难道小孩不能教小孩？大孩能自动，小孩难道不能够自动？何况大孩教小孩有什么奇怪？"于是，陶行知就改为"小孩自动教小孩"。[1]

20世纪80年代初期，辽宁省教育改革家魏书生在班上推行自动化管理。用魏书生自己的话说，是"科学管理班级"，他力图引导学生进行自我教育、自我管理。尽管人们对魏书生的这种管理方法存在很多质疑，尤其是《教师之友》2004年第1期的《那一代》一文将这种批评推向了最高峰，但是，一个客观事实是，在魏书生的强力引导下，他的班级凝聚力与学生自控力明显增强，班级纪律好转，学生成绩提高较快，学生的潜能得到了较充分的发挥，而且最大的好处，就是他自己得以从繁忙的事务性工作中解放出来。魏书生从那时到现在，经常在天上飞、在地上跑，很少在家，但是他的学生、他的学校、他的教育局，却能自动化管理。

不过，自动化管理不是我们追求的目标，也不是我们想要的工作方式。因为自动化管理只是近代工业化大生产的要求，它讲究的是整齐划一、流水线式生产，在社会发展的某个特殊阶段满足了社会对教育的要求。自动化管理的最大弊端就是忽略了每个学生作为个体，有其个性化发展的需要。在以人为本的今天，自动化管理已经落后了。更科学的"偷懒"办法，应该是在解放生产力的同时，以人为本，全面满足学生的成长需要，而不仅仅是提高学生的学习成绩和工作能力。因此，在这个基础上，我们提出了自主教育管理的新理念。

---

[1] 孙培青. 中国教育史［M］. 3版. 上海：华东师范大学出版社，2009：474.

"自主"和"自动",仅有一字之差,内容却有很大的区别。自主是人本化的,是引导具有独立人格的学生主动管理自己、发展自己和提升自己,从而达到学生的自我教育和管理;而自动是机械化的要求,即学生按照老师的要求,自动完成老师安排布置的工作和任务,达到老师给定的目标,自动化的要求本来就是机械化生产的要求。

具体地说,我们所提倡的班级自主教育管理,就是坚持以人为本,深入了解学生,充分尊重学生、相信学生、依靠学生、激励学生、发展学生,帮助、引导和教育学生实现班级管理独立、民主、科学、平等和自主,让学生在班级管理中学会生活、学会管理、学会做人,学会他们该学会的一切,并把班主任从传统日常烦琐的工作中解脱出来,成为幸福、自由、健康、专业、纯粹的教育工作者。

事实证明,我们的探索和实践是正确的,很多会"偷懒"的班主任,他们的学生反而更加勤快。下面我们来看安徽省怀宁县独秀小学纪继兰老师的切身体会。

## 懒老师造就勤学生

### 纪继兰

去年这个时候,我那金刚不坏的"金嗓子"终于被孩子们吵哑了。那时我感觉整个人都在进行超负荷的工作,我事必躬亲,班级事务无论大小一应全包,不仅身体感到累,心更累。小家伙们什么也不懂,什么都要我手把手地教,甚至连男生不能上女厕所、女生不能上男厕所这样的琐事都要跟孩子们交代。可即便这样,各种状况依然层出不穷。这件事刚处理完,那件事又在等着。班干部呢,除了能代我收收本子,似乎一点作用不起。我不禁感叹:现在的孩子这样没有自理能力,什么时候他们能自己管理好自己就好了。

但自从我跟随郑学志老师开展了班级自主教育管理实验,渐渐变得"懒惰"起来之后,我那二年级的小宝贝们反而日渐勤快,在学校开展的各类活动及比赛中日渐出色,干什么都有模有样,丝毫不比其他班级逊色。倒真应了那句"勤娘养懒女儿,懒娘养勤女儿"的俗语了。

**变化一：卫生我不帮忙，反而更好**

以前搞卫生，我总亲自带领学生做，我盯着做的，情况还好；我没有看见的，搞得一塌糊涂。可现在呢，我不这么干了，我只指派三个能干的学生做卫生督导组长，甲负责走廊卫生督导及最后检查，乙负责教室地面督导检查及垃圾桶的清洁，丙负责课桌椅的整洁有序摆放及门窗的洁净检查，其他孩子则按照卫生督导组长的安排各负其责。

我呢，则在一旁悠闲地转悠做甩手掌柜，鼓励一下这个，表扬一下那个。孩子们干得热火朝天，没有一个偷懒的。有块玻璃上面被隔壁一年级的小调皮贴了贴画，那贴画很不容易撕下来。孩子们讨论该怎样才能把它弄下来，也有孩子把求救的目光投向我，我只微笑，不发表任何意见，鼓励他们靠自己的脑瓜想出办法来。最后，他们使用了湿抹布和手指甲。看着光洁一新的玻璃，孩子们笑得比阳光还灿烂！

卫生评比结果出来，我班是"最清洁"！"耶！"欢呼声中我看到一丛最美丽的花朵正在幸福地绽放。

**变化二：学生互相监督比老师督促更有效**

前几个星期学校举行了广播体操和"三歌"（国歌、队歌、校歌）比赛，我班的成绩不是特别理想，三令五申之下还是有几个孩子忘了穿校服，影响了整体效果，结果没有拿到第一。

这次学校进行眼保健操比赛了，头天我就将这个消息告诉了孩子们，这次让孩子们自己拿主意，询问他们应该怎样在这次比赛中取得好成绩。孩子们立刻将眼光投向那几个老大难，叮嘱他们千万别忘了第二天穿校服的事，还请做得好的同学在前面做示范带着他们做。我呢，给他们打打下手，帮孩子们看看他们按的穴位准不准。当天临比赛前孩子们还临阵磨了枪。"临阵磨枪不快也光"嘛！结果小家伙们齐心协力，如愿以偿地拿了个第一。

**变化三：当家的感觉就是不一样**

学校今年实施改革，从高年级的每个班各选出一名学生代表，集中一周对各班路队护送、出操集会纪律、班级卫生等方面抽查打分，届时根据打分量化结果评比出校优秀班级，并参与县优秀班级评选。

我将此情况报告给全班同学，让孩子们献计献策、自己做主，并告诉他们，这是充分展示"我班与别班不一样"的最佳时机。孩子们很珍惜这次机会，纷纷表示要为班级做贡献。于是不大一会儿工夫，卫生、路队等都有专人负责了。

还真不能小瞧这些小鬼，当家的感觉就是不一样，他们的做事态度发生了明显改变。以前我护送路队时苦口婆心地叫破嗓子，总有那么几个孩子我行我素；这时个个俨然都是小主人，做得不好就会受到集体的批评。

数学老师也告诉我，这几天她因为值周来得较早，总看到江晚如同学已在教室，将同学们头天扫的地再重新扫一遍，还自言自语："这里又弄脏了，那里还有碎纸！"真有趣！

自从开展班级自主教育管理实验以来，我的孩子们长大了。他们为我这个家长分担了不少的事情。

其实，解放老师就是解放学生，纪老师的感受就能够说明这一点。

## 4. 及时转变自己的角色

要想锻炼学生的自主能力，给班主任松绑，就要及时转变自己的角色，从全部包办中解放出来。

我看过这样一个故事——《被吹倒的胡杨树》。

有一老一少两个人同时在沙漠里种胡杨树。年轻人待树苗成活以后，每隔三天就要给它浇水，每隔半个月就要给它施肥。而老人呢？每当年轻人提醒他给胡杨树浇水时，他总是一拍脑袋："啊，我忘记了。"自从树苗成活以后，他就来得很少，即使来了，也只是把被风刮倒的树苗扶一扶，从不浇一点水。

转眼几年过去了，胡杨树都长粗了、长高了。忽然有一天刮起沙尘暴。第二天，风停了以后，年轻人惊讶地发现：自己种的胡杨树几乎全被风吹倒了；而老人种的树，只是被风吹掉了一些树叶，吹折了一些树枝。年轻人很诧异，问起原因。老人道："你经常给树浇水施肥，它的根就不往泥土深处扎。我把树栽活后就不去理睬它，逼着它们不得不把根一直扎到地底下的水源中去。有这么深的根，这些树怎能轻易被风刮倒呢？"

原来，"忘记"给胡杨树浇水，其实是逼胡杨树把根扎向深处寻找水源啊！

大道至简，很多道理是相通的，要想锻炼学生的自主能力，给班主任松绑，就要学会忘记！

**（1）忘记自己是班主任，做学生虔诚的听众**

苏联教育家苏霍姆林斯基说得最经典的一句话，就是"把教育的痕迹淡化"。班级自主教育管理中，班主任最关键的一个转变，就是要忘记自己是班主任。

两个学生因为一点小事情闹起了纠纷，你不理我，我不理你。怎么办？按照以往的做法，我肯定是雷厉风行地把两个学生都找来，然后把犯错的一方狠狠地批评一顿。至于批评之后，两个人是否和好、是不是内心彻底接受了，我就不管了。

可现在我不会这么做，而是分别把学生叫到办公室，是非曲直都不评判，只静静地听他俩诉说各自的委屈。一个说对方不该叫他的外号，让他在同学面前难为情；一个说对方小肚鸡肠，那么丁点儿事情都放在心上，不像个男子汉。他们说完之后，我问他们，"感觉好些了吗？""好多了。""那还要不要我处理对方了？""不了，我心里有话找人说说就好了。"于是，这件事情就算处理完了。

很多时候，学生自己知道是非曲直，并不一定要班主任来判断。听学生说话，也是自主教育管理的一个重要内容。班主任听而不说，学生能够体会的会更多。

**（2）忘记自己是老师，虚心做学生的参谋**

有很多老师问我，你班上的自主效果那么好，你班上的那些问题怎么处理得那么容易？我说很简单啊，我把自己当成学生，遇事多和他们商量啊！班级自主教育管理，很多时候班主任只需要和学生多商量，而不是指手画脚。

商量既是了解学生心思的最好办法，又是让学生感受到尊重的最好办法。我和那些不读书的学生商量说："你们不读书，在学校里怎么过日子？到时候我要用班规惩罚你们，该怎么办？我为难，你们也为难。有什么解决办法没有？"结果有孩子主动提出来："郑老师，作业我全部做对是做不到了，你允许我抄一部分，怎么样？"我说行，但我又问他："假如你抄了不记，到时候又错怎么办？"他说他会背下来。这样试了一段时间，我发现允许他抄，他的成绩还真有进步。

一些学生犯错了，我和他们商量该如何处罚，他们觉得我很给他们面子，结果提出的处罚措施，都不折不扣地实施了。只不过，在这里给大家提醒一下，要注意商量的技巧，要注意在商量中引导学生，尤其是商量处罚的时候，要在心里多准备几个选择项目，第一个不行，你让他们选择第二个，第二个不行，你让他们选择第三个。聪明的孩子都知道，商量是给他们面子，是你尊重他们，他们都会乐呵呵地完成你安排的任务。

**（3）忘记自己是导师，做学生探索的同伴**

教师做久了，很容易患"导师症"：不相信学生能够自己做主，总认为学生不成熟、没经验，凡事应该听从成人的指令和安排。所以，我们总在学生面前指手画脚，还动辄对学生说："不听老人言，吃亏在眼前。"

但是，成长是需要付出代价的，如果我们一直怀疑学生不能自己做主、不能自我管理，从而越俎代庖，那么学生的精神成长就会无限期地延迟，甚至还会成为精神上的侏儒。教师指导学生太多，要求学生太听话，学生的积极性和主动性就会丧失。

怎么办？教师要忘记自己是导师，做学生成长路上探索的伙伴。学生在学习、生活、交友和工作中出现了问题，不是到我这里来找方法、找结论，而是自己去想办法、想出路。现在我说得最多的一句话就是："噢，这个问题我还真没有遇到过，我们一起想想办法，怎么样？"

把问题推回去，和学生一起探索，一起想办法，于是，学生一点点地自立，能力一点点地增强，班级会呈现出思维活跃、交流气氛热烈的好局面。

**（4）忘记自己是管理者，做学生成长的服务员**

我认真反思了以前在班级管理中我的措施常常遭遇学生消极抵制的根本原因。原来每个人都想做自己的主人，而不是被动的被管理者。既然如此，我为什么不满足学生的这种心理需要，忘记自己是管理者，给学生的成长提供更好的服务呢？

于是，我先把自己变成协调员，积极协调各种矛盾，如学生团体之间的矛盾、学生成长中的矛盾、班干部和同学之间的矛盾、班干部和班干部之间的矛盾、班级和班级之间的矛盾、学生和家长之间的矛盾……虽然不一定要我亲自出面、亲自动手，但是我都有一个全盘考虑，有一个应对措施。通过实践我发现，凡是关系协调好的时候，班级工作就好做，就轻松；凡是关系协调不顺的时候，就困难多，班级就出事多。掌握了这个秘诀之后，我在协调的路上乐此不疲。

每周班会课，我都要抽出 5~10 分钟的时间和学生对话。我谦虚地请学生为班级工作提意见、想办法，我则为大家自主教育管理服务。整个学期，我共收到学生提出的 27 项建议，每项都得到了解决，这让学生扬眉吐气。尤其是班上一个成绩很差的学生，他的建议受到了我的重视之后，他整个人的精神面貌发生了巨大改变。他在班会上说，他第一次感觉到自己也有存在的价值！

在工作中我由衷地体会到忘记自己是管理者、做学生成长服务员的乐趣。

## 5. 要绝对相信孩子

> 出现了问题，不要包办，不妨推给孩子，问孩子们怎么办、有什么想法。这是让学生能干的最好办法。

做一个会"偷懒"的班主任，最大的障碍是什么？是学生不行吗？是学生没有管理能力吗？不，都不是！放手让学生管理，最大的障碍是我们自己不信任学生能够管理好自己。

2010年8月，安徽巢湖一中的贾宏权老师参加"全国首届班级自主化管理教育论坛"之后，专门写了《我这个班主任是不是太失败了》这篇文章。

### 我这个班主任是不是太失败了

贾宏权

我校高三年级本来决定在8月10日正式上课，但到8月9日上午，接到教育局通知，必须推迟到8月16日上课。我原先打算10日上课，我在校把有关事情安排好，然后在14日晚乘火车去济源。而16日上课，就意味着开学第一天我就不在校，怎么办？好在不是接新班，开学没有迎新的工作，仅仅是上课，我决定真正地做一次甩手掌柜，让学生自主。

在临走之前，我打电话给班长，让他与两个新纪律委员在我不在校的时候把班级纪律搞好。

16日，是听报告的日子。我希望有学生用手机向我汇报班级的情况。但我知道，这是不可能的，因为我不让他们将手机带到班级。我很不适应这种没有学生向我汇报情况的状态，总是担心会发生什么事情。18日我到家时学生已放学。我立即给班长打电话，询问班级情况。他说很好。我有点不相信：我不在校，还会很好？问任课老师，他们也都说班级很好。老师们的话，让我有点相信了。

我又恢复上课时经常去班级窗外巡查的习惯。学生的一切又都在我的掌控之中了。

星期一，学生的周记本交了上来。一个来我班复读的往届生在周记中写道："这是一个学风比较纯粹的班级，纪律特别好。我真有点不适应这种静悄悄的环境。"这是市教育局一位领导的女儿，她写的这几句话让我相信，我不在校时，班级纪律确实很好。

我得意地想：我不在校，纪律都那么好；要是在校，纪律不是更好吗？可是，接下来读到新任纪律委员的周记却让我如遭五雷轰顶。她在周记里写道："我不明白，为什么班主任不在那几天，纪律挺好，班主任回来后，反而有人不自觉了，天天看班主任在不在窗外。现在上课前总有些吵闹，真的让人费解。"

我在校，班级纪律反而没有我不在校好，这就说明我这个班主任不但没有起到好作用，而且起了坏作用。那还要我干什么呢？我这个班主任不是当得太失败了吗？

我把两个纪律委员喊来了解情况，一个纪律委员直言不讳地说："您老在教室外面检查，我们大家都很紧张，老要留心您在不在那里，有时候就不自觉地违纪了。"另一个说："有您在教室外面偷看，大家觉得，反正会有班主任注意，我们不必那么认真。这也许造成了一部分人反而更松懈吧。"

我突然意识到，原来所有的错误都在我这里，我从骨子里没有相信过学生，学生自然就不能自主教育管理。当我不在校，他们真正成了班级的主人，自我管理的精神就发挥出来了。

做一个会"偷懒"的班主任，说白了，就是我们老师要学会做甩手掌柜。如果我们不在思想意识里相信学生，那么就做不好班主任。

发生了事情，不要包办，不妨推给学生，问学生怎么办、有什么想法。这是让学生能干的最好办法。这个道理和家庭教育是一样的，很多家庭中，父母能干、孩子不能干，关键原因就是父母舍不得放手，或者说迷恋自己能干的滋味而不愿意放手！班主任如果也舍不得放手、不敢放手，学生就无能了。把一切推给学生，既是锻炼他们的最好办法，又是让他们感受被信任的最好方法。

放手让学生去做，绝对相信学生，我们有几道坎儿要跨过去。

### （1）遇事多和学生商量

商量既是了解学生心思的最好办法，又是让学生倍感被尊重的最好办法。前面我提到过，我和那些不爱读书的学生商量，允许他们抄作业然后把作业上的内容背下来，没想到他们还真有进步。所以说，教育学生，不要用一个标准，也不要过于主观，适当的时候，要学会和学生商量。商量就是用谈话的办法互相妥协，过于强硬，往往会适得其反。

### （2）要给学生真正的自主

有些教师也愿意"谈论"自主，但他们也仅仅止于谈论，不愿意兑现。他们不相信学生有自己做主的资格和能力，总以为学生太小，没有经验，应该听从成人的指令，接受成人的安排。教师的这种怀疑与不信任，其实是代表了所有成人对儿童的怀疑与不信任。

### （3）要彻底抛弃"导师"情结

成人曾经经历了失败和痛苦，在这些失败与痛苦转化为"人生经验"之后，他们总会以"导师"的心态鄙视和教训孩子，动辄就是"我过的桥比你走过的路多""不听老人言，吃亏在眼前"。对孩子不放心，这是教师和家长的普遍心态。

这种"导师情结"对教育学生很有害。一方面，让我们死死地抓住管理权不放，于是，我们培养了大批唯唯诺诺的"奴才"或碌碌无为的"蠢材"；另一方面，对学生充满了抱怨，当我们的意见学生没有接受或者学生站在我们的对立面时，就更想不开："我全心全意为他们着想，他们怎么不理解我的苦衷呢？"

让学生自主肯定不可避免地会出现很多错误甚至会遇到一些危险，但是，这是成长必须付出的代价。如果我们一直怀疑学生自己做主、自我管理的能力，那么学生的精神成长就会无限期地延迟。他们可能善于服从、听话，但他们可能缺乏自信、热情、勇气，他们的生命可能会缺乏基本的活力与光泽。

### （4）一定要勇于改变现状

我说过多次，班主任面对的是不断成长的学生，我们的教育观念和方法一定要因学生的发展变化而变化。有些班主任向我求教，我告诉他们要如何如何，但他们回去之后依然如故。我说：你们老来向我询问一些事情，可是，我从来没有看见你们在班级工作中有什么改变，那么，你们的询问还有什么价值呢？

他们嗫嚅着说：我们怕学生做不到。我说，首先要问你们自己相不相信学生、愿不愿意改变，你们自己能不能做到。你们自己都做不到，怎么能说怕学生做不到呢？一个老师向我询问该怎么收资料费。现在虽然学校不收学费了，可是在实际工作中，仍然有很多费用要收。比如说，这一次教育局通过一些渠道发给学生资料，每人收 80 元成本费，都要老师收。怎么收？不是一张整钞，自己身上的零钱又不够，怎么办？我说，这个问题你还需要问我吗？魏书生早就解决了这个问题。"让学生收？"是啊，我肯定地说，学生将来生活中定会面对找零的问题，现在不告诉他们如何想办法，今后在火车站附近或者风景旅游区用整钱买东西，被不良小贩坑了，吃亏都没有地方说。让学生收钱，既是锻炼他们的好办法，又是把工作分解、让自己偷懒的好办法。知道我这么劝说之后，向我询问的老师怎么说吗？"我担心学生收了假钱。""我担心学生算错数。"……我听起来都头晕，怎么拒收假钞、怎么算数……百以内的加减法小学生都能够做到，为什么学生都上中学了我们还不相信他们呢？

《易经》里所有的东西都在变，只有一个字不变，那就是"变"字。变是世界永恒的道理，只有用变的思维来经营班级，我们才能够放松自己。你不愿意改变生存状态，怎么能够轻松呢？

# 第二章 及时改变是「会」偷懒的秘诀

⊙教育讲究给人机会,班主任什么事情都自己做了,学生们从哪里得到锻炼的机会呢?我们做老师的,很多时候要尝试着让学生自己去做。

⊙完全可以这么说:一个高效的工作习惯能使我们受益终生,而不良的习惯、坏习惯、低效的工作习惯,一样可以贻误我们一生、拖累我们一生。更为关键的是,老师的那些坏习惯、低效习惯还会影响和感染学生,使学生也受到老师不良习惯的影响。

# 1. 尝试着让学生自己去做

> 要想自己轻松，关键是要学会改变，尤其是学会让学生把你要做的事情做完。

我觉得做好班主任工作，一个最重要的思想，就是要思变。当你感觉到穷途末路的时候，当你感觉到班级工作陷入低谷而无法突破的时候，当你面对学生束手无策的时候，应该想到一个问题：是不是应该改变自己的工作方式、工作习惯、工作思维？

变，然后才能够有出路；变，然后才能够轻松。如果你不愿意改变，我敢肯定，纵使有很多好办法摆在你面前，你也不能轻松起来。为什么？因为你不知道它们的好处啊！

一个乐于改变的班主任，总会不时收获意外的惊喜。下面我们来看看安徽巢湖一中的贾宏权老师在班级自主教育管理实验中的感受——

### 我班的一场"宫廷政变"

#### 贾宏权

我迷恋做班主任，班主任是天下最大的"官"。你看，我们班主任有"立法权"——制定班规，有"人事权"——任免班干部，有"行政权"——处理班级一切事务，有"司法权"——对违纪的学生做出判决和处罚。什么"官"有班主任这么多、这么大的权力呢？

但是，开展班级自主教育管理实验后不久，学生们就开始提意见了："贾老师，您不是说让我们自主吗？"我说："是啊，怎么着？""您不交权，我们怎么自主？""哦，那你们说怎么办？""我们要来一场'宫廷政变'！"几个胆大的孩子提议说。

这不是让我没有权力了吗？我有点不舍，但是为了让孩子们得到更好的锻炼，我还是配合他们，完成"宫廷政变"。

## 一、把"立法权"交给学生,让他们自己制定班规

我每接一个新班,都要制定班规,依"法"治班。这个"法"由我来定,体现了最高统治者"我"的意志,这个"法"是用来维持班上正常教育教学秩序的。很多老师羡慕我,说我能够实现班级遥控。其实不是我能够实现遥控,而是我的管理制度让我能够轻松管理。

但是现在学生却跟我叫板了:"老师,您的那个班规是您的制度,不能够代表我们大多数同学的意见,现在我们需要制定自己的、体现全班同学意志的班规。"好,我把"立法权"交出来。

没想到这帮孩子还真能干,他们首先推选几位同学组成"立法委员会",负责班规制定事宜。然后让班级的每个同学写一份班规交上来,由他们讨论,确定一个大致框架,再在班会课上,把"立法委员会"梳理的班规一条一条交由同学们讨论通过。我很紧张,很担心他们这次立法的结果和我原来的班规相差很大,好几次中途想看,没有想到他们狡猾地说保密。班规通过后,我仔细琢磨,发现内容其实与我的"旧法"差别不大,但好些提法不同。因为这次班规是他们自己制定的,所以他们执行班规的积极性很高。比如说早上起床,原来我要求谁迟到就站在讲台上给大家唱一首歌,有些同学扭扭捏捏地唱完就下去了。现在呢,他们要求迟到者写一份800字的懒根剖析书,然后在班上公开宣读,难度更高啊。我有点担心能不能执行得下去,没想到新班规执行了一学期,居然没有人反对。

## 二、把"人事权"交给学生,由他们自己选出或罢免班干部

一个新班级,就如一个新诞生的国家,需要各种机构和各级官吏开展各项工作。只不过班级的"官"不拿工资,是真正为班级服务的"公仆"。以前班级的"官"都是由我任命的。事前,我总要做一番考察,把自己认为有威信、有组织能力的学生安排到合适的岗位,组成班委会。

但是"政变"之后,学生提出来,他们的班干部要民主选举,而且是差额竞选。我忐忑:落选的怎么办?心里受得了吗?"这一点您就甭操心了,我们大家都有心理准备,又不是一个人落选,好多人落选呢!"我一看他们的选举方案,哦,原来是几个人竞选一个岗位啊!"这叫什么,这叫全民选举。"

我笑。

那天选举的时候，同学们都慎重地投出了自己的一票。结果选出了以马子洁为首的新一届班委会。我中意的人选基本上都在名单中。"群众"的眼睛永远是雪亮的！对班委，班规有明确规定：班委不称职、违纪或有其他"腐败行为"，班级大会有权罢免。我的"人事任免权"算是完全交给他们了。

### 三、把"行政权"还给学生，由班委会处理班级日常事务

班委会成立后，班委们就按照班规规定的职责，各自处理自己负责的事情。比如，班长要对班级全盘负责，发现问题，要督促相关班干部及时处理。遇到重大事情，要主持召开班委会，讨论决定。学习委员负责学习方面的事，列出未交作业的学生名单，交给"纪委"按班规处理，还要向同学推广好的学习方法，帮助同学们提高成绩，等等。嘿，运行一个学期，居然还真像那么回事。

中间有几次，我对课堂纪律不放心，偷偷地在窗户外边看，结果遭到学生投诉："贾老师，您就别看了。您不看，同学们还专心些。您看了，我们还要分心看您在不在。不知道您发现没有，您一来偷看，我们班上就有人讲小话了。"我反思了一下，还真是这样。

于是，我就说："好好好，我不来了。"这样，我日常的"行政权"又被学生夺去了。

### 四、把"司法权"还给学生，由班级"纪委"和"法院"处理违纪学生

原来班级违纪的学生都由我来处理，我很烦很累，而且有时我还会根据情况对不同学生采取不同的教育方法，以取得更好的教育效果，谁知道学生竟不买账，说我不公平。真是费力不讨好啊！

现在好了，我彻底把权力交给学生之后，班级设置"纪律委员会"，负责大家的纪律操行评估，还成立了班级"法院"，掌管司法权，对严重违反班规的事情、学生之间的矛盾进行处理。每发生一次"事件"，"纪委"就会接到相关班干部送来的违纪学生名单，然后他们在最短时间内召开会议，通知"当事人"赴会核实。核对无误后，即按班规进行处理。如果涉及同学之间的矛盾，则由"法院"处理。为了防止发生"冤案"，班规规定，对处理结果不

满者，可上报到班委会，由班委会讨论决定。再不行，由"我"参加的班级大会讨论决定。

我说："你们不是不让我掌权了吗，怎么难事就交给我呢？"

"老师，您是我们班的象征，是我们的班级'元首'啊，这事儿您得参与！"

"您是我们的精神领袖呢，相当于英国的女王，您就不要推辞了……"

"行！"我心头一高兴："原来我还是有权的，我的权力体现在是班级的象征、班级的精神、班级的'元首'啊，那我岂不是地位更高了，我代表的是班级呢！"

学生们哈哈大笑。

从此之后，我就彻底把权力还给了学生，我自己也乐得清闲。

教育讲究给人机会，班主任什么事情都自己做了，学生们从哪里得到锻炼的机会呢？我们做老师的，很多时候要尝试着让学生自己去做。

## 2."偷懒"得有良好的心态

*教育孩子不是一天两天的事情，你急什么呢？急坏了自己，反而给孩子制造了成长障碍。*

我们中国老师有三急：急学、急错、急于求成。这三急，常常憋得孩子疲于奔命，憋得自己心急上火。

第一急——急学。

中国父母望子成龙、望女成凤的心态，没有哪一个国家的父母能够比得上。孩子一出生，便恨不能让孩子通晓天文地理、会十八般武艺。我曾经看见好多家长提前为孩子进行学科教育。一位年轻的妈妈这样苦口婆心地教两岁的女儿：3支冰棍加5支冰棍等于几支冰棍？费了九牛二虎之力后，孩子总算可以说出"8支"，然而，当妈妈拿出一堆苹果，问孩子："宝宝，你看这里是3个苹果，这里是5个苹果，加在一起是几个啊？"孩子皱着眉头，依然说不出来。于是，妈妈就着急：这孩子是不是智商有问题？

不，孩子的智商很正常，不正常的是父母的心态。其实，年纪小的孩子还不能掌握数的概念，当妈妈让她学习有关冰棍的算术时，她只是像听故事一样记住了一个事实，而不是真正学会了数学！

说句泼冷水的话，我们的家长这么热衷于超前教育，其实超前教育的优势并不能保持多久。美国某大学做过一个实验：把175个孩子分成两组，一组由父母按照一般条件进行教养，另一组从3个月开始进行早期教育。之后，每15个月测验一次。他们发现，接受超前教育和训练的孩子智商确实平均高出15个百分点。然而，这种早期教育的优势并没有一直保持下去，等到孩子上小学四年级后，这种优势就逐渐丧失了，而接受父母循序渐进教育的孩子大都赶了上来。这是什么原因呢？这是因为超前教育组儿童在早年所体现出来的智商优势并非他们真实的能力，只是他们比别人多学习了一点学科知识而已。

由于家长急，所以老师也急，为什么？老师总认为让家长满意就是最大的满意啊！更何况，成绩牵涉到排名，牵涉到职称评定，牵涉到奖励……于是，老师也一样见不得学生听课听不明白，如果哪个学生听不懂了，老师们就会恨铁不成钢地叹气，甚至动手打人。很多班主任、老师和学生对立，就是这样的原因造成的。事实上，学生对我们的急并不完全领情。

第二急——急于让孩子改正错误。

老师容不得学生犯错误，恨铁不成钢就是我们在学生改正错误上的猴急模样。

很多老师在教育孩子改正错误时有这样一个模式：孩子错了，就拼命说教；孩子反感，就经常唠叨；我们唠叨，孩子就叛逆反抗；孩子反抗，我们忍不住就大打出手……结果矛盾一步一步地升级。论坛上常常有很多老师提问:"为什么我批评孩子,结果孩子反抗并采取极端行为呢?"我说,这关键是我们的心态不好,我们自己心急上火啊!这样功利地追求解决问题,问题如何能够解决呢?急于求成的心态打破了我们内心的平静,使我们时时处于焦虑之中,往往就会把简单的事情搞复杂。本来是一个良好的愿望,结果演变成师生矛盾。

在新课改中,我敢肯定,孩子们肯定会有让我们失望的时候,肯定会有犯错误的时候,肯定会有有损我们面子的时候……当这些事情发生的时候,记得提醒自己不要急。

第三急——在做事情上急于求成。

很多老师没有耐心,看不得孩子做事拖拖拉拉,看不得孩子做事毛手毛脚,看不得孩子接受任务时一筹莫展……他们觉得,与其着急地看孩子做事,还不如自己为孩子包办。很多班主任活得很辛苦,他们诉苦说,早上五点半起床,晚上十一点半睡觉,整个人都卖给学校和学生了。可是学生不长进,什么都干不了。课堂作业收不上来,家庭作业完成不了,班会都开不起来……唉,干脆我们自己办吧。于是,大包大揽就成了很多班主任普遍的做法。我一直认为,孩子的实践是他们认识的来源,是他们增长知识、锻炼才干的途径,老师着什么急呢?老师过于包揽,最后的结果必然是剥夺了孩子获得经验的机会,使他们的表现欲受到影响,体会不到努力的乐趣,享受不到成功的喜悦,还助长了他们依赖、脆弱或对抗、厌恶的心理。

教育孩子不是一天两天的事情,你急什么呢?急坏了自己,反而给孩子制造了成长障碍。那么,我们应该用什么样的心态来对待工作呢?

### (1) 和学生平等的心态

不要认为自己是老师,就一定比学生高明很多。师生之间在人格上是平等的,有些教师却老爱摆出一副高高在上的架子,以彰显其师道尊严。由于缺乏对学生的全面了解,对学生提出的要求过于苛刻,学生犯了一些小错,教师就做出夸张的、片面的结论,更有甚者,揪住学生的缺点不放甚至大打出手,做出伤害学生的不良行为,这是作为人师的大忌。在素质教育的今天,教师要注重学生的心理教育，为学生排忧解难，与学生建立平等和谐的关系，让教师的教和学生的学成为一个和谐的有机体，让学生在教师的引导下快乐学习、健康成长，教师在教的过程中也不断完善和充实自己，以求共同发展、共同提高。所以，教师应努力做学生的朋友，构建学生的心理驿站，使其心理健康发展，这不仅有助于教学工作的展开，也可以推进素质教育的全面发展。

### （2）要有宽容的心态，学会等待

成长本应该是充满快乐的，学生快乐学习、快乐成长应该是教师追求的理想境界。当学生犯错时，我们不能太急，要知道成长就是一个不断犯错的过程，孩子们是在改正错误中成长起来的。遇到问题学生，应该允许他适当地反复，允许其提出改正办法。当然，适当的严厉能够让学生体会到自己所犯错误的严重性，不过，教师要恰当地把握这个度，要用恰到好处的评价去约束学生的行为，而不是代替学生去做。

### （3）换位思考的心态

不在其位，不谋其政。这是很多人的想法，我也很赞同，不过我觉得我们可以不在其位不谋其政，但不能不换位思考。与校长换位思考，我们会觉得当校长很不容易，所以我们支持校领导的工作；与家长换位思考，我们会体会到家长望子成龙心切；与学生换位思考，可以理解学生一道题做了好多遍为什么还会做错。同样的道理，校长、家长、学生与我们换位思考，也会体会到老师的艰辛、不容易，互相之间就会多些宽容理解、多些关爱。由于我游走在普通教师和学校管理者之间，所以对两者都有一些认识。现在当老师很不容易，总是要做很多与教学无关的、应付性的工作，不说别的，单学习笔记就有师德、政治、业务、《论语》心得体会等好几本，有时真的很烦。学校管理者也不愿意给老师布置很多的任务，更希望老师们多把精力放在教学上，但是上面要检查，又不得不如此。虽然老师们对此也能理解，但还是希望学校搞一些真正能够提高师生能力水平的活动，而学校管理者也在积极思考更行之有效的办法，以减轻教师的负担。如果人人都能换位思考，为他人着想，相信我们在工作中就会少些苦恼，做事的效率也会有所提高。

### （4）学会欣赏学生的缺点

这是学做偷懒班主任的关键，这个心态没有，很多事情就做不来。

我们班有一个学生叫韩韩，学习一直不好，有时他真的是让我很头疼，但我始终记住一句话：正是因为他存在问题，所以才需要时间改正。一方面，我学会欣赏他在错误中的积极面，当他取得点滴成绩的时候就对其加以表扬，让他不用和别的同学比，而是和自己从前比，每次哪怕进步1分也是进步，偶有退步也不气馁，这样激发了他学习的兴趣；另一方面，每一次见到他的家长我都会说孩子进步了，加油啊，不要放弃……在家长会上我也表扬他进步了，使家长充满信心，继续和自己的孩子并肩战斗。没有谁愿意听别人说自己的孩子不行，说他的孩子行，他听得高兴，自然就会全心全意支持老师的工作，这样既减轻了你的负担，他还会念你的好，何乐而不为呢？因为我总是夸学生进步了，所以学生也很高兴，而且养成了自我激励的习惯。我记得韩韩第一次小测试考了30多分，第二次考了40多分，他嘟囔着"我进步了"，学习劲头很足，我听了偷着乐。期末复习阶段，韩韩的家长每天都会在孩子的作业后面写上孩子复习时的情况。学期末，韩韩出乎意料地考了77.5分。

## 3. 把想到的事情提前做

思想决定行动，从思想上把学生"忽悠"得慷慨激昂了，那丁点儿小事情还用我们亲自动手吗？

做一个会"偷懒"的班主任，多一个"会"字，会偷懒和偷懒就有天壤之别。不会偷懒，事情来了你还是跑不掉；会偷懒，你才能够偷懒。

我习惯在做具体事情之前，先把思想发动上的事情做完，因为思想决定行动，从思想上把学生"忽悠"得慷慨激昂了，那丁点儿小事情还用我们亲自动手吗？

我接新生班级之前，总在他们还没有进校的时候，就准备好"洗脑"的书信，事先打印好给他们。由于别的班主任没有这么做，我做了，孩子们接到信之后就很高兴，并且认认真真地读了。书信读完，我的思想也就进入了他们的脑海。开学之后，我之所以很轻松，总是有学生主动抢着帮我做这做那，就是因为我的"洗脑"工作做在前面。

每次接新生班级，我都会写下面这样一封信。

## 给同学们的一封信

亲爱的同学：

您好，欢迎您来到历史悠久的两市镇一中，从您考入两市镇一中那一刻起，我们就有缘了！作为班主任，我对您的到来表示热烈的欢迎！希望我们能高兴地一起度过三年难以忘怀的中学时光。

相信您，对即将开始的中学时代充满了幻想：中学是什么样子呢？新同学是什么样子呢？新老师是什么样子呢？学习和生活又是什么样子呢？……我很高兴地对您说：祝贺您，您已经实现了从小学到中学的完美跨越，您已经长大了！从今天起，我们将告别幼稚的童年，进入令人憧憬、值得期待的青春时代！一切都因您的到来而精彩。

为让我们的未来更加美好，在正式上课之前，我想和您说五句悄悄话。

**第一句话："让别人因为我的存在而幸福。"**

苏联著名作家茨巴尔有一句名言——"应该让别人的生活因为有了你的存在而更加美好"。如果能够让别人因为我们的存在而幸福，那么说明我们活得有价值、活得有分量、活得有意义！以前，我们生活在父母的呵护之下，生活在老师的关怀之中，生活在同学们的关爱里，今天我们长大了，我们可以勇敢地对父母说："谢谢你们为我的成长付出了一切，从今天起，我要做一个知道爱、懂得感恩的人，我要让你们因为我的存在而幸福。"第一次正式上课，可以对同学说："让我来帮助您吧，让我为集体做点事情吧！希望同学们能够因为我的存在而幸福！"在学习中，可以这么对老师说："这个问题交给我吧，希望我的回答能够让您感受到教师职业的幸福！"孝敬父母、尊重老师、关爱同学，这就是让别人幸福的好办法啊！优秀是一种品质，我期待"让别人因为我的存在而幸福"这句话能够一直走进大家的心底。如此，我可以肯定地说，中学三年，我们都将是幸福的人。

**第二句话："我很重要！"**

记住，每个人都很重要——在父母的眼里，您的幸福和平安就是整个家庭的幸福和平安，您的优秀和出类拔萃就是家庭的优秀和出类拔萃，您是父母的全部希望和寄托，您说，自己重要不重要？不要认为您对同学、朋友不重要，而要做同学成长的重要他人。人生有很多偶然，也许很多同学和朋友的一生会因为您的一个建议、一句话而改变。人生的关键就是那么几步，一定不要轻易否定自己、忽略自己、忽视自己对别人的影响。不要说您对班级不重要，每个人的行为都会影响班级操行评估得分，班级活动离不开每个同学的支持，班级管理，少了谁都不行！只有每一个同学都获得了发展，班级才能够发展，您敢说自己不重要？无论什么时候，请您记住：珍惜自己，珍惜生命，珍惜成长的每一天，因为在我眼里，在同学心中，在父母的心里，您很重要！

**第三句话："我和他们不一样。"**

我想悄悄地告诉您一句话，这句话我不敢对别的老师说，也不敢对家长们轻易说，但是我想很坦白地对您说：初中三年，我将放手让你们自己管理自己、教育自己、发展自己。换句话说，我将采取的是与您以前所接触的任何一个班主任都不同的班级教育管理办法，您将在班上很有权力，您将可以决定您的一切，而不是老师死板地要求您怎样、规定您能怎样和不能怎样，您将自主管理、自主教育、自主学习、自主生活、自主成长。老师所做的，就是为您的成长和发展服务。这是一个很美妙的想法，也是一个很具有挑战性的做法。为什么呢？它更需要同学们强大的自我控制力，因此，我想把第三句话送给您,当您在面对诱惑、面对困难、面对倦怠时,记得对自己说:"我和他们不一样。"

这句话中的"我"是谁,"他们"又是谁呢?"我"就是您,就是我们班的每一个同学,每一个有明确成长目标、有主见、有追求的人。"他们"是谁呢?肯定不是我们班上的人,而是那些无所事事、不求上进、没有明确人生目标的人,是依靠父母、不想改变、不遵守纪律和公德的人。"我和他们不一样!"他们可以浑浑噩噩地过日子,我不能!他们可以不学习而去上网打电子游戏,我不能!他们可以追逐庸俗、穿奇装异服,我不能!他们可以没有理想,放纵自己的懒惰,我不能!他们能够在老师不在的时候调皮捣蛋,我不能!因为我和他们不一样!我是实现班级自主教育管理的人,我想做一个优秀的人,我这辈子注定是要干一番大事业的!因此,请一定记住这句话——"我和他们不一样。"

"我和他们不一样。"我们的班级也将和别人的班级不一样,我们班每一个同学都是班级的主人。我想悄悄地对大家说:请为我们班级起名,以作为我们的见面礼,好吗?我不想我们的班级是死板的什么九十几班、一百零几班或者二百多少班。这样的名字太老掉牙了!青春是充满激情和梦想的,我们怎么能没有一个充满激情和梦想的班名呢?所以,我想拜托您对我们班今后怎样发展做一个设想,并给我们的班级起一个美丽的名字。我敢肯定,我们班级将因为您的主动参与而与众不同。同时,我还要告诉大家,座位排定之后,我还想请大家为自己的小组起一个有意思的名字,为我们的班级设计一个有意思的标志,为我们的教室写一句有意思的格言……总之,我们应该有一个和以前完全不同的班级,我们班级将因为有您而更加美好!

**第四句话:"相信自己,我能成功!"**

有些同学在小学毕业考试时成绩很好,但是也有很多同学没有考好,有点灰心丧气。在这里,我要告诉您一句话:"无论是成功还是失败,过去都不能够证明将来。"只要您有上进的念头,只要您愿意跟着我在中学的三年里扎实努力地学习,我相信您一定能成功!现在请您握紧自己的拳头,跟着我在心底默默地念诵这句话:"我能成功!我能成功!!我能成功!!!"心灵是能够自我充电的,面对困难、遭遇挫折的时候,请在心底默默地念诵这句话。年轻就是可能,年轻就是希望,您完全能够成为一个成功的人!

**第五句话:"把学习当成一件愉快的事情。"**

这是最核心的一句话,也是最后我想和大家说的话。我知道有些同学已经体会到学习的快乐,每天习得新东西,每天领会新思想,每天进步一点点,这都是快乐。但是我也知道,还有很多同学没有体会到学习的快乐,他们以学习为苦、以学习为负担,怎么办?学会改变吧!学习是我们的天职,是我们的义务,是成长的需要,只要是学生,就必须无条件地学习。这个世界上不存在不需要学习的学校。我们不能够改变以前的分数和等级,但是我们可以改变今后;我们不能够改变学校的作息时间,但是我们可以改变自己的生活习惯;我们不能够改变父母的要求,但是我们能够改变自己的心态;我们不能够改变考试制度,但是我们能够改进自己的学习方法。学习苦是因为我们厌烦它,如果换一个方向,喜欢学习,那么感觉就完全不一样了。学习是一个人最重要的能力,也是今后我们在这个社会上生存所必需的能力。当您把学习当作愉快的事情时,我敢肯定,一切将与以往截然不同。

为此,我请您做好两件事情:一、每人每学期读一本经典名著(具体书目我会告诉大家),并且与大家一块儿交流。我们要营造一个"书香班级",让书的智慧之光照耀同学们的心灵!二、请您和父母一起阅读一本书,营造一个"书香家庭"。在电脑日益普及的今天,如果父母能够抽出一点时间,安安静静地和您一起读书,我敢肯定,十年之后,几十年之后,这个情景将成为您温暖的回忆。请把这句话转告您的爸爸妈妈,告诉他们:"我想和你们一起读一本书。"读书的孩子不会变坏,喜欢读书的孩子心灵丰富,当我们的班级成为书香班级、当我们的家庭成为书香家庭时,您所想要的一切,都会成为可能!

可能有同学会问:"老师,您太客气了,为什么要用'您'来称呼我呢?"我想告诉您:我只想真诚地把"你"放在"心"上,也希望您将我们的班级放在心上,将父母放在心上,将老师放在心上,将我们的共同成长放在心上。

这样，我们就一定能够拥有一个无限美好的未来！

最后，谢谢您耐心地阅读完这封信！也谢谢您和父母一起看完这封信，我期待您就信中提到的事情给我一个惊喜！欢迎您的到来！

班主任：郑学志<br>2010 年 9 月 1 日

我还记得那个新学期的第一天，家长带着孩子们来报到。由于学校临时开会，家长来了会还没有结束，很多家长等不及了。我到教室里的时候，家长们乱成一团。我把信递过去，并且告诉他们"爸妈和孩子们一起读"。有些家长想反正等着也是等着，就先和孩子把信读了。结果，读完之后，他们都能够自动地按规矩排队，并且让一些有紧急事情的家长先带着孩子报到。这件事给我留下了深刻的印象。

把想到的事情提前做，这将给你的班级管理带来意想不到的好效果。

## 4. 带差班要有建设名牌班级意识

> 要成功转化差班，要把差班建设成为自主教育管理的好班，首先要让孩子们增强必胜的信心，号召他们建设名牌班级。

看到这个小标题，也许有很多老师心里会发笑：得了吧，差班能够糊弄过去就不错了，还建设成名班呢！这就是思想认识上的差别！差班之所以差，并不是因为差班的孩子没有上进的念头，而是因为他们思想上的绝望和行为习惯上的无力。当他们想上进的时候，总有另外一种思想在拖后腿：我们班反正是最差劲的了，个人的努力又有什么作用呢？

因此，要成功转化差班，要把差班建设成为自主教育管理的好班，首先要让孩子们增强必胜的信心，号召他们建设名牌班级。当班主任第一次在差班学生面前充满信心地对他们说"你们一定可以建设出一个名牌班级，你们肯定能够建设出一个名牌班级"时，我敢肯定地说，你在孩子们心中就已经不平凡了。班主任强大的精神力量可以强烈地感染学生、影响学生。"少年心事当拿云"，不要以为那些差班的孩子天生就差，不要以为差班的孩子没有出人头地的想法，差班的孩子一样有对成功的渴望。

精神的力量是强大的，名班意识一旦为全体学生所接受，将内化为一种集体信念，让几十颗心紧紧凝聚，让全班深受鼓舞。这种精神让他们感觉到前途有望，让他们主动学会自我约束，努力促使自己改变。

我曾经接过一个全部是男生的班级，班上46个学生，连任课教师都没有一个是女的。性别上的缺失导致羞耻意识的淡漠，这个班一学期换一个班主任，孩子们都不着急，没有一点羞耻之心。相反，他们还在外边扬言："我们班，没有人管得住，连校长都怕我们！"

我接班的时候已经是高三了，我是他们的第五任班主任。第一次公开讲话，我出了一道选择题给他们做。这道选择题本来是一个心理学家给将要出狱的犯人做的。那些服刑即将结束的犯人，担心自己走向社会后会被人看不起，个个意志消沉、情绪低落。心理学家得知这一情况后，主动请缨来到监狱给这批犯人上了一堂课。出乎犯人意料的是，心理学家并没有给他们讲述那一套他们早已听腻了的大道理，而是给他们出了一道有趣的人生选择题，这道选择题彻底清除了犯人们心中的阴影，他们走向社会后很快找到了合适的工作。

这个题目是："有三个总统候选人，他们的经历差别很大。甲吸过毒，而且嗜酒如命；乙每天要睡到中午才起床，每晚要喝1公升的白兰地，还有过多个情人；丙是国家级的战斗英雄，烟酒不沾，一直保持素食习惯，年轻时也从未做过违法犯罪的事。如果让你们从这三个人当中选出一个当总统，你们会选择哪一个呢？"

这是个简单得不能再简单的问题，大家想也没想，都不约而同地选择了丙。可是我把这三个人的名字说出来后，孩子们都惊呆了。我告诉他们："这三人都是二战时期的著名人物。甲是当时的美国总统罗斯福，乙是当时的英国首相丘吉尔，而丙则是当时法西斯德国的元首希特勒——一个夺走了几千万人生命的杀人狂魔。"

我停顿了一下，又接着说："过错和耻辱只能代表过去，而将来的作为才能证明你们真正的人生价值。"

其实，每个人的心灵深处都有着对成功的渴望。这个故事的答案让所有的孩子眼睛一亮，他们第一次觉得，尽管前面浪费了那么多时间，但是他们还有做好孩子的可能，他们还有机会建设一个让人敬佩的班级。

我对他们说：这个故事还告诉我们，没有一个人是命中注定如何的，也没有一个班级注定永远是差班，只要愿意，我们完全可以建设一个全校瞩目的名牌班级。我问他们："你们愿意生活在名牌班级里吗？"孩子们异口同声地回答："愿意！"我还不满足，要求他们连续三次呼喊出"我愿意"。当46个男孩子齐声喊出"我愿意"时，那排山倒海的气势，一下子就把孩子们心头隐藏着的自卑驱赶了出去。他们的眼睛里第一次闪烁出自信的光芒。

我继续渲染这种气氛。我告诉他们，凡是名班都会有一个特别的名字，如诞生于北京广渠门中学并已在大江南北遍地开花的"宏志班"、著名教育专家李镇西创建的"未来班"、山东美澳国际学校的"希望之星班"等。名班的班名都能体现一种希望、一种积极向上的精神状态，能使班级成员受到激励并立志成才。我说，我们班怎么能够没有名字呢？孩子们觉得很新奇，他们第一次听说，一个班级还可以有班名！

我告诉他们，一个班级的名字就如同一个人的名字一样，是富有生命力和崇高精神意义的，如宏志班的名字就意味着"特别能吃苦、特别有礼貌、特别守纪律、特别能忍耐、特别有志气、特别有作为"等"六个特别"。宏志班的学生牢记"宏图寄党恩，志远为国强"的誓言，努力提高自身素质，并以其良好的素质和优秀的表现得到各方面的好评。

孩子们于是摩拳擦掌地给自己的班级起了十来个名字：励志班、青春班、梦想班、力量班、雄师班、勇士班、猛虎班，等等。最后，举手表决，班名就叫作"青春梦想班"。然后，我又指导他们制定了班规，出台了班级管理条例，明确要求他们：从今天开始，每一个人要牢牢记住，我们是有梦想的，我们不能够玷污自己的青春。每一个"青春梦想班"的同学，都要像呵护自己的生命一样呵护这个"新生"班级！

事实证明，我那天的思想工作是很成功的。当一个孩子时刻注意到自己在建设一个名牌班级时，他身上焕发出来的那种超越自我的、豪迈的精神力量就能够感染他自己、约束他自己。我在一个学生的周记上看到这样的文字："我曾经堕落过，我前面十六年的人生简直就像一张苍白的纸。我行尸走肉般地生活着，没有人生理想，没有奋斗目标。但是从今天开始，我要告别昨日的无知，我们也可以建设一个名牌班级！"

还有一个孩子在周记中这样写道："对自己狠一点吧，不要因散漫自由而放弃自己的梦想，不要让懒惰贪婪侵吞自己的青春。我要找回属于自己的辉煌，与昨日的我勇敢决裂。"

为激发孩子们上进，我在黑板报上开辟专栏，刊发孩子们的这些体会，并一一加上班主任按语："有大家如此的决心，何愁班级不辉煌呢？"我又一步步地给他们加压、加任务：晨操队列要最齐，自习纪律要最好，班级卫生要最出色，精神面貌要最高昂……

不要怕孩子们接受不了，只有当他们心头充满自豪感时，他们才有履行计划的积极性。也只有不断地出新，孩子们才会克服倦怠，不断地攀向新的成功点。

半个学期后，一个孩子这样告诉我："郑老师，当我们成为名牌班级时，感觉别人看我们的眼光都不一样了。"我笑了，告诉他这种感觉是正确的，人之所以伟大，就是因为他能够不断战胜自我。一年后，这个班顺利毕业了，46个孩子，有近10人考入本科院校（含三本），这对我们非重点中学的学生来说，很不容易。

没有谁会愿意生活在差班，每一个班级都能够成为名牌班级！在这里，我要对老师们说：学校要你带差班，不是要你糊弄过去就完成任务了，你得把他们转变成好班，那才叫作不辱使命。

## 5. 掌握一点激励技巧

世界是残酷的，也是现实的，谁第一，谁就有发言权，人们就记住了他。谁第二，谁就意味着被淘汰、被遗忘。

有些人对领导很不屑，说领导无非是动动嘴，什么也没有干，却拿那么丰厚的薪水、享受那么好的待遇，世道真是不公平。我说你错了，动口的人往往比做具体事情的人更重要，为什么？因为他能让千百个人使劲地干，从效率上看，你说谁的价值更大？

班主任就是学生的领导。我常说做班主任最重要的能力是宣传鼓动，一个人的领导才能，就体现在面对千军万马的时候能不能动用三寸不烂之舌，把手下的将士说得热血沸腾。能，那么，你就可以去偷懒了——君子动口不动手，老师的价值就体现在鼓动学生积极进取上。

我曾经接过一个死气沉沉的班级，开始时学生做什么都不感兴趣，做什么都激发不起热情。数学老师气呼呼地告诉我，他在讲台上激情四溢，学生在下面却如同隔岸观火，漠不关心，"你说，哪有这样的班级呢？"

我现在还记得他把教案甩在办公桌上的情形。我理解他的心情，他的抱怨和义愤之情激发了我的战斗热情，有这样的好搭档，我怎么能够放弃呢？于是，深思熟虑之后，我和同学们谈了一个问题——我们为什么要做第一，不能够做第二？

我首先问同学们几件事情：

师：你们知道NBA公牛队最出名的球星是谁吗？

生（几乎是异口同声）：迈克尔·乔丹。

师：你们知道公牛队打得第二好的是谁吗？

生：不知道。（有些同学知道，小声地说：是不是皮蓬？）

师：是啊，这个问题很少有人知道，公牛队第二好的是皮蓬，甚至可以说，要是乔丹和皮蓬不在同一个球队，皮蓬绝对也是很拉风、很耀眼的明星。

可惜他机不逢时，和乔丹在同一个球队。所以，有评论说，皮蓬一辈子处在乔丹的阴影之下。

学生中开始有人发出感慨之声。然后，我又问了下面的问题：

师：你们知道现在中国跨栏跑跑得最快的是谁吗？

生：刘翔！

师：但是你们知道跑第二的是谁吗？

生（犹豫、迟疑，没有几个人敢说）：……

师：那我再问问大家，目前中国篮球打得最好的人是谁？

生：姚明！

师：那么，打得第二好的是谁呢？

生（又说不出话来，因为没有哪个媒体明确地说过第二是谁）：……

于是，我发表了激情洋溢的演说。我说："世界是残酷的，也是现实的，谁第一，谁就有发言权，人们就记住了他。谁第二，谁就意味着被淘汰、被遗忘。如果我们不想被淘汰，就必须做第一。"

……

哗——我的话音刚落，同学们就使劲地鼓起掌来。果然，从那以后，我们班的精神面貌发生了显著的变化，很多学生开始主动关心班级的各种评比数据，一些孩子也会直接给我提意见、出点子。一个星期之后，我们班的操行评估全校第一；一个月之后，我们班的考试成绩开始有科目进入全校前三名；一个学期之后，我们班成了全校名副其实的好班。

学生身上有的是力量和热情，关键就看你能不能把它们彻底激发出来。能的话，你就能够运筹帷幄之中，决胜千里之外。

## 6. 不断升级讲理的方法

>  优秀班主任应该善于和学生讲道理。老师自己说不出道理来，怎么能够有效地教育学生？怎么去建立优秀班集体？

我发现很多老师在和学生讲道理时，很容易陷入一种枯燥死板的套路中。下面的案例是卢梭名著《爱弥儿》中的一段对话。

老师：你不该做那件事情。
孩子：为什么不该做那件事情？
老师：因为那样做很不好。
孩子：不好？有什么不好？
老师：因为别人不许你那样做。
孩子：不许我做的事情我做了，有什么不好？
老师：你不听话，别人就要处罚你。
孩子：我会做得不让人家知道。
老师：别人会暗暗注意你的。
孩子：我藏起来做。
老师：别人要问你的。
孩子：我就撒谎。
老师：你不应该撒谎。
孩子：为什么不应该撒谎？
老师：因为撒谎很不好……

这段对话让人感觉那么熟悉。仔细思量，我发现，这段文字所描写的事情其实就发生在我们的生活中。

你看，在具体的教育教学实践中，好多老师不就是这样教学生的吗？我们老是告诉孩子这不能，那也不能，当学生有疑问的时候，我们却又拿不出充分的、可以让孩子们接受的理由。最后，我们只好强制地说："你这个学生怎么这么调皮呢？""再说，就叫你家长来！"胆小的孩子会就此罢休，可是他们不明白，为什么自己想做的事情老师不让做；胆大的呢，当面不反驳，转过身后便继续做他们认定的事情去了。

我们常常说学生屡教不改、顽劣不堪，其实我们的教育方法本身就存在着问题。这段对话，至少披露了我们在教育学生时的如下三个弊端。

一是缺乏和学生讲道理的耐心。教师习惯于用权力管制学生，每次遇到问题，总是三言两语想把学生打发了，打发不了，就压制学生："这个问题谈到这里为止，你做也得做，不做也得做，自己掂量吧。"

二是对生活缺乏洞察力，道理讲不透。比如说上面《爱弥儿》这个典型案例，老师拿不出足够的理由说服孩子，只说这也不好，那也不好。这样的老师，是生活中知识面狭窄、个性死板而又不愿意深入思考的人。

三是不愿意学习，知识结构陈旧，讲不出能够让学生接受的道理。有好些老师，习惯于用自己熟悉的道理和典型来说服学生，却没有想到，这些道理和榜样不知道被多少代老师重复了多少回，孩子们不说是听得耳朵起茧，至少也是耳熟能详了。老师一开口，学生还讲到老师前面去了，你说，老师的理由还能让学生接受吗？

优秀班主任应该善于和学生讲道理。老师自己说不出道理来，怎么能够有效地教育学生？怎么去建立优秀班集体？

真理其实从来都不是死板的，班主任要学会不断升级讲道理的方式方法和内容：把抽象的道理讲得形象，把崇高的道理讲得让学生乐于接受，把枯燥的道理讲得生动有趣。要做到这些，就要大胆创新，敢于创新讲道理的方式方法，创新讲道理的内容，以促使孩子们不断地向你靠拢，带领孩子们前进。

在近年的工作实践中，我注意从以下几个方面升级自己和学生讲道理的技巧。

### (1) 注意从报纸杂志中吸取新鲜故事，更新内容

这几年，《班主任之友》《意林》等杂志刊发了不少短小精悍、富有生活哲理的小故事，这些小故事贴近生活实际，往往一两句话就能够启迪学生的思维。把这些故事讲给学生听，往往更易于他们接受。

我班上有一个学生，父母离异了，一段时间里他相当自卑、失望，对生活失去了信心。我就给他讲了这样一个小故事，说的是一个残疾的小女孩面对苦难仍乐观开朗的故事，其中最让学生动容的是小女孩说的那几句话："当我失去双腿时，我以为一切都完蛋了。可是我的父亲告诉我，'孩子，……只给了你一半，剩下的一半要由你自己来创造。'我记住了这句话，我要做好由我自己来决定的那一半。"

那个学生从故事里明白了一个道理：生活中有不幸，但那不是全部，最主要的是要做好自己能够决定的那一半。父母离婚了，可是爱还在；家庭分裂了，可是自己的学业还在。他得做好剩下的那一半。从此这个孩子变得开朗活泼起来。

所以，我常常说，班主任要在肚子里藏一些精彩的故事，一个故事的感染力往往胜过一打死板的硬道理。

### (2) 注意从娱乐明星中搜集成功典型，更新榜样的内涵

现在的孩子喜欢追星，追星本质上是寻求精神偶像。在偶像多元化的今天，从明星中搜集的成功榜样，对孩子的说服力无疑是巨大的。

曾经有一段时间，我们班上有部分孩子羡慕超女们一夜成名，不想读书，于是，我就把超女们的酸甜苦辣说给他们听。我搜集的这些故事很真实，也很具体，好些就是媒体的报道。这些明星的成长故事让他们明白一个简单的道理：没有谁简简单单地就可以成功，所有的成功背后，都要付出十倍乃至百倍的汗水。从那之后，学生们的思想、气质都沉静了。

我给他们读过歌手王杰的自传。

15岁那年，我还是半工半读的少年。有一次在茶楼打工，肚子太饿了，

客人埋单离去后，我趁人不注意偷吃了一个客人剩下的叉烧包。谁知被经理看见了，他硬说我偷吃茶楼的食物，我死不承认，经理恼羞成怒地给了我一个狠狠的耳光。当时我一阵眩晕，眼泪不受控制地流了下来。当天我就被开除了。

我一边哭一边走回我租住的地方。其实那只是一个两层铁架床的上层，香港称之为"笼屋"。我跟住在我隔壁床位的老伯哭诉，他慈祥地安慰我。我问老伯："为什么我的命这么苦？12岁爸妈就离婚不要我了，我上学受人欺负，打工也被人冤枉，难道我注定要一辈子这么倒霉吗？……"

老伯看着我好一会儿，突然笑出了声："嘿！小鬼头，胡说八道！谁告诉你人是要被注定的？人是不可能被注定的！要是这样那还有什么惊喜，连做百万富翁也没什么意思了。你这个小笨蛋！"说完他便去上班了。他是个当夜班的保安员，平时总是喋喋不休，我向来把他的话当耳边风，但他这一句"人是不可能被注定的"却把我一下子惊醒。

我热爱音乐，无论路有多难走，我都坚持走下去，因为这样我才可以一生无悔。由坚持开始，我的执着、信心来了，10年之后，《一场游戏一场梦》面世了。

《一场游戏一场梦》是我的第一张唱片，它也见证了我生命的转折点。记得唱片推出上市的第一天，公司的一位"前辈"刺激我："王杰，你的唱腔实在太奇怪了，你觉得你的新唱片能卖多少？"他的眼神不太友善，但我还是很坦诚地说："应该可以卖到30万张吧。"没想到，不到半天，我的回答就被当成笑话传遍了公司，甚至有人见到我就开始叫我"30万"——在他们眼里，我是想一夜成名想疯了。面对他们的嘲笑，甚至连唱片的制作人都不帮我说句话，我只有在心里默念着老伯曾经说过的话，告诉自己：人是不可能被注定的，能否改变命运，就靠这一次了。唱片推出的第7天晚上，我下班后坐计程车回家。车窗外不断流逝着美丽的夜景，闪烁的霓虹灯照耀着街头，我却无心欣赏，一想到将来，想到自己夸下30万的海口，我的心就一阵阵刺痛。

隐约中，计程车的收音机里传出一个悦耳的声音："接下来播放的是本周流行榜的冠军歌曲。"一阵音乐的前奏响起，熟悉的旋律让我的心开始狂跳。主持人继续说："本周的流行榜冠军歌曲，就是王杰主唱的《一场游戏一场梦》。"那一瞬间，我泪流满面。

第二天，我推开唱片公司的大门，所有人的脸都在看到我的一瞬间挂上了笑容。之后，我听到很多恭喜的声音，我不断向他们说着"多谢"，我不知道，这算不算是一场游戏一场梦。改变命运的时刻已经过去，而我也彻底相信了，人是不可能被注定的！

到现在为止，《一场游戏一场梦》的销量已经超过了 1800 万张，可能大家不相信，其实我从来没有觉得我红过，而后来感情突变，甚至在官司中家财散尽，一切从头开始，我也没有觉得有多气馁。

在世事的动荡中，我对那位老伯的话有了更加深切的体会，人的一生是不可能被注定的，人来到了这世上，就是为了体验惊喜与激情，同时，跌撞和低谷也就是难免的了。有过不一样的体验的人才是真正的幸福的人，就像那位老伯，他只是个守夜的，可是谁能想到他心里的快乐与富足呢？所以，尽一切可能改变自己、丰富自己、享受生活中的各种惊喜，这才是我们来到这个世界的目的！

没有人随随便便就可以成功，即使是那些娱乐明星，他们有着父母给他们的一些好条件，但是真正获得成功还要付出个人努力。学生追星，就要追他们的进取精神，追他们不甘于平庸的理想，追他们渴望成功的强烈意志和愿望，而不仅仅是模仿他们的派头、模仿他们的堕落生活作风。

**(3) 注意结合时事热点，增强道理的渗透力**

热点新闻往往能够激发大家的兴趣，适当地引用时代热点往往能够使思想工作意外地变得轻松。

前一段时间，我们班有部分学生学习松劲了，我就问他们，是不是这两年股票行情低迷，让他们丧失了学习的进取心。

孩子们大笑，问我为什么。我趁他们提问的机会，把学习和股票的关系讲了一下。我对孩子们说，有这么一句戏言：女人找对象都是在炒股，眼光不好，"绩优股"就变成了"垃圾股"。

我对他们说,现在的你们每个人都是一只股票,学习就是为自己的成长增值。大家是希望自己成为"潜力股"与"成长股",还是让自己成为没有人要的"停滞股""垃圾股"呢?

这样的比喻让他们哈哈大笑,之后他们纷纷在周记中表态:谨防自己成为"垃圾股"。他们的学习劲头又高涨起来了。

班主任是班级工作的灵魂,很多道理必须由我们传递给孩子,如果我们不经常升级自己的理论体系,老拿陈词滥调来教育学生,思想工作是很难出彩的。如果你想要创建一个优秀班级,那么,请接受我真诚的建议:

经常升级自己的理论体系吧,只有这样,你才能够轻松地把最新、最深刻的道理不露痕迹地传递给孩子。

## 7. 关键是找到对的教育方法

*不是槌的打击,乃是水的载歌载舞,使鹅卵石臻于完美。——泰戈尔*

有很多老师说,郑老师说的这些都很有道理,问题是我们的学生做不到。很多时候你用手指头指着他的额头了,他还不知道错在哪里!

真的是这样吗?我看不见得。是教师的指导方法不对吧?对头的方法总是能润物细无声。在这一点上,我觉得我们班级自主教育管理实验小学组组长、广西钦州市子材小学的温爱娟老师就做得很不错。她探索的系列"偷懒特色评价",既使学生感到新鲜,又能给学生指明方向,带来动力,使班级管理更轻松。

(1)情景暗示让孩子自悟

泰戈尔说:"不是槌的打击,乃是水的载歌载舞,使鹅卵石臻于完美。"设计情景故事，用情景暗示学生、启发学生思考问题，让学生主动承认错误，这比暴风骤雨式的说教更有效果，更能保护学生的自尊心，从而使教育润物细无声。

下面，我们来看看温爱娟老师处理学生自习讲小话的奇招——编造小故事让学生不用批评自醒悟。

上自习课，有同学在借橡皮时说话了，纪律委员便把他俩记录了下来。被记之后，孩子想："反正被记名字了，五十步是死，一百步也是死。"干脆什么也不顾忌，真的违纪了。

在处理这个事件时，我对这两个违反纪律的同学说："老师讲个故事，你们愿意听吗？"

"好啊！"

"有两个小和尚黄文豪、邓日明和一个尼姑温爱娟打赌，在半炷香时间内盘坐，谁没有说话就算赢，谁说话就是输。"

黄文豪和邓日明就是这两个学生，我把尼姑的名字改成了自己的。他们抿着嘴笑，我要的就是这个效果，把他们放到故事情境中。

过了好一会儿，小和尚邓日明说："好累呀，香灭了没有？"另一个小和尚黄文豪忍不住回答："还没呢！""哈哈，我赢了，我就没说话！"这个尼姑得意忘形地说。"你们说温爱娟赢了没有？"

"没有赢，因为尼姑在规定的时间内也说了话，也犯了错误。"邓日明想了想回答！

而黄文豪则恍然大悟地点头："哦，老师，我明白你为什么讲这个故事了，刚才我们确实是违反纪律了，以后我们一定注意！"

通过一段情景故事、一个小游戏，便解决了一个问题，既保护了学生的自尊心不受打击，又使学生明白了他们所犯的错误，何乐而不为？

**(2) 医疗诊断使孩子自知**

在教育管理中，我们常发现有些学生总是看不清自己的问题所在，因而找不到努力的方向，甚至有时候我们批评学生了，他们还一脸无辜："我怎么错了？"

这种情况，我认为是学生"不识庐山真面目，只缘身在此山中"，因为缺乏一个评价、比较的参照，他们总是自我感觉良好。如果教师不把孩子的问题找出来，而仅仅是简单的一句"你又犯事了"，孩子们会觉得委屈，甚至产生抵触情绪。怎么办？温爱娟老师的"医疗诊断式评价"很值得一学，她用给学生开诊断书的方式，把学生的问题一一找出来，从而一语点醒梦中人。

"没意思，烦透了，不读了！"陈家文在教室里大声地喊着。于是，我找他到办公室里谈话。

他大吐苦水："老师，其实我也想好好学习，也想考出好成绩，可总是考不好，您说我该怎么办呢？"

"我的脑子笨，别人读几遍就会背了，但我读了十几遍，还是记不住。就说写生字吧，我总是比别人慢很多，而且明明已经抄写了、记熟了，可到了第二天脑子里的那些字都缺胳膊少腿了。"

找不到正确方法的学习肯定是低效率甚至无效率的学习。成功是美丽的，我得想办法让他从成功里获取学习兴趣。通过一段时间的观察，我给陈家文开了一张诊断书——

你不笨，学习不好，只是因为没有良好的学习习惯。你注意力不集中，常常会被一些事物或突发事件吸引。以你昨天来我办公室里做作业的这段时间为例：在短短的30分钟里，你有3分钟是在削铅笔；有2分钟是在摆放书本（总想找个更合适的位置）；有4分钟是在看办公室的《总课程表》……

他看了诊断书后吓了一大跳，意识到了自己学习不能进步的根源——真正能够用心来学习的时间很少。接下来的日子里，他很努力地改掉自己不安心学习的毛病，还让其他同学随时将分神的他拉回到学习中来。他在学习上很快就有了进步。

给孩子开一张诊断书，让孩子自我剖析，找出症结所在，并在教师的帮助下自我改正，这样不是也很好吗？

### (3) 民主评议促孩子自省

民主评议是这几年被广泛运用的一种批评方式，恰当的民主评议能够让学生不用老师批评而自觉地改正错误。我们来看看温爱娟老师在班上是怎样推行民主评议的。

我发现下午放学后总有同学不能自觉地扫地或者忘了自己是值日生，于是在班会课上，我请孩子们来给我出主意。

"可人儿"刘幸秋说："我有个办法，让班干部每天专门督促检查。"接着同学们列举了这个班干部应具备的基本条件，其中最重要的一条是要有责任心。

就"责任心"这个概念的理解，同学们各抒己见。

我问："黄旭雯，大家都公认你是班上最负责的班干部，你觉得什么才是有责任心呢？"黄旭雯想了想，回答说："我觉得要把班级的事情当成自己的事情来完成，认真地去做。"

选举时，有颜文豪同学毛遂自荐，还有同学推举杨盟。到底让谁做监督员呢？有同学提议让他们猜拳决定。杨慧不同意，发言道："那不是机会主义了？这样做对我们班上的竞选有什么意义呢？"

最后，全班决定民主投票选举，结果颜文豪得了8票，杨盟得了29票。

我问杨同略："为什么选杨盟呢？"其他同学插嘴："因为他们俩是哥们儿，从小玩到大的朋友。"杨同略回答："我读过祁黄羊举贤无私这个故事，无论是自己的仇人还是自己的儿子，只要是有德有才的，他都能推荐。这才是真正的大公无私呢！杨盟非常有责任心，每次都很认真地检查作业、记录名字。我并不是因为他是我哥们儿才推选他的，他确实做得很好啊！"

我问班长黎弘祥为什么选颜文豪，班长说："其实他也很有责任心，提醒同学保洁的工作他就做得很好！"

放学后，颜文豪跟在我后面："温老师，我知道自己努力的方向了，这次没有做上监督员，下次我一定要让同学们选我。"我摸摸他的脑袋，会心地笑了。

让学生互相评价，既能使学生知道自己在其他学生心目中的形象，又能使全班学生知道班干部的职责所在，使班级管理制度更明朗，更有利于学生理解和遵守。

**（4）温馨惦记让孩子自励**

奖励是必不可少的激励手段，但是很多老师发现，有时候给了孩子很多奖品，可是孩子的表现并没有达到老师的预期。这是什么原因呢？原因在于奖励没有搔着孩子内心的痒痒处。要想奖励有用，必须奖到孩子们的心坎儿里去。孩子们重视的不是奖励的物品，而是奖励所带来的成功感、满足感。温爱娟老师奖励孩子的做法就很值得我们借鉴。

"这件事过了那么久，我都不记得了，老师还记得清清楚楚，现在还当着全班同学的面奖励我，我太激动了！"

"老师，这么一件小事您都能时刻挂在心里，您的一言九鼎真让我感动。"这是开学第一天我们班两位学生的获奖感言。

上个学期我在班上设计了一个"加法方案"，具体做法是：每天下午放学时，根据学生一天的表现，在一张印有班规的卡片空白处盖上印章。如果哪个学生的卡片连续盖够了10个"奖"字章，就发一支铅笔或一本作业本；盖够了40个"奖"字章，就能够参加期末的"三好学生""文明学生"等评选了。

一学期下来，有些同学获得了铅笔的奖励，有些同学获得了作业本的奖励，孩子们欢呼雀跃。可是在发奖的过程中，我发现几名平时表现一般、加盖图章也不够数的孩子，眼巴巴地看着我。当时我也挺无奈的，我知道他们努力了，也渴望奖励，可是我不能够改变方案啊！如果任意地把奖品发给他们，那么奖励机制就失去了意义，孩子们也不会愿意，因为他们看重的是经过努力、经过比赛获得的象征荣誉的铅笔或作业本。

我不动声色地记住了这三个孩子，并发誓一定要找到他们值得奖励的理由，在第二学期开学时当着全班同学的面给他们一个惊喜。整个假期，家访时，我很小心地向班上的学生了解情况，不动声色地寻找着奖励的证据。我要让孩子们知道，只要你努力，老师一定会看得见，老师一定会惦记着。

如果教师能够记住孩子们努力的一些细节，一年甚至更长时间以后，还能够说出当时孩子们努力的样子，将会使他们很感动，他们将更加勤奋、更加上进。

### （5）夸张表扬让群体自重

很多老师说学生对表扬提不起兴趣，我总问他们一句：你表扬学生的时候自己激动没有？很多老师觉得奇怪：表扬学生还要自己激动？是的，孩子们对老师的神情和态度是十分关注的。他们能够从老师的语气、神态、表情等很多方面敏感地把握，什么时候老师的表扬是言不由衷的，什么时候老师的表扬是情不自禁的……他们喜欢自己让老师惊讶的感觉，觉得那样很有成就感。因此，作为教师得仔细琢磨表扬的艺术，要通过我们的表扬让学生发现他们很重要。温爱娟老师表扬学生的做法就体现了表扬的艺术。

星期五，我走进教室，刘映雪报告说她在操场那边的沙堆里捡到了五毛钱，说着就把钱放到了讲台上。

这本是一件很小的事情，但我却要大肆表扬，因为这几天班上老是有孩子丢失东西，当然有些是孩子习惯不好，自己丢三落四造成的，但是，我也发现，有些是一些孩子思想意识不好，爱占小便宜造成的。我有责任培养班上良好的集体舆论和行为习惯，让榜样的力量影响和带动班集体健康成长。

于是，我郑重地在刘映雪的功过本上盖了一个"奖"字章，同学们热烈地鼓掌。我还告诉孩子们，在星期一的广播里会播出这件好事，让丢钱的同学来领。同时，我还送给了她一张免费到东风书城阅览室看书的卡片。

同学们用敬佩的眼神看着刘映雪，表示一定要向刘映雪学习，做诚实、拾金不昧的好孩子。

一件小小的好事或许不值得一提，但适度地夸张放大，特别是在特殊时期，会让其他孩子有明确的榜样、有学习的动力，这在班级管理中是很有必要的。

# 第三章

# 强大的执行力是「会」偷懒的关键

⊙很难想象，一个没有良好管理能力、强大执行力的班主任，能够有更多的精力和心思对学生进行思想道德教育。

⊙强大的执行力，可以帮助我们把更多的精力放到关心、引导学生精神成长上来，而学生精神成长又可以让我们从疲于奔命的消防式管理中脱出身来……

⊙会偷懒的关键，是增强班级管理的执行力！

⊙管理的全部秘诀，在于激发每一个人的善意和潜能，让每一个人都找到成就感。

## 1. 会商量：八分钟议事法则

> 要让孩子们学会议事，这样，学生个人的真实想法才能表达出来，集体的智慧才会被激发出来……孩子们会商量问题、会安排工作了，我们才有机会偷懒。

学生不可能用很多时间来议事，顶多就是课间休息十分钟。但一个问题十分钟解决不了，该怎么办？我们可以像切苹果一样，把一个问题切分成若干个"八分钟"，一小块一小块地进行，效率就高了。我把它叫作切苹果议事法。

学生们还把它推广运用到学习上，比如背诵英语单词，专门一个小时的背诵，疲倦、乏味，记忆效果又不佳。怎么办呢？把一个小时像切苹果一样分割成五小块，每小块 12 分钟，记忆 12 个单词，速度快，效果好，尤其是不会有疲倦和厌烦的感觉。

那么，这种议事法具体该如何实施呢？

**第一块"苹果"：提议——八分钟征集议题**

"每周一议"是我们班常规议事内容，主要解决日常班级管理存在的问题。在正式议事前，负责班级自主教育管理的"核心组"成员，利用课间休息十分钟的时间来征集议题，其中一分钟集合，八分钟开会，剩下一分钟大家回座位准备上课。

这八分钟内只讨论一个主题——本次"每周一议"要商量、研究的基本内容。各部委负责人自带笔记本记录主要内容。刚开始的时候，学生们没有"只说要点"的习惯，遇到感兴趣的或者有争议性的话题，这个同学说一段，那个同学说一段，结果，十分钟课间休息结束了，什么也没有商量出来。后来，他们形成了"关注核心"的规则：不管遇到什么样的话题，这时候都不展开对具体内容的讨论，一句话简述提议理由及需要解决的问题即可。这样坚持了两个星期，效果就出来了：每次征集议题都能够在八分钟之内完成。

有一段时间，我在外出差。班级日志以前都是由我批阅的，我点评时孩子们很高兴，我不点评了，孩子们写作的积极性就下降了。一些学生说："老师不看，我们写什么啊！"好像一切都是为了取悦我。于是自管会执行主席就召集核心组的同学开会，讨论要不要把这个事件纳入本周的"每周一议"。他的话音刚落，一些有想法的同学马上就说了："虽然郑老师不在，但是激励大家坚持写班级日志的办法可多了，可以采用轮流竞赛的方法，评选最佳记录者。"还有的说："可以每周评选一个最优秀的作者做擂主，其余的同学和他比赛，攻擂！"……在大家正兴奋的时候，执行主席曹建说："我相信解决这个问题的办法还有很多，如果现在我们就详细讨论这个话题，这个课间就结束了。我们现在只是表决，要不要把这个话题作为每周一议的内容，而不是展开讨论。"在兴奋时能够及时中止，不转移话题，确实体现了一个领导者对全局性工作安排的把握。最后，同学们心服口服地接受了意见，并做了充分的思考准备，后来讨论这个问题的处理办法时，同学们居然提出了七个完全不同的方案。

征集议题阶段，大家主要围绕下面一些思路去思考。

①日常工作存在的问题、需要完善的地方、值得推广和肯定的方法。

②班级突发性事件、学校临时性工作安排。

③常规工作安排遇到的新情况、新问题和新思路。

④对班级管理建议的答复。

提议完成后，各部委负责人记下下次开会的议题、时间和地点，这次会议即结束。剩余工作由各部委负责人回去与自己的部委成员开会商量。这样分阶段讨论工作要点，而不是让兴趣转移话题，是训练孩子们自制力的好办法。

**第二块"苹果"：动议——八分钟部门酝酿**

确定议题之后，第二个八分钟的时间，就是学习部、卫生部、监督部、生活部、活动部等各部门负责人根据自己在核心组开会记录的议题，召集本部委成员开会，具体商量子议题下面需要解决哪些问题、如何解决。这就是班级议事的动议阶段。

动议的一个中心任务就是针对讨论的问题提出具体解决办法。比如说高三时，有些学生感觉时间不够用，有些学生心理焦虑，对坚持了三年的统一在校自习提出了新的意见和看法，由此产生了"有人想请假回去自习，可不可以？"的问题，学习部组织本部委成员讨论这个问题的解决办法。最后同学们提出如下建议。

①建议大家克服暂时性的心理焦虑，统一在校自习，因为这样有气氛，有团队的感觉。哪怕有时候心里放松了，想偷懒了，一看同学们还在努力，自己也就会认真学习了。

②实在有同学觉得回去自习更好，应该尊重他本人的想法，让他按照自己的意愿回去自习。

③回去自习的同学必须公布学习进程安排，及时向组员汇报。

④不管遇到什么情况，回去自习的同学每周不超过3人。因为超过3人，就会动摇军心，班级就涣散了。

⑤回去自习一定要让家长和老师都知道。以防借回去自习的名义做别的事情。

这五点建议出来之后，学习部长觉得挺好，直接拿到核心组会议上审议，获得全票通过。

在动议阶段坚持一个基本原则——"本部门任务优先"。即首先讨论属于本部门职责范围内的问题，然后再讨论其他部门的议题，这样确保本部门的核心问题得到充分讨论。

当然，也欢迎有余力的部门对其他部门的内容进行研究，因为在部门动议之前，各部都会简单地公布核心组需要讨论的问题，所以，在我们班上，没有什么事情是孩子们不知道的，我们真正做到了全员审议班级事务！

**第三块"苹果"：审议——八分钟中层讨论**

各部门对自己的任务和班级其他事务形成集体意见后，"核心组"召集中层管理人员进行审议。

审议也是八分钟。理由很简单，班级议事毕竟不是学生的主业，学生的主业是学习，所有的行为都不能影响正常的教学。

为提高效率，审议阶段学生们自觉形成"解决问题原则"。即开会研究部门方案时，为避免其他人对别的部门指手画脚、说三道四，避免议事成为牢骚会，明确规定："如果您的发言不能够解决该问题，不管您的认识有多深刻，不管您有多聪明，都不允许对该话题提出批评。除非在发现问题的同时把解决方案也提出来了。"因为别人做事，旁边的人说风凉话，太打击积极性了。

对这一点，我曾提出疑问："难道不允许别人对不成熟的意见和方案做出提醒吗？这样会不会造成一些同学一意孤行？"

"不会的，郑老师。这样规定的目的不是不允许发言，而是不允许说废话。"

比如说新生入校，学校要举行"二十公里拉练"，活动部根据学校统一安排提出议题之后，会涉及后勤、安全、卫生、纪律、监督、宣传等多个部门的工作。活动部只提出他们的意见和看法，其他各部门则必须站在自己本部门的角度，就这个任务的完美处理提出可行的、能够为活动部分担压力的方案。

卫生部提出："①为了避免污染环境，班上成立卫生纠察队，对乱丢饮料瓶、食品包装袋等垃圾的行为进行检查，一旦发现，除让其带走自己的生活垃圾外，还要对该学生进行通报批评一次，扣个人卫生评估分1分；②为防止同学们买不合格食品造成拉肚子、中毒，任何人不能中途离开队伍去无牌照摊位买食品；③班上成立卫生应急分队，带创可贴、碘酒、十滴水、藿香正气水等药品，作为大家拉练途中医疗的保障。"

生活部提出："①为了不扭伤脚，拉练时，大家一律不准穿高跟鞋、皮鞋、拖鞋，必须穿平底鞋，而且鞋底不能太厚；②为防止有的同学掉队，建议以小组为单位清点人数，休息、拉练时都不允许擅自离队；③组长每半个小时清点一次人数，正常向核心组报平安，有事情马上汇报；④派遣先头部队为全班找一个卫生的饭店统一订购盒饭，并将盒饭准时送达就餐的地方，以防食品中毒。"

文宣部提出："①加强安全宣传教育，出发前三天，每天利用夕会课对同学们进行安全宣传教育；②发现好做法及时推广宣传……"

那次开会，我恰好路过，听到孩子们说话像打机关枪一样。我说，慢点没关系，把事情说清楚。生活部长李娟说："郑老师，八分钟！我们只有八分钟！"那神情引得同学们哈哈大笑。

审议阶段，主要工作是把各部委意见集中，如可行就形成草案。每个干部都要一次性提出自己部委的意见，并对别的部委的工作提出建议（内容不得重复）。每个人都要拿出笔记本记录下别人的发言，不能说"这个内容不是我管的，我不记录"。我们班是一个整体，每个人都必须对别人分管的工作做好记录并深入地思考，以便下一个环节表决和配合开展工作。

### 第四块"苹果"：决议——八分钟逐一表决

常规情况下，这是最后一个程序——即对前面一个课间休息审议后形成的方案进行表决。

表决分两个层面开展。第一个层面是常规管理办法表决，由自管会的干部集体表决，每个问题都逐一询问"同意的举手""不同意的举手""弃权的举手"，原则上不再提出新的反对意见。

第二个层面，就是班级集体表决。这是涉及班级重大事项的表决，如班规修改、重大活动安排等，需要全班同学就自管会干部研究的问题进行表决。这个表决参与人员多，对主持人来说更是一个重大的挑战。

集体表决时，第一件要做的事情就是静场。在上一个课间休息、任课教师还没有来得及进教室之前，自管会执行主席就抽空和老师商量："下一节课课间休息的时候，我们班要就某个问题进行集体表决，希望老师给我们时间哦。时间只有八分钟。"一般任课老师都会理解和支持，不会拖堂占用他们的会议时间。

这样，在课间铃响、老师宣布下课之后，执行主席跑上讲台，对全班同学宣布：现在是集体讨论班级事务决议时间，请全班同学在一分钟之内安静下来！同学们安静之后，执行主席宣读重大事项，组织大家逐一举手表决，并安排两个核心组成员清点票数，超过半数赞同，该决议即通过。

如果时间不够，没有表决完，就顺延到下一个课间休息十分钟内解决。一旦形成决议，各部委及全班同学必须立即执行。

集体表决时间内，允许同学们质疑和提出反对意见，但是明确规定一条基本原则——"先表决后质疑"，而且，对同一个问题，意见相同的不再说明，提出反对意见的时候必须要说明理由。由于时间有限，所有反对意见都写在纸条上交给执行主席。这样可确保表决不管"流产"还是顺利，都能够高效地完成。

**第五块"苹果"：复议——八分钟决定取舍**

这是对特殊情况的处理。当表决环节某个方案无法形成一致意见，原方案失败，是否重议、是否不议，就需要复议。

复议阶段我们坚持"辩论性原则"。允许每一个与会人员充分发表自己的意见，还可以通过说服别人接受自己的意见来达成协议。

我曾经在很多地方和大家分享过一个案例——剩余班费怎么处理，就是复议阶段的产物（详情见本书"第四章 构建一个让学生自主的制度体系"的第七节"确保每一个人都对制度有安全感"）。

那是 20 世纪 90 年代末，我们班放假时剩余 237.50 元班费。对于剩余班费怎么处理，同学们都很关注，有的说给大家加餐，有的说给任课老师每人买一个水壶做纪念。我不同意，我坚决反对用学生的钱给任课老师送礼。最后，班长征求大家意见，按照少数服从多数的原则，初步决定给每个球员买一套运动服。

但是在表决的时候，一些不赞成的同学意见很尖锐。我说，少数服从多数原则，一般情况下是可以的，但是涉及每一个人自身的权利时，我们不能够因大多数人的意志而剥夺少部分人拥有的合法权益，尤其是不能够用集体的意志去强迫一个人捐出他的私有财产。个人权利应该得到保护。

于是，我们班就这个事件进行了复议。复议的时候大家充分辩论，充分表达意见。最后，孩子们想出了一个办法——

"把班费平均分配下去,每个人该得多少就得多少。然后,愿意把钱捐献出来买运动服的再集中。"这样,领钱的同学高兴,集资买运动服的同学也高兴。

复议时,执行主席有个人决断权,即对重大的事项,如果反对和赞成的各半,他有权决定这个问题是否再次复议。不过,这种情况通常比较少见。

总之,要让孩子们学会议事,这样,学生个人的真实想法才能表达出来,集体的智慧才会被激发出来……孩子们会商量问题、会安排工作了,我们才有机会偷懒。

## 2. 会思考:七小行动研究,让学生自己解决问题

*对于每个问题,我们都这样深入研究其背后的形成原因。有一天,同学们就会突然发现,其实,很多问题的背后,原因里就藏着问题解决的思路……*

七小行动研究是学生自己解决问题的一个万能公式。

在此之前,总有学生或班干部提问:老师,自习课有同学说小话该怎么办?课间有同学追跑打闹该怎么办?……老师说了好多遍,但效果不明显。因为老师的答案,替代不了学生自己解决问题及在解决问题过程中能力的提升。

那该怎么办呢?对此,我们尝试了"七小行动研究",遇到任何问题,都让学生根据这七个步骤,自己寻找解决办法。

### (1) 选择一个小问题

要解决的问题不要太大、太空,要具体点儿。当同学们提出"我的成绩

不好怎么办？""我们组同学不听话该怎么办？"之类的问题时，我就会反问："成绩不好的原因很多，同学不听话是哪些基本情况，能详细给我说说吗？"此时，孩子们就会突然发现，哦，原来这样的问题问得太大、太宽，所以大家才不知道该怎么解决。

七小行动研究策略第一个要诀，就是不贪大，只求小。每次只解决一个具体的小问题。如前面两个问题，可以进一步具体化：

我的语文成绩不好，怎么办？（理科男）

我听不懂物理课，怎么办？（文艺女）

我们小组的同学在自习课上爱说小话，怎么办？

把大而宽的问题，变成具体的、能够解决的一个个小问题，思维就集中了。每次解决一个小问题，日修一能，班级情况就好了。不需要很长的时间，孩子们提出的问题就变得具体、实在了。

### （2）寻找一个小切口

确定好问题之后，可以有很多解决办法。如针对"成绩不好，怎么解决？"的问题，宏观上可能是班级学习氛围需要改变。但是，具体到每一个学生，有些学生成绩不好，不一定是班级氛围不行，而是他的个人习惯不好。如果是个人习惯不好，我们就选择一个小切入点——怎么养成良好的学习习惯：是不会利用时间？好，我们来做一个"时间管理器"游戏，把每天要做的事情列成任务清单，做完打钩；是写作业的时候注意力不集中，一边写作业，一边惦记着吃苹果？来，我们做一个"安神护心"活动。

有些学生没有方法，不会听课，我们就从听课方法入手，思考听课的要点是什么；有些学生字迹潦草，我们就从认真书写入手……每次都从具体的小切入点出发去思考要解决的问题。农村有一句歇后语，叫"老虎吃天——无从下口"，我问孩子们："为什么老虎无从下口呢？"

"找不准切入点！"

"那怎么切入？"

"从天边入手，像吃月饼一样，在边上咬一小口。"虽然是一个比喻，但是孩子们在自问自答的过程中明白了问题解决的基本策略：找够得着的地方下手。

### （3）开展一个小研究

每个问题背后都是有原因的，原因不弄清楚，诊断书就拿不出来。我们开展一个小研究。比如，个别同学喜欢留怪异发型，先不要急着批评他，也不要急着要求他换发型。青春期的孩子很在意自己的发型。甚至，有个家长告诉我，他们家孩子早上在卫生间梳头发要花费一个小时的时间。这么纠结的原因是什么？是无论怎么梳，都不满意。

针对这个现象，我们组织同学们讨论，孩子们广泛开展谈心、座谈、问卷调查等研究活动，总结出留怪异发型孩子的心理状态：叛逆、总想与众不同；成绩不好，没有什么可炫耀的，就弄个爆炸发型；觉得怪异发型很酷，能够吸引别人；知道这发型不好看，可是受人关注就行了，需要"刷存在感"……

对于每个问题，我们都这样深入研究其背后的形成原因。有一天，同学们就会突然发现，其实，很多问题的背后，原因里就藏着问题解决的思路。于是，第四个"小"接着出来了——

### （4）提出一些小策略

"原因的背后，其实就隐藏着问题解决的具体小策略！"经过几轮训练之后，一些孩子突然发现了这个规律。

"那么，请问，对于我们班留怪异发型的同学，你有哪些问题解决策略呢？"

"审美观有问题的，就告诉他们充满活力的发型有哪些，为什么大家喜欢。"

"'刷存在感'的，就告诉他，还可以通过其他的方式让自己有存在感。"

"想吸引我们眼光的，我们不去看他，他不就失落了吗？"

"想学杀马特的，我们把杀马特的结局告诉他，看他怎么想。"

最后一点，我倒没有想到，便问："孩子们，你们说说，'杀马特'是什么东西？"

于是，孩子们告诉我他们研究的结果："杀马特"是一个叫罗福兴的14岁辍学少年弄出来的专用词语，那时候他跟着父亲讨生活，他想用夸张的发型、奇特的文身来吸引别人注意。杀马特源于英文单词"smart"，是聪慧的意思。遗憾的是，由于没有技能、没有文化，当年的非主流领袖没落了，现在已经成了一个时代的忧伤背影。

"那接下来，我们该怎么办呢？""告诉他，没有内涵的吸引力是维持不久的。我们需要提升自己的能力！"

……

最后，通过研究，孩子们找到了说服"杀马特"发型学生的12个策略。

### （5）设计一个小方案

策略是零散的，怎么推进呢？遇到反对甚至反抗该怎么办？有没有第二方案、第三方案？甚至，有没有补救办法？

凡事预则立，不预则废。大家想了这么多好策略，怎么落实呢？是不是需要设定一个小方案？我把这一系列的问题抛给孩子们，几分钟之后，他们得出结论："方案必须要有。"

为什么呢？因为策略是单个的，不是系统的、整体的，不一定奏效。打个比喻说，策略就是打击敌人的一拳头、一巴掌。怎样让敌人致命呢？有时候，打倒敌人的不是最后那一拳头，而是打击敌人的整个步骤，一环套一环，每一环都是策略，把这些策略组织起来，分解出实施的步骤，才是方案。

按照这个思路，他们就解决怪异发型问题设计出了一系列小方案：第一步，谈心沟通，进行正面的审美教育；第二步，关心照顾其生活，营造团队归属感；第三步，先礼后兵，强制改变发型……

"慢慢慢，怎么去强制改变发型？"我问。

"让他改变发型，如果他借口没有钱，我们掏钱给他呗，理完发也不需要他还，他总没有借口吧。"孩子们回答。"哦，原来是这样啊！"我在心里默默地嘀咕着。

结果，第一步有哪几个策略；第二步有哪几个策略；第三步，如果遭遇到抵制和反抗，还有哪些策略可以应对……同学们把具体策略落实到行动步骤上，安排好时间顺序，最后还有杀手锏来将他一军。

第二天，那个孩子的发型就改过来了。

### (6) 开展一项小实践

有时候，通过民主讨论问题、设计方案的过程，就完成了对孩子的教育。比如说"杀马特"发型问题的解决，还不需要走到具体实施的这一步，问题就解决了。

可是，有些问题，方案形成之后，还需要进一步落实，比如说，习惯方面的问题。习惯不是一天两天形成的，改变起来也不会像发型那么快。因此，方案形成之后，还需要开展一项小实践去落实。写在纸上面的方案没有任何意义。

比如说，学习习惯不好，我们针对不同原因提出了很多小策略：注意力不集中，策略是进行注意力集中培训；总惦记吃东西，策略是规定任务，学完再吃东西；桌面上堆放得一塌糊涂，策略是落实班规第三条第四款，告诉他们清理课桌的好办法；做事情没有条理，策略是规范作业的基本步骤……

为了让这些措施得到实施，班上还制定了"日行一善、日修一能、日积一德"的表格，三个星期一张纸，21天，恰好是一个习惯养成的周期。为了激励孩子们改变自己，表格下方还印有激励的话语："优秀是一种积累，在于一天增加一点。""坚持21天，我们就能够更加完美。"

在实施的过程中，我们班的周记和日志侧重记录每个人实践的过程。开始、发展、高潮、结果怎样，存在什么问题，都被记录下来，以备下一步行动。

### (7) 组织一次小反思

通过前面的6个步骤，问题解决了吗？遭遇到反抗了吗？有什么改进策略？效果如何？符合或者违背了自身修炼的哪些规律？长远影响如何？还可以在哪些地方做得更好？给今后的工作带来了哪些启发？……

每解决一个问题，我都组织孩子们反思一下。因为没有最好，只有更好，成长就是一个不断反思、不断螺旋式上升的过程。好与坏、得与失、利与弊，都是反思的内容，反思之后再寻找完善的更好的办法。这样，学生就在不断反思中成长了。

但是，我发现在以前的反思中，孩子们总侧重于寻找问题。反思之后，发现问题一大堆，把自己弄得很沮丧。

我对孩子们说：反思是要找出自豪感的，要正面解决问题。仅仅把问题找出来还不够，还要反思出成果，反思出正面解决问题的方法，这样才能够更好地面对未来。

于是，班上形成了"正向反思"的习惯。每次反思之后，不仅开展"批评和自我批评"，还开展"表扬和自我表扬"。会议结束后，每个人都喜笑颜开。

## 3. 会安排：不打折扣地完成任务

> 强大的执行力，首先表现为指令发出准确、具体、不模糊。指令发出不具体，孩子们就会茫然无措。

执行力是把目标、想法付诸实施，并且把行动变成可以考核、衡量的结果，从而保质保量地完成任务的能力。

这个定义很简单，但是我们遇到的实际问题是——学生们不想做、不会做或者做不到，怎么办？

**执行力宝典 1：准确传递指令**

我教过职业高中、普通高中，后来教初中。没教初中以前，会有一些初中老师向我提一些很简单的但他们总无法解决的问题。我很奇怪：怎么会这样呢？难道还有比职业中学的学生更难管的吗？

才教一年初中，我就明白了，还真有这种情况。

举个很简单的例子：让学生安静听话。这个要求在高中老师看来简直不成问题，但是在初中老师那里却是老大难。我第一年带初一，开学的第一个星期，每天的嗓子都是沙哑的。为什么？因为我总需要用声音压住孩子们的吵闹，不停地向学生吩咐这、安排那。孩子们没有养成聆听的习惯，总是落实不到位。

有时候我下班回到家，不到一个小时，就有家长打电话过来：老师，今天的家庭作业是什么？

课代表不是在班上布置了吗？孩子没有记吗？

他们还真的没有记。初中和小学明显的不同，就是学习科目的成倍增加。初中一年级的孩子入校后，不少还停留在小学生的阶段，没有做笔记的习惯，没有聆听的习惯。每次我安排任务，都要反复说好多遍。

为什么会这样呢？后来我发现，费力的原因是指令表述不具体。

强大的执行力，首先表现为指令发出准确、具体、不模糊。指令发出不具体，孩子们就会茫然无措。毕竟，以他们的年龄来说，精确理解老师的每句话还是有难度的。

于是，我从让孩子们学会安静地听我说话开始，建立系列的具体操作规范。比如，我们班的聆听班规就是如下一些内容。

*好的倾听习惯*

1. 安静下来，让自己听得见别人说的话。
2. 眼睛看着说话的人。
3. 用笔记录重要内容。

4. 不中途打断别人或插嘴，以免听不全别人的意见。
5. 复述自己的记录，看是否准确。

我不仅把它制定出来，还张贴到墙壁上，让孩子们抄写到自己的笔记本上。每当有学生大声说话、喧哗或者听话走神，我就带领孩子们朗读几遍。一个星期之后，我就不需要和学生比嗓门了。

准确、详细、具体的指令有助于任务的完成，是执行力的基础。

有的老师说："郑老师，您提倡自主教育，难道自主教育不是孩子们自己管理自己吗？"我总是耐心地和大家分享："自主不是毫无依据，自主也是建立在可以操作的基础上的。学生没有任何资料可以参考，没有任何经验可以借鉴，他们凭空是想象不出来该怎么做的。"

执行力不强，很多情况下是因为目标设定得不清晰。我们班很多班规都规定得非常详细。对于好作业的标准，我们班明确规定如下。

好作业的标准

1. 按时完成任务，是接近好作业的标准。
2. 书写工整，才是好作业。
3. 准确率高，这是更好的作业。
4. 及时订正，不断补充，是好作业的更高标准。

这些规则，是不是一直都要在班规里出现呢？不是的。当某一个规则孩子们习惯之后，该规则就可以宣布作废了。

**执行力宝典 2：完善落实程序**

执行力有三个基本要素：意愿、环境和能力。一件事情，如果学生们不想做，目标和任务肯定落实不下去。学生们对指令的执行是基于多种意愿基础的，如目标、利益、危机、荣誉和责任。有目标才有愿望，有利益才有动力，有危机才有压力，有荣誉才有自豪，有责任才有使命感。班主任要营造有利于激发孩子们意愿的文化环境，给他们创造勇于行动的环境。

在我班上，形成这样的环境的第一个办法是准确传递指令，不管是老师，还是学生干部和社团负责人，在安排任务、要求别人落实指令的时候，都要表述准确、具体。

有些老师纳闷：自己已经表述得很具体了，可是，一天之后、两天之后，甚至一周过去了，事情都没有影子，是怎么回事？

我告诉大家，那是因为缺乏落实指令、完成任务的具体程序。我们需要有一定的执行环节、固定的动作和语言来体现这种程序感。

在我们班上，对于班主任布置的任务，有下面五个缺一不可的程序。

1. 指令下达——干部要回复：指令收到。
2. 任务分解——干部们要做出计划，并回复：当否，请指示。
3. 指令落实——干部们要回复：收到，正执行。
4. 过程追踪——干部们要汇报执行情况，并回复：已执行。
5. 结果管理——干部们要总结经验，吸取教训。

有次我在外出差，班长小萌给我发来信息："报告老大，学校要求各班组织防溺水主题班会并拍照上传。但是我们班已经提前做了，再开班会课，我们还要挤出时间。请问老大，我们是真做还是假做？"

我回复："小班，学校安排的每一项活动都是有意义的，请不要内心抵制。何况这个主题班会对我们每个同学都很重要，事关生命安全，所以不管时间多紧，都要挤出时间来做。"

小萌："收到。不过我得提醒一下老班，我们上个月底开过一次同主题班会了，如果再开一次同学们会不会有厌烦情绪？"

我回复："尽量做通同学们的工作，告诉大家，有些重要的事情，需要反复多次地强调，不然，总会有人不重视。重视，就体现在重复上，请大家理解和接受。"

小萌："①刚才征求大家的意见，他们愿意挑战自己。②已经安排文宣部和班会小组在今晚拿出方案。③我们班的时间选择在明天下午您的心理辅导课上，您不用急着赶回来。④刘晓璐已经问过了，这次班会课主要是完成上级部门的指示，需要图片证明。我们班准备重点抓班会现场的图片拍摄和资料汇总。这样处理，当否，请指示。"

我回复："挺好的，越来越能干了！老师为您骄傲。"

小萌："当然！也不看看是谁的徒弟啊！郑老大的。（加油鼓劲的拳头和表情）"

第二天，班会课后，小萌同学又发来信息："报告老大，主题班会课已经开完，黑板布置和上次明显不同，以免别人误会我们拿上次的交差，给您抹黑（坏笑的表情）。图片也已上传，效果不错。为宣传本班成果，我们把班会课文字实录做了两份，一份给学校，一份给您回来检查。做得不错吧？奖励一下下哦！……（得意的表情）"

我笑："呵呵！自我激励机制不错。给每个参与者予以奖励！"

小萌："呜呜，我只想给自己捞个奖励（难堪的表情），现在变成老班奖励全班同学！'蒜'您狠。"

我回复："做领导的，要有广阔胸怀嘛！所有下属的成绩都是我们的成绩，为他们的优秀表现，热烈庆祝！（我也发了一系列的鲜花、啤酒和礼炮表情。）"

没有想到，小萌同学居然回复："谢谢老班指导！因为获得了全校第一名，建议给每个参与者加100分。当否，请指示。"

我回复："按照班规条例执行，做好记录备查。"

小萌："好的！"

…………

这就是我们班的执行程序，每一项任务都有这样的执行环节。当孩子们形成习惯之后，很多事情就不需要教师费神了。

**执行力宝典3：及时反馈调整**

农村有句俗语："吃不穷，穿不穷，没有划算一世穷。"说的是什么意思呢？就是做事情要有周密的计划和安排。

但是，无论计划设计得如何巧妙，总有一部分学生表示自己做不到，怎么办？而且，在培训之后，还是有孩子哭诉：老师，我又拖延了……

班级执行力不仅仅涉及班主任的决策、安排能力，学生干部的理解、沟通和落实能力，还包括每个学生自己完成任务的办事能力。学生办事能力不强，班主任会很累。

要解决这个问题，就要经常对安排的任务进行检查，及时掌握学生完成任务的进度，必要的时候，帮助学生增强执行力。

在这里，我建议大家做一个"微改变"的活动，切实帮助学生提高自身的执行力。

"微改变"的灵感来自美国作家斯蒂芬·盖斯的《微习惯》，他在书中提出了一个核心观点：只要求每天完成一点点。例如一天一个俯卧撑，一天阅读一页书，一天写作50字……这样的小目标，会比较容易达成。微改变越小，自身的抵触情绪、畏难情绪就越弱，执行的阻力也就越小。

以前，我们总强调要学生增强意志力，可是，当学生没有成就感的时候，意志力是很难训练出来的。相对于每天做50个俯卧撑、背100个英语单词那样看起来很美好的计划，这些微改变轻松多了，行动起来没有压力。

而且，这样的改变，不宜数量太多，一般一段时间不超过4个。超过4个，就会给学生带来很大的精神压力。为此，我们做出了科学的规划，并定时召开信息反馈会。

下面是我们班"微改变"行动纲领。

1. 准确出台适合自己的微改变计划，2~3个为佳，尽量不超过4个。

2. 挖掘每个微习惯的内在价值，给自己一个改变的理由。如每天要早起，为什么？因为早上大脑最清醒，可以有充分的精力和时间来安排一天的任务。

3. 制定可行的日程，以一天的时间为限，而不是限定几点必须做什么，这样可以减轻心理负担。

4. 建立回报机制，每完成一个小目标就奖励自己一下，提升成就感。

5. 及时记录与追踪完成情况。如记录日行一善、日积一得。

6. 微量开始，超量完成，这样可以强化自己的意志力。

7. 跟着计划进度走，不要偶尔超额完成了就马上制定更高的目标，循序渐进最好。

8. 及时检测和反馈自己是否已形成习惯。在每次改变之前，留心一下自己是否有抵触情绪，如果没有，则说明习惯已经养成了。

"会"偷懒，强调的是一开始就做正确的事，而不是努力把事情做正确。做正确的事在前，把事做正确在后。这是偷懒的战略问题，不要一开始就走错了方向。当孩子们的习惯逐步养成之后，我们的工作就轻松了。

## 4. 会协调：让干部从此不得罪人

> 干部的工作就是服务。遇到问题是从处罚的角度想，还是从服务的角度想，是衡量干部思想成熟与否的重要标准。

自主教育管理执行力的高低，涉及一批落实指令的人——干部。干部不能总得罪人。干部总得罪人，他的日子不好过，班主任的日子也不好过。

因此，我们要学会协调，让班干部执行、落实任务时不得罪人。

### （1）得罪人的事情轮流做

做好人、送人情，人人都乐意，得罪人的事情是烫手山芋，谁都不想接。在政府工作的一位朋友跟我说过一件很有趣的事情。他说，他在乡政府工作的时候，领导班子成员会议常常一开就是半天，大家忍不住会借口喝茶、上厕所出来透透风，但是有一个会议，开会时没有一个人溜。什么会议呢？计划生育会。在农村，计划生育是得罪人的事，人家要生，你不准，就结下了子孙仇。谁没有个沾亲带故的，哪家没有个人情往来？你顾得了人情，就顾不到任务。因此，开计划生育班子成员会议，没有人去上厕所，大家都使劲地憋着。如果哪位领导忍不住了，保证他上完厕所回来后，这个计划生育带队领导就是他了，而且是全体与会人员一致投票通过。

他边说，我边笑。后来他做了单位一把手，我问他，这个问题他最后又是如何处理的。他说："要想不得罪人，最好的办法就是得罪人的事情轮流做。从年头到年尾，一一安排好，而且直接和经济利益挂钩。从此，再开计划生育工作安排会议，大家就都轻松了。"

这个故事给我很大的启发。班级工作总有些得罪人的事，要想一个班级完全没有得罪人的工作，那是不现实的。最好的办法，就是把得罪人的工作梳理出来，大伙轮流做。这样，推脱都没有机会。

而且，轮值之后，互相理解的程度更高。比如说违纪登记和处理，做过这个工作之后，就会觉得做干部挺不容易，因此，在别人管理自己时，也就多了一份理解，少了一份指责。

### （2）讨好卖乖的事让给干部做

做管理其实就是做人，哪个班主任人做得好，他们班上的班干部也就好做。多年的班级管理工作告诉我，要想班干部在班上好做人，一些评优、通风报信、奖励和表彰的工作就要尽可能让班干部做。

告诉他："你以前在工作中得罪了×××同学，这次是一个改善你们俩关系的好机会，这个机会，老师留给你，你去落实落实。"

最好你还告诉他一个技巧——把那位同学悄悄地拉到没人的地方，悄悄地告诉他："我听说……了，第一个想到的就是你，于是，我就向老师推荐了你。趁别人还不知道，你就早点和老师沟通沟通吧！"听的人保证对他心怀感激。

好多违纪事件，也可以通过这样的通风报信传达给"重点"对象：

"今天干部会上说了，下周是班上专项严打活动，专门打击上课睡觉的事情。你注意点儿，千万别被老班抓住了。"

"老班今天早上说，要抽查部分同学的家庭作业，你快点把上周落下的补上。别说是我说的啊!"

"今天晚上老班会查寝室,专门抓爬墙出去上网的,你留心点儿……"

十有八九,在"雷霆"事件之后,那些漏网之鱼会对通风报信的人心怀感激。我们自己呢,也因为有人"通风报信"而把工作难度降到了最低。教育本来就不是捉弄人的活动,如果适当的提醒和帮助对大家都好,那么何乐而不为呢?

### (3) 有好处的事情干部推辞着做

山东泰安出土的明朝《官箴》说:"吏不畏吾严而畏吾廉,民不服吾能而服吾公;公则民不敢慢,廉则吏不敢欺;公生明,廉生威。"干部缺乏公心,是造成同学们对干部有意见的重要原因。

如何让干部们不和同学们离心背德呢?告诉他们处理好个人的欲望和全班同学利益的关系,有些事情考虑过集体的利益之后再去做。最好的办法是利用自己的个人威望,让同学们一致推举他做。

举个很简单的案例,班上要成立书法家协会,这个想法从我开始酝酿的时候就被班长董浩知道了。他的字写得很不错,也爱好书法,他想当这个协会的主席。可是,我们班喜欢书法的不止他一个人,还有好些孩子字也写得很好,怎么办?我便告诉他一个"欲取故予"的办法,先对大家表态,这个书法家协会主席不好当,要耽误很多时间,还要跑很多腿,最好能够请班上有威望、有能力的人来做。然后,他尽量地在筹备阶段多努力做事情,积极为大家出谋划策,当大家觉得这个书法家协会离开他就很不方便时,他就"众望所归",被同学们推选为书法家协会主席了。

有好处的事情不要和一般同学抢着做;出风头的事情尽量让同学们做;自己想做的事情偏偏推辞着,让同学们请他来做……这样,干部们开展工作就会顺民心得民意了。

### (4) 管理的事情从服务的角度做

负责出勤登记的干部跑来辞职:"老师,这件事情太得罪人了,我不干了，老师您换个人吧。"

"为什么要换人呢？"

"我登记名字，同学们有意见；不登记名字，您有意见。我觉得难做人。"

"有没有办法，把登记名字的事情变成不得罪人的事情呢？"

"不知道，有的话，我早就解决了。"

这是我和学生干部的对话。其实，他们说不知道，并非真的不知道，而是没有想到。他们只知道老师要他们管理好出勤，只想到把迟到同学的名字登记上来，却没有想到怎么帮助同学们解决迟到的问题。

我和他们聊："'刘老迟'家离你们家远吗？"（我们班一个常迟到的孩子，因为姓刘，同学们给他起了个外号"刘老迟"。）

"不远，转一个弯就到了。"

"你知道'刘老迟'为什么老迟到吗？"

"起床晚，吃饭慢，还爱在街上溜达。"

"如果从明天开始，你每天早上去他家约他一起上学，早点出门，这样问题能解决吗？"

"不知道。"

"我们院子里有一个小孩，叫秦鑫新，每天清晨，天还没有亮，我就听到一个小女孩在楼下叫'新新，我们准备出发了'。我想，那么早出门，秦鑫新一定不会迟到。"

"好，我试一试吧。"

其实不是试一试，而是问题早已经解决了。现在，纪律委员和"刘老迟"好得不得了，每天上学一起来，放学一起回去。"刘老迟"还帮纪律委员管"登记"，别人迟到，他的嗓门比纪律委员还大："你就不知道早点起来吗？提前五分钟都不行吗？"

干部的工作就是服务。遇到问题是从处罚的角度想，还是从服务的角度想，是衡量干部思想成熟与否的重要标准。让干部们学会管理的事情从服务的层面想、从帮助别人的角度想，得罪人的情况就少了。

最后，我想说——我们帮干部协调矛盾，但是不要剥夺他们自己解决问题的机会。如果有些干部不怕得罪人，教师就要放开手脚让他们干。毕竟，孩子们需要自己获得人生的一些经验和体会，吃一堑，长一智，这个时候得罪人，吸取经验和教训，以后就会妥善处理人际关系了。这不是一件好事情吗？

## 5. 会评价：清晰地知道每一天的进步

*发挥学生自我评价的能力，让他们每一天的进步都能够清晰看得见，这样，孩子的成就感会特别强。*

我在很多地方和老师们交流，谈到执行力的时候，总有老师问：我们怎么知道学生能够自主学习、自我管理了呢？他们怎么知道自己进步了呢？有没有科学的评价标准或者自我评价体系？

我说有。在哪里？

——由每个学生自己依据个人特点而制定。

我教语文，在我们班上，就从文字表达、汉字书写、文章内容等三个基本方面引导每个孩子提出自己进步的评价标准。哪怕是一句话写通顺了、一次做到卷面工整了，也给自己加油、打分，让自己的成长有依据可参考。结果，他们出台了作文自我评价的54条细则。

在学生自我教育和自我管理上，我们团队的老师也依据我提出的"学生自主学习的N个指标"在自己班上组织学生规划个性化内容。然后每天晚上，利用暮省的时间，组织学生针对自己的自我评价方案进行自我评估。有某一个方面的内容，就打√；没有，就打×。打√的部分，每个项目计算2分，得出的总分就是每天的成长值。

发挥学生自我评价的能力，让他们每一天的进步都能够看得见，这样，孩子的成就感会特别强。

下面分享的是全国知名特级教师、首届湖湘名师获得者、《教师月刊》2017年度教师、《班主任之友》和《新班主任》等杂志封面人物、湖南省怀铁一中覃丽兰老师的骐骥班的学生自我评估细则。大家可以参考一下。

## 骐骥班高一学生自我评估细则

**一、自我目标设定（9项）**

1. 有正当的兴趣爱好，开始思考自己的人生使命，有自己的人生设想，初步规划自己的人生。

2. 理性认识自己在班级、学校和全市中的排名，寻找合适的参考对手，不要盲目看分数和排名。

3. 能够根据个人素质（学习能力、社交能力、自我控制力、创造力、毅力、团队合作意识、沟通能力、组织能力、领导能力）、情感（包括亲情和友情）在班上自我定位，知道自己在集体中适合做什么。

4. 学会正确评价。能够客观地把自己不同时期或阶段的状况进行比较，从而形成对当前自我的正确评价；能够看到自己的进步和优势并有自信心。

5. 开学时，根据自己的学习情况设立一个学期目标。

6. 会针对自己的薄弱学科设定学习目标，并知道把时间倾斜在自己的薄弱学科上。

7. 自习课有明确的学习目标，不受环境的干扰，优秀者能影响和改变不良环境。

8. 能够结合学习任务和学校作息时间以及自己的特点做好学习计划。

9. 能够根据教材、资料等初步确定学科的重点、难点，能抓住每一堂课的主要内容。

**二、自主时间管理（9项）**

1. 愿意在计划和准备上花一定精力。

2. 能统筹安排一周的学习生活时间。

3. 能够利用成长日记做好每天的计划和作息表。

4. 知道用时间清单的方式检查自己每天的任务落实情况，做完的打钩，没有做完的知道复检和重新安排。

5. 能够合理分配学习每一学科的时间。

6. 知道自己效率最高的时间段是什么，能够高效利用学习时间（上课和自习时间）。

7. 会根据轻重缓急安排时间，重要的事情最先做。

8. 知道利用零碎时间，不会让自己无聊过日子。

9. 有稳定的学习生活作息规律、相对良好的作息习惯，不打疲劳战。

三、自主学习策略（15项）

1. 课堂学习目标明确，弄懂学习的重点、难点。

2. 基本做到上课不开小差。

3. 积极跟随老师的思路，保证课堂效率。

4. 能够思考老师所讲的内容，并知其所以然。

5. 有不明白的内容，下课及时与老师或者同学交流。

6. 阅读教材，能抓住关键和重点并追问原因，有一定的概括能力。

7. 做习题能勾画题干要素，审清题再答题。

8. 答题、解题时，思路清晰并书写规范。

9. 不懂的敢于问老师、问同学，并大胆说出自己的思考过程，以修正自己的思考方向。

10. 会利用自习时间，能给自己合理布置任务并有条不紊地完成。

11. 能够按时按质完成作业。

12. 养成良好的预习习惯。

13. 预习时，会先从头到尾大致浏览一遍抓住要点，然后根据课后习题来预习重点；预习时，发现前面没有掌握的知识，能立即补上。

14. 有及时复习的习惯，知道归纳学习内容的要点并想办法记住。

15. 完成作业之余，会及时抽空加强薄弱学科。

四、自主方法养成（6项）

1. 不管是学习教材，还是平时休闲阅读，都养成随时做笔记的习惯。

2. 学会记课堂笔记，学会记关键内容，注意记录重点和难点。

3. 能用不同颜色的笔标出重点、难点。

4. 理科有纠错本,文科有积累本。

5. 有遇错纠正的习惯。

6. 能够根据自己的学习、阅读补充和完善笔记资料。

### 五、自主情绪调控(7项)

1. 劳逸结合,预防、消除心理疲劳。

2. 做好自我心理调适,克服焦虑急躁,保持情绪的乐观稳定。

3. 遇到困难时,能保持心平气和并想办法解决。

4. 面对任何一门学科都有"我一定行"的决心。

5. 学会用正确的方式释放不好的情绪,譬如倾诉、运动,并力求找到解决办法。

6. 能够正视自己的错误,接受他人的建议并努力改正。

7. 及时清理头脑里的杂念,每天冥想 5~10 分钟。

### 六、自主环境协调(10项)

1. 桌面保持整洁,只摆放与本堂课有关的书籍和用具。

2. 学习用品不随便乱丢,尽量放在固定的位置,有良好的整理学习用品和资料的习惯。

3. 自习时,将干扰学习的电子产品关闭并放至书房外。

4. 及时清理自己的学习空间。

5. 能根据自己的特点配置学习工具书和参考资料。

6. 入室即静,落座即学,给自己和他人创设一个良好的学习环境。

7. 长假假期会和自己的学习伙伴一起学习且互相监督,抱团成长。

8. 有一定的抗干扰能力。学习时,有朋友邀约外出会想办法拒绝;做作业时,有自己喜欢的电视节目,仍会坚持做作业。

9. 了解自己生理和精神上的最佳状态,尽可能在最清醒、精力最充沛的时候学习,避免疲劳学习。

10. 坚持锻炼身体,每天至少跑步 2000 米。每周打球或运动至少两次。

## 七、自我效能评价（6项）

1. 做完作业后，自己认真检查一遍。
2. 老师批改或讲评作业后，能够及时纠错并总结到归纳本（纠错本）上。
3. 当天学习任务完成之后，会对照成长日记自我检测，防止疏漏或遗忘学习内容。
4. 对目标能自我监督，达到目标后能对自己进行自我奖励。
5. 常让同学提问自己学过的知识。
6. 常常对一天的学习内容进行回顾。

需要声明的是，覃老师的班级是全省示范学校的尖子班，孩子的综合素质相对要高一些。大家在参考的时候，不要照搬照抄，而是要根据实际情况引导学生自己完成细则的制定。最好是一人一份评估细则，不求班级一致，而是每个人都能够针对自己的问题，设定自己的成长值。这样，可能会更有意义。

评估的最大意义就是让成长每天看得见。希望大家学习这个方案之后，孩子们得到的是成功而不是打击。

## 6. 会升级：突破执行力的疲软极限

> 管理的最大秘诀，就是激发每一个人的善意和潜能，让每一个人都能够享受到成就感。

理想的状态，当然是我们的教育管理办法一直能够被学生喜欢。

遗憾的是，不管是教育还是管理，我们都面临着一个共同的困惑——学生们容易疲倦，无论什么样的创新办法，执行一段时间之后都会遇到疲软的困境。有什么办法，能够让学生一直朝着我们期待的方向奔跑呢？

我的经验是——升级！利用不断升级的办法，挑战学生执行力的疲软极限。

**（1）每天一则能量朗读，给学生们输入正念想**

厌学有很多种情况，但是有一种是不了解学习的意义和价值，学习观念不对，因此对学习不感兴趣。当学生们觉得，学生的天职是学习，无论多苦多累，学习都是他们应该履行的职责和义务的时候，他们对学习的抵触情绪、反感情绪就会减少很多。

我从1994年开始，就在班上每天开展一次正能量朗读活动（简称能量朗读）。刚开始是我一个人写朗读内容，带领学生们朗读。后来，我让每个孩子都参与到朗读内容的写作中，大家针对同学们当中存在的问题，用正思维、正观点去想办法解决，然后写成一段文字，大家集体朗诵。

下面是我们班曾经使用过的能量朗读内容。

• 学习的目的不仅仅是取得理想的分数，好向父母交差；更重要的是增强自己的能力，让自己将来不渺小。现在您有多努力，今后您的世界就有多宽。专心学习吧，它将让您更加强大。周一，早安。

• 您现在学习的样子，就是您将来人生的样子：您现在学习刻苦用功，您将来工作就会勤奋努力；您现在学习精益求精，您将来工作就会追求完美；您现在学习专心致志，您将来对工作就会永不放弃……品质潜藏在您现在所有的行为里，修炼好自己的学习品质，您将收获美好的人生。周四，加油！

• 5·25，爱自己最好的办法就是不荒废现在的每一天。爱自己现在的青春朝气，就要努力学习；爱自己现在的阳光开朗，就不要让自己虚度每一天；爱自己，就是爱自己努力、上进、积极、善良的样子，我们将成为更好的自己！

……

学习是学生的天职，当孩子们在学校不想读书的时候，纪律问题、生活问题、行为习惯问题也就接踵而来了。相反，当他们把注意力放在学习上，其他的问题也就迎刃而解了。

这样的能量朗读，学生参与，家长参与，每天一则，择优发布。大家对学习的情感和态度都有了很大的改变。

**(2) 每学期一个开学红包，让学生对学校充满期待**

我们团队每年开学季，都会给学生发红包。里面是钱吗？老师们会不会破产啊？

您别急，还真不是钱。它是一张纸，上面写着老师对学生新学年、新学期的一个期待、一句鼓励的话、一个温馨提示、一句格言……我们把它叫"精神红包"。除了红包花钱之外，其余的都不花钱。

第一次在班上发的时候，学生们非常惊喜，哇哇大叫："老师您真好！""谢谢老师！"好些学生拿到红包之后，还忍不住亲一下。班上学习热情空前高涨。

不过，我得坦白地告诉大家，这个红包第一学年发，第二学年再发，到第三学年的时候，您如果还在放假前对学生们说："同学们，明年开学早点来，老师有精神红包！"台下就会有人说："切，那东西谁要啊！"

学生是喜新厌旧的，一个有效的做法，如果不能不断升级，他们对这个方法的关注度就会下降。但是，在我们班上，每年的开学红包大家都很期待。甚至有一个学生，父母在四川甘孜地区做生意，春节回来时火车晚点了，他怕赶不上班上的开学红包，特意从娄底下车，花了近三百元钱打车回来抢红包。

我问他："这个红包真的有这么重要吗？"他回答："是的，错过了我就会遗憾一生！"

为什么他如此重视呢？因为我们班上的红包活动已由普遍发放升级到互相赠送，再由赠送升级到抢红包了。这一次我们班的开学红包，里面不再是一句温馨鼓励的空话，而是他们犯错时的一张免死金牌、实现他们的一个特别梦想的承诺、一项特殊的权利，可以自己使用，也可以转让。学生们特别珍惜这个红包。

红包内容有:"在我成绩进步的时候,用老师的电话向父母报喜。""当一天的老班,老郑也要听候我的差遣哦!""陪我发一次呆,时间、地点由我来确定。""迟到一次不用说明原因。""免交作业一次。"……

这些另类的权利,您说学生们喜欢不喜欢?每一轮,我让学生们抢红包的时候,他们都兴奋得尖叫,恨不得早点来学校。

近年来我在全国各地讲课,这些方法分享给大家之后,立即引起模仿风潮;很多老师不仅做了,还发图片与我分享,我很感动。

### (3) 每学期一种管理模式,让学生乐此不疲

管理的最大秘诀,就是激发每一个人的善意和潜能,让每一个人都能够享受到成就感。这句话不是我说的,而是著名的管理大师德鲁克说的。一个会偷懒的教师,不是事必躬亲,而是激发每个孩子的潜能,如此,我们的管理才能够上新台阶。

我在班上会每个学期采用一种管理模式。刚开始是干部竞聘制度,学生自由竞聘班干部,而不是由老师指定。然后是干部值周制度,让每个学生都有机会做班干部。这些东西玩腻之后,第三个学期,我们来一个部落竞争制度,就是班级每一个大组都是一个管理的氏族部落,按照学习、纪检、生活、体育、宣传等组成具有管理功能的氏族部落,每周竞争,选出优秀者。第四个学期呢?这些东西又玩腻了,来一个部队升级的管理系统吧。于是,我们出台了"星际雄师英豪晋级榜"(见表3-1),根据大家在班上的学习、纪律情况,分别制定了从士兵到将军的升级系统。每个军衔都有相应的奖励晋级办法。玩了一个学期,我原以为只有男生感兴趣,后来发现,女生居然也乐此不疲。真是意外的惊喜。女生告诉我,她们也有英雄情怀啊!

表 3-1　星际雄师英豪晋级榜

| 军衔 \ 军功 | 荣誉 | 星际标准 | 一级骑士 | 二级功勋 | 三级英模 |
|---|---|---|---|---|---|
| 兵员 | 列兵 | 基本规范 | 四次晋级 | 两次晋级 | 直接晋级 |
| | 上等兵 | 基本称职 | 四次晋级 | 两次晋级 | 直接晋级 |
| 士官 | 一级士官 | 本职优秀 | 四次晋级 | 两次晋级 | 直接晋级 |
| | 二级士官 | 感染同伴 | 四次晋级 | 两次晋级 | 直接晋级 |
| | 三级士官 | 惠及相邻 | 四次晋级 | 两次晋级 | 直接晋级 |
| | 四级士官 | 具有方法 | 四次晋级 | 两次晋级 | 直接晋级 |
| | 五级士官 | 组织才能 | 四次晋级 | 两次晋级 | 直接晋级 |
| | 六级士官 | 基本自主 | 四次晋级 | 两次晋级 | 直接晋级 |
| 尉官 | 学员 | 专业特长 | 四次晋级 | 两次晋级 | 直接晋级 |
| | 少尉 | 学习示范 | 四次晋级 | 两次晋级 | 直接晋级 |
| | 中尉 | 小组带头 | 四次晋级 | 两次晋级 | 直接晋级 |
| | 上尉 | 学科尖子 | 四次晋级 | 两次晋级 | 直接晋级 |
| 校官 | 少校 | 综合全能 | 四次晋级 | 两次晋级 | 直接晋级 |
| | 中校 | 领军班级 | 四次晋级 | 两次晋级 | 直接晋级 |
| | 上校 | 领军年级 | 四次晋级 | 两次晋级 | 直接晋级 |
| | 大校 | 全校影响 | 四次晋级 | 两次晋级 | 直接晋级 |

续表

| 军衔\军功 | 荣誉 | 星际标准 | 一级骑士 | 二级功勋 | 三级英模 |
|---|---|---|---|---|---|
| 将军 | 少将 | 经典命名 | 四次晋级 | 两次晋级 | 直接晋级 |
| | 中将 | 传奇战术 | 四次晋级 | 两次晋级 | 直接晋级 |
| | 上将 | 区域影响 | 四次晋级 | 两次晋级 | 直接晋级 |

后来，我们又有了一个量化考核升级方案——班级货币管理。怎么做呢？方法依然不复杂，就是在常规的量化考核基础上，把量化考核的分数货币化，再开办班级银行，发行班级货币。

有人问：班级货币有用吗？

有用！既然是货币，自然就有使用货币的市场。货币的用处很多，比如购买一次特别的奖励、在班上炒地皮等。很多老师很惊讶：班上有地皮可炒？当然。那地皮是什么呢？座位啊！

每年开学，总有家长私下里求情："我们家孩子视力不好，能不能帮他调整一下座位？""我们家孩子不听话，能不能让他坐在讲台下面老师们经常能看到的地方？""我们家孩子不喜欢闻粉笔灰，能不能坐在第三排？"……

每次接到这样的电话，或者听到家长这样说的时候，我都非常抱歉地告诉他们：在我们班上，这些位置的决定权不在我手上，而在孩子们手上。以前没有炒地皮的时候，我们班采用过抓阄、轮坐、自由选组、按照身高排座位的办法。现在呢，这些座位是班级的稀缺资源——地皮，每个座位是公开拍卖的，我无权干预啊！

啊，这些座位还要钱？大家别急，不是真的要钱，而是用班级虚拟货币——同学们量化考核的最后分数——来做游戏、换座位。

比如说，中间第三排的座位，标价 8000 分，谁够了，谁就可以申请坐一个月。

有孩子说:"老师,我也有 8000 分,凭什么他能坐,我不能坐?"

好吧,那就竞标吧,大家炒地皮。

结果,一个"黄金宝座",被孩子们炒到了 12000 分。那么,举牌时,没有想到自己的分数不够,举牌之后,发现分数少了,该怎么办呢?

向老师贷款,借分呗。以后用背课文、做好事、在班上担任某项工作职务的方式挣分来还。于是,我们班就有了下面的量化管理升级表(见表 3-2,此表借鉴了杨春林老师的成果,并在原表的基础上进一步得到了完善)。

表 3-2　星座班量化管理升级表

| 项目 | 具体内容 | 满血复活等级 |
| --- | --- | --- |
| 奖分 | 根据班级量化管理条例规定 18 种奖分行为 | ★★★★★★★ |
| 扣分 | 根据班级量化管理条例规定 12 种扣分行为 | ☆☆☆☆☆☆☆ |
| 加分 | 根据班级量化管理条例规定提前完成任务量的 13 种加分行为 | ★★★★★★★ |
| 借分 | 可以向同学、班级银行借贷分数,防止破产 | ★★★☆☆☆☆ |
| 赠分 | 好友可以相互赠送分数,赠送后果自负 | ★★★★★☆☆ |
| 还分 | 鼓励积极还分,争取正当评优资格 | ★★★★★★☆ |
| 分期 | 如果确实还分困难,可以签约分期偿还班级分数 | ★★★ |

管理学生和管理成年人不一样,学生需要更多的教育、引导,更多的游戏化成分,唯有有趣,才能够让他们坚持下去。

如何做一个会偷懒的班主任?我可以负责任地告诉大家:能够动脑的,我们绝不动手;能够激励的,我们绝不批评。关键是在"会"偷懒上下功夫。这样每个学期换一套管理模式,哪个学生会不喜欢呢?即使是成年人,想必也渴望着每年来一次转变。

# 第四章 构建一个让学生自主的制度体系

⊙其实做一个会偷懒的班主任，重点并不是偷懒，而是"会"字，"偷"出效率、"偷"出成绩、"偷"出影响、"偷"出特色、"偷"出风格，这才叫"会"偷懒。一味地不想做事情，只想偷懒，那就会误了大事。

⊙一套内容详细、操作具体的管理制度，是培养学生良好行为习惯的最好的老师，他们能够根据制度允许什么、不允许什么、提倡什么、不提倡什么来决定自己该采取什么样的行动。而且，制度规定得越详细、越具体，学生的自主操作性就越强。因为每一个动作和步骤都有文字依据啊！

⊙制度最大的好处并不是约束人、限制人，而是指导你该怎么做，告诉你如何在有限的许可范围内，尽量地享有个人的权利和自由。把遵守制度变成习惯，你会觉得一切都那么井然有序。因此，做一个会偷懒的班主任，最关键的步骤就是构建一个学生能够自主操作的制度体系。

⊙制度的温情，就体现在对每一个成员利益的保护上，一个能够让每个人正当的、合法的利益得到保障的制度，必定是充满温情的制度，它带给人的绝对不仅仅是铁的冰冷，同时应该还有火的炽热。在一个规则社会里，人们更多感觉到的是制度带来的温暖和保障。社会制度缺失了，人们才没有安全感。

## 1. 给学生一个明确的制度体系

  一套内容详细、操作具体的管理制度，是培养学生良好行为习惯的最好的老师，他们能够根据制度允许什么、不允许什么、提倡什么、不提倡什么来决定自己该采取什么样的行动。

  我认为用制度管人，比用体力管人要简单轻松得多。

  其实做一个会偷懒的班主任，重点并不是偷懒，而是"会"字，"偷"出效率、"偷"出成绩、"偷"出影响、"偷"出特色、"偷"出风格，这才叫"会"偷懒。一味地不想做事情，只想偷懒，那就会误了大事。什么叫作"会"偷懒呢？用制度"偷"懒，就是"会"偷懒。

  一套内容详细、操作具体的管理制度，是培养学生良好行为习惯的最好的老师，他们能够根据制度允许什么、不允许什么、提倡什么、不提倡什么来决定自己该采取什么样的行动。而且，制度规定得越详细、越具体，学生的自主操作性就越强。因为每一个动作和步骤都有文字依据啊！

  会偷懒的班主任，一般都会在制度上想办法。这一点可以从众多名家的班规里得到证明，魏书生老师的班规有多少条？1993年版的《班主任工作漫谈》中，从411页到428页，整整18页都是魏书生的班规，足足有141条啊！

  李镇西老师的班规有多少条？这个问题他自己也说不出来，面对很多网友的追问，他只说了一句打太极的话："2001年夏天我的电脑遭遇过一次病毒，所有文档资料全部被毁！"我们从相关的图书中找到，在李镇西老师的班规中，至少关于"学习纪律"一项，就有12条，关于"清洁卫生"一项，就有8条。如果全部算齐，我想也不少于100条。

  详细的班规是学生行动的操作指南，班规越具体，学生操作起来就越有依据。有老师会质疑，班规那么详细、有那么多条，学生能记住吗？告诉大家，到目前为止，我还没有发现哪一届学生记不住自己班上有多少条班规，只要是他们自己制定的，有多少条班规、具体哪一条是什么内容，同学们都非常清楚。为啥？他们要凭借这个来管理别人啊！更何况，班规也不需要所有成员都记住，只要班上负责班规解释的同学记住就是了。

其实，与前面两位名家相比，我的班规并不多，在湖南师范大学出版社2007年出版的《班主任工作新视角》一书里，只有7页，4982字而已！这些班规，我班的唐远帆同学每个字都记得！因为他是班级立法委员会的头儿，他负责解释班规。同学们遇到什么难题、出了什么岔子，都找他来判断。而且，班上还有一个团体，叫班级立法委员会，负责酝酿、起草和修改班规，班规制定和出台后，如果班级出了新问题，而且原来的班规里没有明确规定的，也由他们负责做出解释。

我们班的班规详细到什么程度呢？我给大家摘抄几段来看看。

班规第三章"班级管理机构"的主要内容如下。

第四条：班级大会为班级最高权力机构，所有重大事务和原则性问题都需由班级大会表决，赞成票数过半则通过。

班级大会有对班主任提出建议和监督的权利，可以否决班主任不恰当的决定。

班级大会可以选举和罢免班干部。选举班干部需过半数，撤销班干部需三分之一人数赞成方可进入罢免程序。

班级大会由班委会提议召开，或由班级四分之一的同学提议召开，班级大会由班长主持，班主任列席。

班级大会设下属常务机构——立法委员会，在班级大会闭幕期间，负责收集整理同学们的意见，并把它们升华成班级管理规则草案，提交班级大会讨论通过。

立法委员会设常务主任一名、立法委员四名，在班级大会休会期间，负责对班规未明确的事项做出合理的司法解释，并给班委会工作提供班规上的理论依据。

班主任不得插手具体班级管理人员的选举工作，班里成立临时选举委员会负责班干部的选举。

选举委员会是班级大会的临时工作机构，负责在换届选举期间主持班委会的换届选举工作。选举委员会设主任和副主任各一名,计票员、唱票员、监票员各两名,选举委员会的人员由每小组推选一名同学担任;选举委员会的同学被提名为班委会候选人的,则自动退出选举委员会,余额由该组同学按得票多少递补。

在班规中也对我这个班主任进行了规定。

第五条:班主任是班级的带路人、班级事务的指导者,按本条例规定管理班级事务,为班级谋利益。

班主任有权对班规的制定提出指导性意见,有义务向立法委员会提供咨询和帮助。

班主任有向班级大会提议任免班干部的权利。

班主任有义务向学生介绍法律、道德、科技、教育、心理学及其他方面的知识,帮助学生扩大视野,树立科学的世界观。

第六条:班委会是班级事务的管理者,执行班级大会的决议和完成班主任布置的任务。班委会成员按照本条例规定程序竞选产生,按本条例规定行使职权。班委会竞选每学期一次。

……

制度最大的好处并不是约束人、限制人,而是指导你该怎么做,告诉你如何在有限的许可范围内,尽量地享有个人的权利和自由。把遵守制度变成习惯,你会觉得一切都那么井然有序。因此,做一个会偷懒的班主任,最关键的步骤就是构建一个学生能够自主操作的制度体系。

我们班的班规制定得非常详细,所以选举班干部时,我就袖手旁观,没有出一点力气。为什么呢?有一整套干部选举任免管理体系,依据制度做就可以了啊!再说,我还有一个观点:仅仅依靠班干部进行的班级管理不是真正的自主管理;只有全面放手全部由学生参与的班级管理,才是真正的自主管理。所以,我不插手班干部选举,全部由学生自己做,先出台方案,再按照方案选举,气氛十分热烈,选举出的班干部也十分能干。不论是当选的班干部还是落选的学生，均把参选当作检验自己、锻炼自己的一个好机会。

下面我来简单介绍一下我们班选举班干部的全部过程，看看我是怎样实现甩手做"遥控班主任"的。

### 一次隆重而神圣的民选班会

今天是我们班大选的日子。

选举委员会在三天前就开始工作了。一切都是按照班规中明确的程序来办，我没有插手。星期五那天，在推选选举委员会的成员时，我就对大家说过："制度是对每一个人的约束，而不仅仅是同学们。今后三年，无论选举班干部，还是推选'三好学生'，都是你们自己的事情，我概不插手，也不参与投票。这个神圣的权利，是属于我们班上的每一个同学的。从选举委员会诞生之日起，所有关于班委会选举的事情，都全部由他们去操作。我们大家需要做的，就是积极配合。"

在我们班上，当班干部不仅是一种权利，更是一种义务。无论是班干部，还是临时选举委员会的成员，只要能够为这个班集体做事情，都会感到自豪和骄傲。所以，我们班选举班干部，从来都是学生的事情。经过选举委员会慎重推荐，确定了12名同学参与7个职位的竞争。

选举按照正式程序进行。首先是候选人酝酿阶段，由选举委员会主任向大家介绍每一位候选人的简历，然后是每一位候选人谈自己对当班干部的认识。

雷振梁同学讲得非常直率："我很想当班干部。但是以前都是老师提名候选人，我读书这么多年了，一年干部也没有当过，心里很不是滋味，父母面子上也过不去。我希望这次竞选，同学们能够给我一个机会，圆我多年的干部梦。"同学们对他的直率报以热烈的掌声，看来他的话说出了很多学生的心声。

申波超同学的发言很简单："我做了一段时间的临时班委，总觉得还没有把我的能力全部发挥出来，我希望同学们给我一个继续发挥的机会。谢谢大家。"

曹艳红同学很紧张，在台上忸怩好一阵子才说："我胆子太小，我希望通过当班干部，把自己的胆子吓大一点，不然出去和生人讲句话都脸红。"

陈昊同学讲得很动感情，他说："相逢是首歌，相聚是份缘，进入这个班几个星期以来，我常常感受到大家对我的关心和支持，觉得大家对我太好了。我真心想借做班干部的机会，为我们的集体做一些事情……"大家把掌声和理解送给了他。

候选人讲话之后，先由选举委员会的同学组成评委会，对他们的发言进行第一轮印象打分，满分是10分；再由同学投第一轮印象票，每个候选人得分的计算方式是：评委分＋印象票数。排名前7位的是申波超、陈昊、黄小梅、杨君、刘亚红、彭诗兰、雷振梁，后面的是曹艳红、黄小飞、谢光远、张世雄和刘斯其。但是，大家的分数相隔很近，选举的气氛十分热烈。

关键的第二轮竞选开始了！

这一轮，候选人将发布他们精心构想的施政纲领，他们的设想能否实现，还要等大家对他们的施政纲领进行评价打分，以最终确定谁能够胜出。由于第一轮投票采用的是举手表决，有很多情面票数，第二轮的投票将以无记名投票的方式进行。谁将是我们的新班委成员，第一轮排在前面的同学是否能够最终胜出，排在后面的同学能不能后来居上？这一切都充满了悬念。

宣读施政纲领按照职位依次进行。作为临时班长，申波超说，他将带领全班同学建设让全校师生都瞩目的一流班级。他谈了16点设想，赢得了大家的阵阵掌声。雷振梁竞选的是劳动委员，他的一句话换来了大多数同学的支持："我只想做一个辛苦的官儿，你们以后不愿意做的卫生工作，先交给我这个劳动委员干吧。我如果做得不好或者让大家嫌弃，请大家打我的板子！"大家没有打他的板子，而是把掌声送给了他。陈昊的施政纲领还不是很完善，但是由于第一轮留给大家的印象很好，掌声还是很多……

候选人的施政纲领发布之后，选举委员会的同学将自己的评分以无记名的方式交给了我，评委分总分为10分。同学们一票计1分，这样，就不至于因为评委分而影响了同学们的投票。

同学们开始无记名投票。

那一刻，教室里特别安静，气氛神圣而隆重，同学们倍感自己笔下沉重。投票后，肖长江同学说："我当时感到自己笔下千钧，投票后都还感到一阵紧张和兴奋。"

几分钟后，同学们都填好了选票。选举委员会的同学抬出了一个用苹果包装箱改装成的投票箱，让大家把票投进去……

在同学们的注视下，选举委员会的同学唱票、计票。12分钟后，结果出来了——

申波超146分、陈昊132分、黄小梅127分、杨君123分、刘亚红117分、雷振梁109分、曹艳红102分、彭诗兰97分、黄小飞96分、谢光远89分、张世雄73分、刘斯其72分。

根据得票数和评委综合分，得分较高的前七名同学当选。曹艳红和雷振梁实现了当选梦想。宣布结果的时候，胆小的曹艳红流出了激动的泪水。

最后，新当选的班干部集体宣誓，誓词事先已经由选举委员会的同学准备好了。我提议大家站起来，静听他们的宣誓。

"我们宣誓：我们绝不负同学们的期望和老师的重托，严格遵守校纪班规，切实履行好班干部的职责，团结协作、恪尽职守、公平公正、勤奋扎实，为把我班建设成纪律严谨、学风浓厚、作风一流的文明班级而努力奋斗！"

教室里掌声雷动，不少人流出了激动的泪水。

多年的班主任工作让我深深地体会到一点：相信学生，千万别嘴巴上说相信，实际行动上却不相信，那样会给学生带来很大的伤害。相信他们，给他们一个能够依照制度自由支配的空间，他们就能够给你一个惊喜。

## 2. 详细的制度从哪里来

一般来说，谁的制度越详细，谁的思维就越完善，他就越适合做班干部。

在建立学生自主教育管理的制度上，我有一个观点，那就是：不要怕制度详细，越详细越好。越详细，学生操作起来越有法可依、有法能依、有法必依。制度详细周密，是学生自主教育管理的第一步。

又有老师会问：详细的制度从哪里来？我认为，详细的制度虽然没有一个固定的模式，但是它的来源还是有一定规律的。我发现，真正好用的、详细的班规，一般来源于如下三个方面。

一是来源于班主任的引导。班主任在制定班规前，要尽量引导学生例举班级的各种现象，考察已经发生的各种违规行为。

二是寻找可以借鉴的依据。比如，给学生提供上一届的范本，依葫芦画瓢总是容易一些。

三是积极发动每个学生都撰写一份班规。这有两个好处：一是充分体现了对每个同学的尊重，每个人都有发言权，这是民主的第一步；二是可以从中发现适合做班干部的学生，凡是思考缜密、班规制定得比较好的学生，都适合做班干部。

下面的班规是我第一次到私立学校做班主任时学生制定的。这个班规虽然和我期望的有点距离，但我还是不做修改地把它展示出来。毕竟，真实的教育本来就是这个样子的。

## 创益国际实验学校高一（7）班班级管理条例

（2005年9月9日班级大会通过，2005年9月12日起执行）

### 第一章　总则

**第一条**：为使班级管理科学化、民主化、制度化而制定本条例。
**第二条**：本条例对本班有效，所有班级成员（包括班主任）都必须遵守。

### 第二章　班级精神

**第三条**：平等、民主、勤奋和个性发展是本班的班级精神。

平等是我们建设优秀班级的基础，民主是我们建设优秀班级的保障，勤奋是我们一流班级的特征，个性发展是我们健康成长的标志。

## 第三章　班级管理机构

**第四条**：班级大会为班级最高权力机构，所有重大事务和原则性问题都需由班级大会表决，赞成票数过半则通过。

班级大会有对班主任提出建议和监督的权利，可以否决班主任不恰当的决定。

班级大会可以选举和罢免班干部。选举班干部需过半数，撤销班干部需三分之一的人数赞成方可进入罢免程序。

班干部辞职必须提前一周写出书面申请，提交书面申请的一周内，辞职者有权收回辞职报告。辞职一周后，班级按照程序补选班干部。在新的班干部没有选举出来之前，辞职干部必须履行职责。特殊时期、特殊情况由班主任指定人员临时代替，但临时代替干部必须经过选举才能够成为正式班干部。

班级大会由班委会提议召开，或由班级四分之一的同学提议召开，班级大会由班长主持，班主任列席。

班级大会设下属常务机构——立法委员会，在班级大会闭幕期间，负责收集整理同学们的意见，并把它们升华成班级管理规则草案，提交班级大会讨论通过。

立法委员会设常务主任一名、立法委员四名，在班级大会休会期间，负责对班规未明确的事项做出合理的司法解释，并给班委会工作提供班规上的理论依据。

班主任不得插手具体班级管理人员的选举工作，班里成立临时选举委员会负责班干部的选举。

选举委员会是班级大会的临时工作机构，负责在换届选举期间主持班委会的换届选举工作。选举委员会设主任和副主任各一名，计票员、唱票员、监票员各两名，选举委员会的人员由每小组推选一名同学担任；选举委员会的同学被提名为班委会候选人的，则自动退出选举委员会，余额由该组同学按得票多少递补。

**第五条**：班主任是班级的带路人、班级事务的指导者，按本条例规定管理班级事务，为班级谋利益。

班主任有权对班规的制定提出指导性意见，有义务向立法委员会提供咨询和帮助。

班主任有向班级大会提议任免班干部的权利。

班主任有义务向学生介绍法律、道德、科技、教育、心理学及其他方面的知识，帮助学生扩大视野，树立科学的世界观。

**第六条**：班委会是班级事务的管理者，执行班级大会的决议和完成班主任布置的任务。班委会成员按照本条例规定程序竞选产生，按本条例规定行使职权。班委会竞选每学期一次。

班长是班级代表。其对外代表班级，维护班级声誉；对内起表率作用，在班主任不在时代理班主任职责。

纪律委员负责班级纪律工作和量化管理评比工作，定期公布量化管理分数；学习委员负责班级学习工作；文艺委员负责班级文艺工作；宣传委员负责班级宣传工作；体育委员负责班级体育工作；生活委员负责保管班费和生活服务工作；卫生劳动委员负责班内外的卫生值日安排和检查工作。

本班实行学生干部值周制，值周班委在常务班委的领导下开展工作，列席每周的班委干部例会。

值周班委是班级日常事务的管理者。每天必须提前到班整理教室，维持早读和课间秩序，将违反班级管理条例的同学报告给纪律委员登记入册。每天必须整理好教室并最后离班。值周班委由同学轮流担任。

各科代表负责完成各科教师布置的任务；科代表由大家选举产生。

小组长是小组代表，是小组事务的组织者和管理者，执行班主任、班委会、科代表布置和传达的任务。

本班实行团支部思想工作责任制，负责加强班级思想教育工作。团支部书记、班长、纪律委员、学习委员、文艺委员、宣传委员、体育委员、生活委员和卫生劳动委员都是班委会成员，团支部成员、各科代表、小组长列席班委会议。

### 第四章 班级管理办法

**第七条**：班级管理采用量化管理的办法，量化管理基础分为100分。

**第八条：扣分内容。**

（一）学习纪律

1. 课间即做好下堂课的准备，桌面上放好有关教材及学习用品；上课音乐一响即保持绝对安静。除负责纪律的班干部外，其他同学不得以任何理由下座位、找同学说话和讨论问题，违者扣2分。

2. 上课不得说小话，不得做与当堂课无关的事，上课时不得离开座位去书柜取学习资料，违者扣2分。

3. 早读课提前10分钟进教室，所有同学必须听从老师或科代表的安排，违者扣2分。

4. 早晨到校后不得在教室外逗留，应立即进教室学习，违者扣2分。

5. 早晨进教室即将有关作业放在自己的课桌上，由组长统一收取，缺交一次扣2分并向班主任说明原因。

6. 不得抄作业和赶作业，违者扣2分；超过3次通报家长配合教育。

7. 整学期上课、自习无故迟到不得超过2次，每迟到一次扣2分并写一篇不少于500字的迟到经过及心理活动文字说明。

8. 课堂上被老师点名批评者扣4分，并写一篇不少于500字的文字说明，向同学和老师表示歉意。

9. 上课、自习说话影响他人学习者扣2分，经提醒一次后仍然说话，罚其表演一个文艺节目。

10. 上课、自习无正当理由睡觉者扣2分，罚其表演一个文艺节目。

（二）清洁卫生

11. 在教学区内不得吃任何有包装、有果皮、有果核的零食，也不许把任何饮料和面包带进教室，违者扣2分；乱丢果皮、包装纸（盒）的，罚其恢复原状并扣4分。

12. 每人负责自己座位周围的纸屑、垃圾，负责周围的保洁，违者扣2分。

13. 课堂上和课间均不得远距离向垃圾桶扔垃圾，违者责成其恢复原状并扣2分。

14. 按时按要求高质量地完成所承担的清洁任务，违者扣2分并重做卫生。

15. 乱扔纸屑、脏物、粉笔，在墙上乱画，随地吐痰者，一经发现，罚其恢复原状，并扣 2 分。

16. 打扫卫生，检查分数不得低于 10 分，如两次低于 10 分或在年级排名倒数第一，罚重扫一周。

17. 逃避打扫卫生者，罚独自打扫一天并扣 4 分。

（三）体育锻炼

18. 认真上好体育课，违纪者（如课前集合不认真、逃课、活动期间到教室学习、不按老师要求训练等）扣 2 分。

19. 认真做好课间操、眼保健操，做操不认真者扣 2 分并罚重做。

20. 无故不出操者扣 2 分，罚跑操场 5 圈。出操迟到者扣 2 分，罚跑操场 2 圈。

（四）班团干部

21. 班长应严格执行班规，管理班级工作，负责安排值日，抓班级纪律，领导其他班委开展工作。每周向全班做一次总结，平时代表全班同学向班主任反映情况；班主任不在时，代行班主任职权。若有失职，视情节轻重分别处以在班上做书面检查、留职察看或撤职等处罚。

22. 学习委员负责填写教学日志，并将其按时交到教导处；负责组织各类学习交流活动。若有失职，分别给予在班上做书面检查、留职察看或撤职等处分。

23. 生活委员负责同学食堂就餐工作，负责管理教室的电灯等其他电器，在生活方面为同学提供各种力所能及的服务。若有失职，处罚同上。

24. 卫生劳动委员负责班级的卫生劳动工作安排、检查和评比，负责组织同学到外班参观学习相关经验。如有失职，处罚同上。

25. 文娱宣传委员负责组织各种文娱活动，组织黑板报编写工作，组织编辑班级日报。若有失职，处罚同上。

26. 体育委员负责早操和体育课管理，记录体育课违纪情况，组织并监督课间操与罚跑。若有失职，处罚同上。

27. 纪律委员负责考勤工作，负责课堂纪律、自习纪律和就寝就餐纪律管理工作，按照班规对违纪同学做出处罚决定。若有失职，处罚同上。

28. 团支部书记要做好思想教育工作和团员管理工作，协助班长做好学生纪律管理，负责组织有关班团活动。若有失职，处罚同上。

29. 班团干部应该经常听取同学的意见和建议，每月接受全班同学评议一次，不称职的可以中途撤换（三分之一以上同学同意即进入罢免程序）。

30. 班干部必须接受同学监督，徇私舞弊者必须公开做检查，拒不改正的勒令辞职或撤销职务。

（五）小组长

31. 小组长负责维持本组的课堂纪律，按时收交本组作业，认真组织本组清洁扫除及各项活动。若有失职，向全班做书面检查，严重的撤职。

32. 每周对各组进行一次评估，每月评选一个最佳小组和一个最差小组。最差小组的成员该月不得评优、评先进。

（六）值周生

33. 值周班委应及时做好交接工作，履行自己的职责，按时填写班级日记。若有失职，取消一次当值周班委的机会。

34. 值周班委在值周期间违纪，加倍扣分。

（七）科代表

35. 每天及时把作业交到老师办公室，把未交者名单交给学习委员，协助老师做相关工作。

36. 语文、外语科代表带领早读和安排自习。

（八）寝室

37. 在规定时间内就寝，熄灯后不得说话，违者扣2分并写出500字的反思文字。

38. 不得在寝室里做任何有违中学生道德规范的事，违者扣4分并按学校有关规定处理。

39. 早上起床音乐响起5分钟之内必须起床，违者扣2分并罚打扫寝室卫生一天。

40. 熄灯后说话者，罚打扫寝室卫生一天。一个学期内超过3次，班主任找其谈话，或者由班委会研究决定后通报家长配合教育。

（九）班主任

41. 不主观武断，错误批评同学一次罚款（交班费）10元。

42. 上课不得无故迟到（以上课音乐结束为准），违者在班上唱一首歌。

43. 按时下课，特殊情况下拖堂不得超过1分钟，违者在班上唱一首歌。

44. 不得用不文明语言侮辱同学的人格，否则必须向有关同学公开道歉并罚款10元。

45. 批评同学应尽量态度平和，不得经常对同学们大发雷霆。每月向全班同学发火超过一次罚扫教室一次。

46. 每学期对班主任组织一次全班评议、投信任票，评议不合格或信任票未获半数，将通报学校并要求撤换班主任。

（十）其他

47. 升旗仪式不得说笑，升旗时必须肃立，向国旗、校旗行注目礼。违者罚课间在国旗下肃立5分钟并扣2分。

48. 考试、测验以及平时听写不得有任何作弊行为。违者通报家长并视情节轻重按学校规定处分。

49. 不小心损坏公物者，如主动承认并赔偿，不予追究；若有意损坏公物而且不诚实甚至抵赖，则扣4分并按照原价加倍赔偿。

50. 每人负责自己桌椅的维护，不得乱画乱刻或有其他破坏行为。违者按有意损坏公物论处。

51. 不得吵架、打架或与同学怄气，违者互写道歉信并当着全班同学的面念；欺侮同学、给同学起侮辱性绰号的扣2分。

52. 不得说脏话，不得叫别人的侮辱性绰号，违者扣2分。

53. 不得在教室里高声喧哗或打闹，违者扣2分。

54. 不得在教学区内开展大型球类活动，违者扣2分。

55. 不得带手机、玩具和其他非学习用品到教室，违者扣2分并没收有关物品。

56. 不服从管理或与相关同学发生争执者，须在全班做书面检查并扣4分。

57. 班委和其他执法人有意冤枉、报复同学者，一经核实，扣4分并向有关同学当面道歉，情节严重的参照本条例第八条第四款规定处罚。

58. 班委、科代表、检查员、小组长、班报小组成员工作失职，对班级造成不良影响的扣1分；严重失职或者造成严重后果的扣5分。

59. 其他违反校规、校纪及班级公约者，违反一次扣1分。

第九条：加分内容。

1. 在学校为班级赢得荣誉的，加2分；为学校赢得集体荣誉的，加6分。

2. 为班级着想并做出贡献的，视情况加0.5~1分。

3. 主动帮老师做事、关心同学的，视情况加0.5~1分。

4. 参加省、市、校级竞赛并获奖的，视情况加6分、4分或2分。

5. 主动揭露班级不良现象并与之做斗争者，加2分。

6. 主动向班报投稿被采用者加1分，约稿被采用者加0.5分。

7. 期末考试总分居年级前10名加3分，11~60名加2分，61~100名加1分；单科成绩突出者，视情况加1~2分。

8. 在思想和学习上有明显进步的加1分。

9. 上课积极举手发言，被科任老师公开表扬的每表扬一次加1分。

10. 班报小组成员每次认真负责地出一期班报加0.5分，宣传小组成员每认真负责地出一期黑板报加0.5分（其中班报主编、宣传委员不加分），在学校评比中获得第一名的该期编写人员每人加1分。

11. 班委、小组长、科代表、检查员在期中、期末述职评审中获得通过的，各加2分。

12. 做了其他有益于社会、学校、班级的事，由立法委员会集体讨论，视情况加分。

第十条：量化管理的记分、统分工作由纪律委员负责组织进行。

量化管理分数每星期公布一次，所有扣分超过4分者都要写说明书，说明在做本条例禁止的事情时的心理活动以及今后打算。说明书的字数要求每扣1分写500字，说明书交班主任保管。扣分超过3分的，由班主任找学生谈话，或者经过班委会研究同意后通报家长。

学期结束后公布量化管理总分。总分居前 5 名的由班级给予一定的奖励；总分低于 90 分的，不能够评优评先进。

### 第五章　附则

**第十一条**：本条例修改权属于班级大会，由班级立法委员会、班主任、班委会全体会议或四分之一的同学提议修改。

**第十二条**：本条例解释权属于班级立法委员会。

**第十三条**：本条例从宣布之日起实行。

这个班规非常详细，详细到班级工作的每一个侧面都能够在班规里找到相关的条文。制定班规的时候，我们班还发生了一件有趣的事情：一些学生因为好奇，弄脏了教室走廊上的白墙壁。那时候，班规还没有出来，我就"谦虚"地向学生请教该怎么办。最后，一些"犯事"的学生乖乖地站出来——把墙壁恢复原状！从此，关于班级卫生条例，就有了一条成文的规定——谁破坏了班级教室、寝室和公共区的卫生，就要负责恢复原状！我觉得这样很好，既教育了学生，又不至于太苛刻。

我发现好多班主任的班规制定得都很苛刻，没有一点人情味儿，一旦犯错就要接受处罚。我觉得惩罚不是制度教育的真正目的。制度不应该仅仅不准学生怎么做，还应该规定学生可以怎么做、能够怎么做。不仅如此，班规还应该规定哪些行为可以受到奖励，哪些行为值得提倡。我认为，只有规定了值得奖励和提倡的事项的班规，才是能够正面引领学生向上发展的班规。

在很多时候，我的班规通常体现为一种提倡和引导，但是上面这个班规的教育引导作用不是很强。记得学生给我草案的时候，我提出了三点意见。

第一，一个小小的班规中共有 49 个"不"、37 个"扣"、55 个"监督执行"，一个"奖""表扬""鼓励""提倡"的字（词）都没有。学生们在这么详细的班规监视下生活、学习、娱乐，得小心翼翼的，不能犯一点错误。人无完人嘛，我觉得应该允许学生出一点小错，教育就是一个改正错误的过程。如果学校对教师有那么多的规定和处罚，我们也会感觉不舒服。

第二，我发现这份班规怎么看都像处罚条例。它只规定了什么不能做，做了就处罚。奖励呢？在教育行为中，鼓励和适当的奖励会比单纯的处罚更有效。

第三，我觉得学生们做错了一点小事，犯了一点小错，不一定非要有所处罚，只要他们能认识到问题、能改正就行了。他们可能不需要这么严厉的班规，这个班规迎合老师的意图太明显了，这不是孩子们自己的制度，以后执行会有难度。学生们更需要一个能够正确引导、鼓励他们良好发展的制度环境。换句话说，他们需要一个自己愿意遵守的制度。

每接一班学生，我都要培养他们这样一种观念：人一定要为自己的行为负责。但是，我不提倡"体罚"，我认为一个人的身体和生命一样，是应该被珍惜的，我们没有权利对学生进行体罚。我建议删去所有关于体罚的内容。

我讲这些话的时候，孩子们都很惊喜和兴奋。他们欣慰地发现，我给他们的制度，确实是他们自己制定的，他们没有理由不去遵守。

但是，最后定下来的班规，里边仍有"体罚"嫌疑的内容，比如说关于早操、课间操的处罚。当时负责起草班规的唐远帆和谢光远说，这是大家一致的意见，他们认为，那不是体罚，是责成补做其没有做完的健身运动。既然学生都这么认为，我也就不坚持意见了。我只知道，如果学生以前接受的是权威教育，你让他们一下子过渡到完全的民主治班，他们的思想意识和行为习惯会一时适应不过来。于是，我就尊重学生的意见，把他们自己选定的班规确定了下来。

## 3. 一切按照制度办事

你自己毁了规矩，不是说明你有能耐，而是说明你缺乏原则、缺乏规则意识，最后受累的，还是你自己。

很多班主任说累，我觉得累的一个关键原因就是管理的理念不好，只依靠班主任个人做事，而不是根据制度来做事。一旦进入了制度管理阶段，我相信每个班主任都能够轻松下来。

可是很多班主任却不愿意按照制度办事。为什么呢？他们随意性大，一会儿根据学校的临时安排改变了工作计划，一会儿又根据自己的临时需要改变了想法……经常这样临时改变，班上的制度就被破坏了。制度被破坏了之后，要想学生再根据制度进行自主教育管理，那就只能是一句空话。

很多优秀班主任都是依法治班的典范，在他们眼里，制度大于一切。比如：李镇西老师就明确地在班上强调，班主任只是班级中的一员，也要受到班规的约束；魏书生老师更为厉害，他们班上的班规制定之后，连他自己都被控制了，只能顺着学生依照班规行事。有一次魏书生上公开课，由于他那段时间很忙，经常是下了飞机就赶往教室，几乎没有什么时间去想当天班级该干什么。该干什么，全由学生按照制度说了算。那天，当他匆忙从机场赶到教室上公开课的时候，他刚说了句"同学们，上课！"下面"哗"的一声，学生宣布搬座位，只见第一列学生搬着自己的桌子鱼贯而出，然后另外一边的学生横向把座位移动过来。下面听课的老师笑得肚子都疼了。都说魏书生治班严谨，你看他上公开课，他说上课，学生说搬座位，多搞笑。但是，1分钟不到，每个人都肃然起敬。为啥？55秒钟之后，一个学生干部站起来向魏书生汇报："今天换座位55秒，正常！"语音刚落，听课的老师便对此报以热烈的掌声。作风严谨的班级，无论班主任说没说，到了什么时间就按照规矩办事，哪怕班主任在上面说上课，下面还是按照规矩55秒钟完成了换座工作。这件事情放在我们班上，要多长的时间呢？每个老师一掂量，心里就有数了。

所以，我说，要想做一个会偷懒的班主任，自己制定的班规，无论如何都要坚持下来。你自己毁了规矩，不是说明你有能耐，而是说明你缺乏原则、缺乏规则意识，最后受累的，还是你自己。

在我们班上，无论什么时候，都要按照规矩办事。我们不仅有干部选举程序，还有干部辞职程序。一切都按照程序办了，才有偷懒的可能。

下面请看我们班班干部辞职时班主任的"遥控管理"。

## 干部辞职请走程序

红梅说她不想当班长了,我问为什么,她说感觉很累。

"不能改主意吗?"我问。

她没有正面回答,只问:"我可以休息一段时间吗?"

我当然同意。学生递交辞职信,一定经过了复杂的思想斗争,简单地劝慰学生继续当或者换一个班干部,都不是很好的办法。于是,我对红梅说:"按照程序,你打个辞职报告吧!"

"行!"她答应了。

这是我班上的一个特色。我每次做班主任,都建立一个干部辞职机制,而且在制定班规的时候就引导学生们想清楚:当有一天,你们不想做班干部了,该怎么办?学生们以前没有想过这个问题,觉得很好笑。我却告诉他们,有人想干,肯定也有人不想干,人家不想干了我们要尊重他的意见。但是,我们要有一个制度,规定什么情况下可以辞职,什么情况下不能辞职,如果要辞职,要有些什么手续。

问题抛给学生之后,他们就认真地思考。他们在班规中提出来:罢免干部要全班三分之一的同学同意,才进入罢免程序;干部辞职必须提前一周申请,在这一周内,该做的事情还得做,必须等同学们召开班级大会、讨论该辞职申请并进行表决,选举出接替干部时,辞职才被认可;此外,干部在提出辞职的一周内,有权收回自己的辞职要求——这就给那些心里并不是真的想辞职的干部一个挽回影响的空间……

这些问题成为制度之后,我做班主任的就好办了。我不会因为一个学生想辞职甚至全体干部想辞职而慌了手脚。我可以不慌不忙地把辞职的原因了解清楚,把学生的思想工作做通,把交接工作做好。

红梅的辞职报告交来之后,我在班上通报了情况。我坦然地对大家说:"红梅要辞职了,我有点难过,但也为她喝彩。她敢于面对压力,提出辞职,我们要尊重她。"

我对红梅任期内的工作进行了总结和肯定。在发言中,我尽量把这件事情说得很正常，尽量淡化辞职的负面影响。因为我知道，干部辞职，尽管是学生的权利，但是无论怎样，都有不好的影响。我得利用每一个机会在班级中树立正确的舆论导向，帮助学生树立为同学服务的思想意识。当学生觉得锻炼机会来之不易、做班干部是一种光荣的时候，他就不会轻易提出辞职了。

一个星期后，班级大会接受了红梅的辞职。接替她的是她的室友梁艳，她们两人关系很好，以前有什么事情常常在一起商量，这以后两人也常常在一起。一个多月过去了，班级运转依然很好，并没有因为红梅辞职而有什么影响。

一切按照制度办事，要求我们在学生面前一碗水端平，不厚此薄彼。好学生违纪了，和差生违纪同样对待，不要心有怜悯而法外开恩。如果那样做，你就会因照顾了一个人，而打击了一大片学生。

一切按制度办，还要求班主任不要心血来潮，根据自己的情绪好坏改变班级管理制度，尤其是不能够因为心情不好而加大处罚力度、因为心情好而免去对学生的处罚。如果班级管理制度变成了班主任心情好坏的晴雨表，孩子们就不知道该怎么去放手做事情了。最后，很多事情还会堆到班主任身上。一个聪明的班主任，是不会破坏自己制定的规矩的。

此外，一切按制度来，还要注意程序问题。我常常说要有一个处理事情的具体程序，很多老师不理解这一点，他们总是说，学生违反了哪一条就按照哪一条来处罚不就可以了吗？还要有什么程序？才不是呢，多年的经验告诉我，程序最大的好处就是避免情绪激动的时候办错事，尤其是在处理学生的问题上，因为愤怒而忽略程序的话，很容易造成冤假错案。所以，我强调按程序办事，就是要养成按照制度办事的好习惯。只有程序严格了，制度才会严明。

在我班上，不仅有良好的管理制度，更有相应的管理程序。即使批评学生，学生也有依照程序进行申诉的权利，有一个申诉的程序。我并不急于把学生处理完。急于处理完学生，很多犯事的学生倒很高兴。为什么？处理完了，他们也就轻松了。这样的处理根本不能触及心灵，而不能触及心灵的处罚是失败的。我把处理的时间延长，按照程序来，既给自己一个理智思考的空间，又给学生一个理智思考的空间，促使学生更多地反思自己的错误。很多学生对我说，他们就是在"等待"处理的过程中，认识到了自己的错误。

## 4. 让学生乐于接受班规的约束

> 每次带新生班，我都要反复把制度治班的好处和学生说清楚，并带领他们用很长一段时间来制定班级管理制度。我把这个制度制定的过程，当作一次民主启蒙的教育过程。

在制度管理上，很多老师曾经跟我较过真。持反对意见的老师说，制度是死的，教育是活的，我们不能因为死的制度而放弃灵活教育学生的方法和技巧。也有老师说，制度是冷的，学生的心是热的，老是用制度来管理学生，学生就感觉不到老师的温情……

我觉得，凡是这样想的老师，对制度的作用都理解得不够，或者说，自己生活在一个冷冰冰的制度管理环境下，感受不到制度的温暖，才提出这样的疑问。我认为，制度的温情，就体现在对每一个成员利益的保护上，一个能够让每个人正当的、合法的利益得到保障的制度，必定是充满温情的制度，它带给人的绝对不仅仅是铁的冰冷，同时应该还有火的炽热。在一个规则社会里，人们更多感觉到的是制度带来的温暖和保障。

其实，对班级来说也是一样的。老师中存在对制度认识的不足，学生中肯定更是如此。每次带新生班，我都要反复把制度治班的好处和学生说清楚，并带领他们用很长一段时间来制定班级管理制度。我把这个制度制定的过程，当作一次民主启蒙的教育过程。我相信，这个制度制定的本身，对学生就是一次很好的民主教育，这样制定出来的制度，不仅是能够被执行的，而且是普遍受到学生欢迎的。

在这个教育过程中我反复宣扬的就是制度的优点、制度的好处。我说，制度不是约束，而是保护、引导和培养。

**(1) 保护**

保护每个人的民主、自由、独立、平等的权利不受他人侵害，保证每个人在自己的班里都有一席之地，都有话语权。而且，班规一旦制定，就具有法律效力，任何人——包括班主任都不能够随意改变。这样学生绝对很高兴，为什么？他们害怕的就是班主任随意改变和惩罚他们啊！一旦听到班主任也要接受制度的约束，他们真是比捡了金元宝还高兴！

当然，我也知道，还有好多学生想到的不是这一点，现在，老师也和他们一样要接受制度的约束了，他们有一种看热闹的心理。尽管这种心理不好，但是，能够让学生心理平衡，也不是什么坏事情，至少有利于制度推行，这有什么不好呢？

**(2) 引导**

它告诉学生在班上可以怎么做，能够怎么做，而不是老师设定圈套让学生来钻。很多老师以前在班规中老是设定、要求学生不许怎么做，不能怎么做，结果"不许""不能"两个词被无限强化，深入学生的骨髓。学生在班上生活得战战兢兢、不敢乱动，唯恐一不小心就违反了班规。我说这样的班规不行，这样的班规对学生就是一种精神压力，长期地生活在这种班规中，学生最后激发的不是动力，而是叛逆和反抗。因此，在我的班规中，我不仅把那些"不许""不能"变成"你可以"，还明确利用奖励的形式规定了哪些行为可以去做，可以获得奖赏。如我引导学生在班规的第九条中明确规定了12个加分内容［参见前面的"创益国际实验学校高一（7）班班级管理条例"］。

**(3) 培养**

我常常在班上说："班规不能仅仅表现为奖惩条例和量化规则，而应该成为美好班级生活的支柱,是通向美好班级生活的桥梁。"很多学生就说:"别忽悠我们了,班规还能够成为我们通向美好生活的桥梁?"我说:"是的,因为班规还要培养你们良好的社交和生活习惯,使你们做懂得尊重规则的人,我们要把遵守制度变成生活习惯。"

为让学生成为受欢迎的人,我指导他们制订了一个修身计划,大家来看看。

## 修身计划

1. 坐立笔直,言行端正。

2. 外形整洁、清爽、干净,养成好的生活小习惯(注意一些小细节,如勤剪指甲、耳朵要干净、皮鞋要擦亮、勤洗衣服、勤梳头发、好好保护牙齿等)。

3. 别人和自己讲话的时候要认真倾听,不懂就问,但与己无关的事情不要过问。

4. 行动迅速,不出声响。

5. 有自己的娱乐方式,但在该保持安静的地方绝不弄出声响。

6. 精神愉快,对每个人都笑脸相迎。

7. 礼貌待人,关爱他人。

8. 男生不吸烟,也不想学吸烟;女生不涂脂抹粉,也不想去那么做。

9. 对自己的身体负责,经常参加体育锻炼,拒绝毒品和婚前性行为。

10. 有求真务实的精神,考试绝不抄袭,不懂的就说"我不知道"。

11. 有较好的自制能力,冒犯他人后会说"对不起"。

12. 当别人要求自己做一件事情时,会说"我尽力"。

13. 遭遇考验的时候问问自己:我喜欢吗?我感到后悔吗?在犹豫的时候问问自己的良心,不说谎话,但是也知道怎样保守秘密。

14. 渴望阅读优秀的书籍,喜欢用读书作为消遣。

15. 喜欢健康的娱乐活动,绝对不沾染赌博等恶习。

16. 把安静当作一种人生的享受,厌倦故作"聪明"或哗众取宠。

17. 能够和异性坦然相处，心地单纯。
18. 对自己的言行负责，不为自己开脱，也不总是想着自己或是谈论自己。
19. 让每个和自己交往的人都感到愉快。

民主从修身开始，这是对社会尽责任。修身，延伸到我班级建设的每一个阶段。有时候，学生的坐姿不好了，我就悄悄地提醒：男孩子要坐出精神，坐出气势。我还问他们："'男'字怎么写？""田字下面一个力！"学生异口同声地回答。"对啊，男生如果坐着没精打采的，还有力吗？""唰"，孩子们都坐正了。男生坐直了，坐正了，我就问女生："女生怎么才好看？""亭亭玉立啊！""对啊，亭亭玉立是什么样子，是东倒西歪吗？是腰杆子直不起来吗？直起腰杆才美丽。你看那些时装模特，有几个腰杆子不直的？""唰"，女生也坐直了。然后我就说："修身第一点，坐立笔直，言行端正，我们做好了！"继而，大家都会心地笑了。

做一个会偷懒的班主任，就是要让学生喜欢你的制度，从内心深处接受它们。我就是这样通过正面的引领而不是反面的否定，让学生认可班规、喜欢班规，感受到班规对他们的支持力量，他们自然就视班规为自己的保护神，视遵守班规为快乐的追求了。

一般对学生讲透前面这三点，学生对规章制度的抵触情绪就小了，执行起来也就有了心理接受的基础。

## 5. 实用的也是最省力的

一个制度老是提学生永远也达不到的要求，不是让学生灰心，就是引起学生群体反抗。

做班主任，可能大家最羡慕的境界就是垂拱而治。你看看，不用做什么事情，整理一下自己的衣服，就能够治理好班级，多好啊！

我很向往这样的境界，但是根据我现在的短浅见识，我觉得垂拱而治者绝对不是不做事，而是在达到垂拱而治之前做了很多铺垫工作。比如说，他自己不管事情，但他绝对有一套让别人管事的办法；他自己不管人，但他绝对有一套人管人的办法；他的不管，肯定是别人帮他管了。所以，垂拱而治实际上就是一种让被管理者自己管理自己的运行机制，管理者无为而治，是因为他成功地组建了一套能够放手的管理系统。真正不用管理的社会，现在不存在，将来我估计也不会存在。

作为班主任，要想垂拱而治，我觉得有一点不能够回避，那就是如何让管理体系实用。

一套实用的管理机制，一般都有如下一些特征。

### (1) 实在

实在是什么呢？不说假大空的话，不提学生达不到的要求。如何让班规实在呢？一是离学生近一点儿：贴近生活，贴近社会，贴近实际。二是切口不要大，争取小一点儿：以小见大，从小事做起。

在这一点上，我很欣赏广西钦州市子材小学的温爱娟老师。她是小学班主任，按理说，小学生进行自主教育管理最难，因为小孩子没有规则意识啊，从幼儿园到小学，由一个自由的世界到有规则限制的世界，很多小朋友不适应，怎么办？爱娟老师有办法，她把自己班上的规章制度编成朗朗上口的儿歌，教同学们唱。儿歌上口，制度也就入心了。

**温爱娟儿歌班规**

一、节约用水

水龙头，哗哗哗，<br>
小朋友们爱惜它，<br>
不用水时关掉它。

### 二、上下楼梯

上楼梯来靠右走，

下楼梯来靠左走，

遵守规则好队友。

### 三、课堂纪律

铃声一响，要进课堂，

身体坐直，眼看前方，

学习用品，摆放桌上，

老师来了，问候响亮，

不吃零食，专心听讲，

可爱玩具，不进课堂，

回家以后，再去玩赏。

### 四、读书写字的姿势

坐时身挺脚踏地，

读书写字三个一：

眼离书本一尺远，

胸离书桌一拳远，

手离笔尖一寸远。

很多老师说发表文章难如上青天，也有很多老师说，要在《班主任之友》杂志发表论文很难。我说不，只要你的文章实在、有新意、贴近生活、贴近工作，这样的文章哪里都需要。记得当爱娟老师把相关的文章发给我看时，我说很好啊，当即起了一个标题"让低年级的班规'活'起来"，然后就推荐给《班主任之友》杂志社，果然杂志社就把它发表了。所以，文章要想写得好，关键要实在。

### （2）具体

我发现我们老师的思想很可爱。为什么这么说呢？你看看我们当中的不少班主任制定班规时，第一句话就是"爱祖国、爱人民"。爱与不爱是思想意识里面的东西，我们无法用具体的文字规定出来。因此，我说这样的班规不实在，不具有操作性。

那么，怎样让班规具有操作性呢？把那些约束思想的文字变成约束行为的文字，就具体了。比如，2004年版的《中小学生日常行为规范》就比我们很多老师的班规来得实在，它在第一条里就明确规定："维护国家荣誉，尊敬国旗、国徽，会唱国歌，升降国旗、奏唱国歌时要肃立、脱帽、行注目礼，少先队员行队礼。"爱祖国落实到珍惜国徽，会唱国歌，升国旗的时候要肃立、脱帽和行礼，这就非常具体了。

### （3）适度

适度就是有分寸，一个制度老是提学生永远也达不到的要求，不是让学生灰心，就是引起学生群体反抗。自主教育管理，一切都来源于学生，很可能有些学生对教育管理的认识充满了理想主义色彩，他们制定班规的时候，想起要制止某种行为的时候，个个义愤填膺，大义凛然，可是一到具体实施牵涉自己的时候，才想起那些措施并不合适。

举个很简单的例子——上课迟到。我在班上鼓励同学们说，要打造全校最好的班级，要在全校树立一个形象——郑学志老师的班是行动最迅速的班。有学生提出来，在早自习预备铃刚响的时候，我们全班同学就要在教室里到位。我说赞成，但是，怎么做到呢？马上就有学生提出来，重罚呗，迟到一次回家反思一周。重赏之下必有勇夫，重罚之下大家也怕啊！我说不，如果是这样，我们班不到一个星期，基本上就要全部回去了。为什么呢？我们班的寝室离教室最远啊！早上起来即使什么也没有做，排队打水、洗完脸基本上时间就到了。那该怎么办？同学们又迷糊了。我让大家再想想。最后，大家决定，早上的时间我们挤不出来了，我们抽晚上的时间，班规规定晚上就寝前每个人必须准备好洗脸水，这样第二天早上的时间就挤出来了。我说这很好，于是，我们班从那一天开始，每天晚上就寝前大家就先打好洗脸水。这个规定大家一直都执行得很好。

学生参与自主教育管理，理想的成分较多，做老师的要密切关注，要积极发挥教师思想成熟的长处，弥补学生思想单纯的不足，尽量让那些理想化的要求变成大家都能够接受的措施。

### （4）全面

班规要全面，理由很简单，不能让学生钻空子啊。而且，我总是认为，完善的班规其实是思维的体操，每一个角度都美丽无比。如果每出现一个问题，你都需要临时补充，那么你在学生中的威望也就岌岌可危了。关于这一点，我在本章的第一、二节已进行了阐述。

我只补充一个问题——无论制定了多么全面的班规，班级总还会有新的情况出现。如果原来的班规中没有明确规定，该怎么办呢？用立法精神来解决这个问题吧。

### 遭遇班规空白时怎么办

1998年的一天，姚鹏飞把他爸爸的手机带到教室里来了，而且上课时也玩，怎么办？

这件事情要是放在现在，我早就有办法了，因为现在我们班的班规中明确规定：任何人都不能把手机带到教学区。否则，一律按照携带与学习无关物品的办法处理——自己用塑料袋密封好，交由班主任代管一周，回家的时候再带回去。我相信现在这个办法不错，因为我们多次处理过这样的案例，都很成功。但那时候，手机没有现在这么普及，面对这种情况，我们是大姑娘上轿——头一回，该怎么处理呢？

纪律委员找到姚鹏飞，说要没收他的手机，理由是他上课玩手机。姚鹏飞反对说："班规上没有规定啊。手机和钢笔一样，都是工具。你们能用钢笔，我为什么不能用手机？"纪律委员没招儿了，问我该怎么处理。我说只能依班规处理啊，班规中没有规定人家不能使用手机，我们就不能惩罚人家。纪律委员又问，"要是他弄丢了怎么办？他父母不会找到学校里来吗？""他父母有钱，乐意让儿子丢手机，我们有什么办法？"我笑着回答。

"那我们对这件事情就不理不问了？"纪律委员不甘心。"哪能呢？要是姚鹏飞把父母的手机带到教室里来不处理，今后王鹏飞、张鹏飞、李鹏飞把手机带到教室里来，或者大家都把父母的手机带到教室里来，上课铃声一响，手机也跟着响了，怎么办？那还像教室吗？"也是，纪律委员不作声了。我建议他把立法委员会主任找来，一起研究这个问题。立法委员会主任是黄丽，她头脑比较聪明，她就说交给她处理，她有办法。于是，黄丽找到姚鹏飞说："把手机交上来吧，你违反班规了！"

姚鹏飞一愣："我没有违反班规啊，怎么又来一个干部管我？""哼，没有违反班规，说得轻巧。"王丽鼻子一哼，扳着手指头一五一十地说："第一，你违反了学习纪律第三条——上课期间（晚自习）不得睡觉、说话、做小动作……你上课用手机，属于做小动作了。第二，我们班制定班规是为了保护同学正常的学习、生活秩序不受影响，保护学生的正当权益不受侵害。虽然班规中没有规定你不能使用手机，但是你上课使用手机，中间响了一次铃声，妨碍了其他同学的正常学习，应该受到处罚。这样处理符合班规。"

我在旁边一听，有理啊，真不愧为我们班的法律专家啊！班规中没有明确规定不能使用手机，但是上课使用，参照做小动作来处理，是符合有关条文规定的。其次，从立法的角度去看，立法是保护正常学习秩序不受影响，姚鹏飞的行为影响了同学们的正常学习秩序，虽然没有规定不能使用手机，但是其行为和立法精神相抵触，就要受到处理。姚鹏飞没有话说了，乖乖地接受处罚。

这件事情处理完之后，黄丽马上召集立法小组同学开会，组织修改班规，在班规中明确补充一条规定："未经父母同意，任何人不准将手机带到学校里来，更不得用手机玩游戏。如果父母允许使用手机，上课时间一律关机。"这样，我做班主任以来，我们班制定的第一条和手机相关的规定就诞生了。

## 6. 不会偷懒的六个制度误区

> 一年之内换三次班规，至少说明你制定班规的时候针对性不强，学生没有接受，因此执行不下去。

很多老师对我说，他们也知道，最大的偷懒是用制度偷懒，最愚蠢的办法就是事必躬亲。可是，他们在用制度管班上，老是出问题，不是制度执行不下去，就是偷懒的办法中途流产。湖南安化一中的一位老师说，他的班规老是执行不下去，而且一年之内三次大范围地修改班规。我说，这就是你的班规执行不下去的根本原因了，一年之内换三次班规，至少说明你制定班规的时候针对性不强，学生没有接受，因此执行不下去。

我在《班主任之友》杂志 2008 年第 10 期的专栏中，曾详细地分析了老师们的班规执行不下去的六个原因。这六个原因，其实就是班主任不会偷懒的六个误区。

这六个误区如下。

### （1）制定时缺乏民主基础

很多老师的班规只是班委会内部成员和老师制定，没有广泛地征求班级成员的意见和建议，结果制定出来的班规就只是小团体意志的体现，而不是广大同学根本利益的代表，不能激发出同学们的主人翁精神。

应对措施：把制定班规当作一项民主启蒙活动来抓，尽可能地发动学生制定班规，而且在制定班规的时候，充分引导学生考虑如何保护自己的合法权益不受侵害，引导学生不要为迎合老师而出台班规。迎合老师的班规通常是缺乏民主基础的，也不会长久。只有学生们认识到班规是自己的，执行起来才有积极性和主动性。

### (2) 目的上急功近利

我发现很多班主任在班规的制定过程中贯彻了一种不正确的理念——制度就是用来管人的。因此，他们往往在制度中明确了要对孩子们的违纪行为进行处罚，但是处罚结束就算完成了任务。教育引导、心理疏导、学生申诉机制，在他们的班规里几乎没有体现。制度最重要的意义是教育，其次才是管理，颠倒了主次，忽视了教育在制度中的重要地位，忽视了教育的出发点，忽视了学生的内心需求，这样的班规可以说从一开始就注定要失败。

应对措施：加强心理疏导，确立学生受处罚后的申诉程序，防止冤假错案，保护学生的合法权益不受侵害。我们班的相关规定是：对于任何一种处罚措施，如果不满，三天之内有要求班委会或者班主任重新审议的权利；超过三天，处罚有效。这就给学生留下心理接受和申诉的时间与空间。

### (3) 内容上缺乏人文关怀

这主要体现在：整个班规没有一点文化内涵，缺乏必要的人文关怀，给人的感觉是冷冰冰的，拒人于千里之外。班规不是用来"整人"的，而是用来教育孩子们的，如果缺乏必要的人文精神温度，缺乏必要的教育思想高度，缺乏足够的师生情感交流厚度，就很难激励孩子们朝我们期望的方向发展。

应对措施：建议给班规增加一点人情味儿，把班规中的"不许""不行""不准"换成建议性的语言和提倡性的做法，那样会让学生容易接受一些。

### (4) 执行上可操作性不强

我曾看见过一个年轻班主任采用做义务劳动的措施来惩罚违纪的学生，但是他们班的劳动量不大，当违纪人数增加时，那丁点儿劳动根本达不到惩罚目的。而且，有时候人多，那些违纪的孩子反而很高兴。为什么？他们在一起有一种归队的感觉啊！当学生把惩罚当成一件快乐的事情时，"惩罚要触及其灵魂"就只能是一句空话。

应对措施：增加惩罚措施的难度，惩罚措施要能引起学生思想上的震动才有效，过轻过重都不利于教育学生。

### （5）推行时没有群众基础

列夫·托尔斯泰有句名言：幸福的家庭都是相似的，不幸的家庭各有各的不幸。我发现失败的班规也总有一点是相同的——过于依赖班干部、过于相信学生的自制能力，而且在执行过程中缺少有效的监督机制。仅仅过于依赖班干部还不至于使班规流产，然而缺乏有效的监督，班干部就会专权，最后丧失群众基础，时间一长，学生议论纷纷、怨言不断，最后只好宣布原来的班规作废。

应对措施：充分发挥学生全员管理的作用，人人都有权，人人就都要受到班规的保护和制约。自主教育管理和班干部管理截然不同的地方，就是自主教育管理充分发挥了每个学生的积极性，每个学生都能够参与班级管理，避免了班干部就是老师的替身，从而还政于学生。

### （6）贯彻上缺乏连续性

很多老师喜欢经常修改班规，甚至彻底修改，一次不行，立马又来个新的。政策最忌讳的是朝令夕改，一个学年三次修订班规，要学生如何适应？当规则可以如此随意地修改时，它的权威性也就一点点地丧失。

应对措施：保持班规时间上的稳定性和连续性，只要原则上没有错误，就坚持使用一段时间，尽量使用一个学期。

会者不难，难者不会。我相信，只要老师们处理好用制度治班的这六个问题，工作将变得很轻松。

## 7. 确保每一个人都对制度有安全感

> 自主需要技巧，需要引导，需要班主任尽量多地给学生创造成功的机会和经验，只有学生对自己的行为有了充分的成功把握之后，他做事情才会充满信心！

一个篱笆三个桩，一个好汉三个帮。别说做一个会"偷懒"的班主任，就是不偷懒，想要创建一个优秀班级，我们都得充分发挥每一个学生的积极性。只要每个学生都把心思花到班级建设管理上来，班主任就轻松了。

好些班主任努力地做事，他们的学生却在旁边看着。班级出了事情，他们不但不难受，反而喝倒彩——这下有某某的好看了！这就叫"费力不讨好"！好些班主任气愤地说：这哪里是学生啊，根本就是一群白眼狼！

其实，没有一个孩子不想着班集体。他们之所以这样，多半是因为平时在班级生活中感受不到集体的温暖，甚至受过伤害。做一个会偷懒的班主任，千万要提防这一点，如果不注意，伤了学生的心，放手和遥控就做不到了。那时他们别说在班集体中起积极作用，不给你捣乱搞破坏就很不错了。管理很多时候其实就是做人，这个道理放在教育上也是一样的。做一个会偷懒的班主任，首先你得在人格上给学生以安全感，这样孩子们才会认认真真地落实。

要想形成一个学生自主教育管理的制度体系，班主任就要真正做到轻松管理，下面的五个细节要注意。做好了这五个细节，孩子们肯定会努力帮助你的。

### （1）用制度保护班级中的弱势群体，确保班级管理的公平

以前我们喜欢用"少数服从多数"来应对不同的意见。少数服从多数，这对于在公共事务上统一思想、统一行动是很有效的。但是，任何做法的公平性都是相对的。在处理涉及学生个人私权的问题（如班费的缴纳、剩余班费的处理、学生个人的隐私、兴趣爱好、生活习性等）时，我们还应该遵循另外一个原则，那就是"让所有的孩子都享受到制度赋予他的权利"。即使班

上只有一个学生坚持他的观点，你也要重视和维护他的个人权利，让班级中的弱势群体，尤其是持特立独行意见的学生的权益得到保护，这是自主教育管理确保权利公平的最基本的要求。

可能有些老师不在乎，他们想，大多数同学都赞成了，少数几个人反对又有什么关系呢？关系大着呢，如果你不注意少数人的意见，不尊重他们的需要，那么，你的班级在做各种活动时，游离在外、最后让你操心的，就是那少数几个人。

2007年，我到一所学校去观摩一节活动课。老师准备得很充分，同学们配合得也很到位，整个活动课让人觉得无可挑剔。可是，在观摩完活动课准备回去的时候，我们在校门口碰到几个逃课的学生。我问他们："这么精彩的活动你们不参与，岂不遗憾？"他们嘴角一翘，满脸不屑地说："做假样子，有什么意义呀？！"我很惊讶，惊讶他们何以一点集体荣誉感都没有，要知道这是他们的学校，我们是来观摩听课的老师啊。我问他们为什么不参与那些活动，他们说得很坦然，"老师们从来就没有把我们放在眼里，他们的风光和我们有什么关系呢？"我说："那你们不参加，老师不会有意见吗？""老师巴不得没有人唱反调呢！"

本来我对那所学校的活动课很满意，但是听了这些学生的话，我在心里对那所学校的活动课的评价就打了折扣。如果学生的正确意见你没有采纳，他们的个人权利没有得到保护，那么你进行班级管理、组织开展活动时，他们就会游离在活动之外，别说观望，不讥讽就不错了。因此，每当有老师问我为什么学生参与班级活动的积极性不高时，我总想问他："你尊重每一个学生的意见了吗？你让每一个学生都感觉到自己受到尊重了吗？"如果没有，他们自然也就不会支持你。

在我们班上，凡涉及学生私权的活动，我都充分尊重每一个学生的意见，哪怕持该种意见的只有一个人。

## 剩余班费怎么处理

有一年期末,班级还有237.50元班费没有用完。对于剩余班费怎么处理,同学们都很关注,也有些同学早就打起了那笔班费的主意。有的同学说给大家加餐吧,好好地在学校吃一顿。这话不错,平均每人4元多,足够他们在学校吃一顿好的了!有的同学说,给任课老师每人买一个水壶做纪念。这个说法大家也支持,因为有的班级就这样做过。但是我不同意,我坚决反对用学生的钱给任课老师送礼。做班主任十多年,我对任课老师唯一亏欠的,就是他们没有收到过我们班上学生的集体礼品……最后,班长征求大家的意见,由于我们班假期要代表学校参加全县班级篮球赛,有些同学没有比赛服装,按照少数服从多数的原则,大家初步决定给球员每人买一套运动服。

我问班长:"是不是所有的同学都同意了?"班长犹豫了一下,说只有某某同学不同意,他说:"这些钱是同学们自己的,凭什么给篮球队的同学呢?"别人说他们是在为集体争光!但就是争光他也不同意,因为这钱他自己也有一份,他有权利不捐出来。

我说:"这个同学的意见是正确的,我们不能够用集体的意志去强迫一个人捐出他的私有财产,因为他的个人权利也应该得到保护。"班长很惊讶,平时班主任不是很强调集体荣誉感吗?怎么今天偏偏倒向了一个一门心思"钻在钱眼里"的学生呢?

我解释说:"制度的公平就体现在对每一个人的尊重上,它不仅要维护绝大多数人的利益,而且要维护极少数人甚至是弱势群体的利益。衡量一个制度的文明程度,就看那极少数的一部分人的权益得到了保护没有。班费本来就是大家集资的,每个人都有份,我们不能因为觉得那件事情有意义,而迫使不愿意捐资的同学失去自己的利益。所以,我尊重那个持反对意见的同学的意见,保护他个人的权利不受大多数人的侵害。"

"那我们的班费该怎么处理呢?"班长问我。

"你可以把班费平均分配下去,每个人该得多少就得多少。然后,愿意把钱捐献出来给球队的同学买运动服的,你们再集中啊。"果然,班费分配之后,返回集中给球队买运动服的，就只有190多元。我很高兴，因为我维护了班上持反对意见的极少数同学的利益。

很多老师想不通，这么小的一点事情，值得这么做吗？我说值得，因为这不仅仅是班费问题，而是一个制度公平的问题，只有每一个人的权利都得到了保护，他才会对这个团队充满信赖、依恋。

**(2) 注意听取微弱的反对之声，确保自主教育管理的思维完善**

我在《班主任工作新视角》里还提到这样一个相似的案例。

### 给敢于说"不"的孩子颁奖

学校组织为一个患白血病的孩子捐款，活动刚布置下去，团支书就说有人说怪话了。

我问她是谁在说怪话，说了什么怪话。她说是李阔，而且她让李阔不要乱说，李阔偏偏当着全班五六十个同学的面重申：他反对捐款，如果就这样把钱捐出去，他不参加！

我对团支书说："你暂时先不要批评李阔，该做的事情继续去做，我找李阔谈谈。"不谈不知道，一谈吓一跳，原来李阔根本就不是反对捐款，而是反对就这么平平淡淡地捐款。他说："假如直接把钱捐出去，我们交出去的，不过是父母的腰包。我觉得，我们最需要捐献的，应该是我们的责任，是我们对那个患病的孩子真正的爱心。"

"不错！"果然有不凡的见解。我问李阔假如是他组织，他会怎么做。我知道，通常一些孩子反对你，并不是因为他们不想参与你组织的活动，而是他们内心里已经有了更好的想法，他们是在借这种反对给自己争取一个表现的机会。

果然，李阔说："我们可以换一个角度，假如我们组织同学们通过自己的劳动，制作一些手工艺品去义卖，或者去做一些有偿服务，把我们通过劳动换来的钱捐出去，不是更有意义吗？"

"你真是天才！"我毫不掩饰我的兴奋，一把拉住他的手："走，我们进教室去说！"于是，我拉着李阁的手进入教室，让李阁向同学们阐述他的新想法，并向同学们宣布："我要给李阁发奖，奖品就是我亲笔签名的一本书！"

结果，那次捐款在李阁同学的策划下搞得有声有色，不仅我们班上的学生全部参加，还在学校里引起强烈反响。而且他们把自己做的工艺品拉到食堂前拍卖，连外班同学的钱都赚过来了。那次捐款，我们班共筹集了2648.90元，人均达50多元，而别的班人均捐款只有10元左右，全班捐款总额超过1000元的只有三个班，我们班是全校最高的！

这件事给我的感触很深，能够听取主流的声音是明智的，能够听取反对之声，那更是激发学生自主教育管理的好做法。

### (3) 注意向学生示弱，给学生自主的经验和信心

强将手下有弱兵，父母太能干的家庭，往往孩子不能干，这是什么原因呢？能干的父母包办太多，孩子没有锻炼的机会，他们怎么会能干呢？而且，能干的父母总忍受不了孩子的不能干，总是数落孩子没用，结果越数落，孩子越缺乏自信。

自主需要技巧，需要引导，需要班主任尽量多地给学生创造成功的机会和经验，只有学生对自己的行为有了充分的成功把握之后，他做事情才会充满信心！因此，我建议不要轻易批评学生，因为多一次批评，就是多一次否定，多一次否定，就等于削弱了学生一部分自主能力。哪怕学生违纪，我也谦虚地征求学生的意见。下面我就给大家讲一个案例。

#### 墙壁上的黑鞋印

暑假才粉刷一新的楼梯过道上，出现了4个新鲜的、醒目的鞋印！我暗地里试了一下，除了第一个勉强能够用脚蹬上去，其余的三个根本不可能蹬上去，因为已经快到墙顶了。

我自思没有这样的水平，进了教室之后，我很谦虚地向学生请教，怎样才能在那么高的地方把鞋印印上去？我说我试了好几次，都没能把鞋印拍上

去，太挑战我的运动极限了。这时候就有几个男生偷偷地笑。过了一会儿，他们说开了：其实他们早就看见第一个鞋印了，也许是哪个男生一时兴起之作，想他能够蹬这么高的高度，也不枉到此一游了。第二个鞋印绝对是脱下鞋子印上去的，那第三个、第四个呢？怎么印上去的？……

"嘿嘿，第四个是脱了鞋子，爬到凳子上拍上去的！"说这话的时候，刘洪洋还有点扬扬自得。

我赶紧问："你怎么知道的？"

"那个脚印根本就是我的啊。"刘洪洋嘿嘿地笑："而且第二个、第三个都是我们自己班上同学的，别班的同学根本不敢玩这个。"他终于讲出了真相。你看，只要你不先生气，虚心地向学生求教，自然就会有学生来教你。他们教你、帮助你的时候，狐狸尾巴不就露出来了吗？

于是，我话锋一转："这样强悍是强悍，可是好像和我们建设优秀班级的目标不相符啊。你看看，我们家门口的卫生阵地都丢失了，其他的地方怎么办呢？"我问他们。

"很好办，以后这块公共区的卫生就交给我管理吧。我担保不再出现这样的问题！"刘洪洋爽快地说。我表扬了他的坦率和勇敢，并且建议，在班规中要把破坏公共区卫生的处罚措施写成"责成其恢复原状，并确保不再破坏"。大家都同意。后来，果然那块区域的卫生再也没有让我操心过，一直到毕业，都保持得干干净净的。

我的学生为什么会主动站出来承认错误，并且保证"帮"我管好那个地方？秘诀就是我降低自己的位置，虚心向学生求教。千万别在学生面前装得很强大，因为：一是你没有那么强大，装得强大会让学生笑话；二是你在学生面前表现得很强大，对学生就是一种压力，他们因你的强大而不敢表现自己，更不敢主动帮你分担责任。

"知心姐姐"卢勤有一个好经验，那就是无论遇到什么问题，都会向孩子示弱，很谦虚、很诚恳地对孩子说："幸亏有你，没有你我还真的不行！"孩子都愿意在班主任面前表现出自己强大的一面。他越想表现，你就越轻松。

于是，你不偷懒学生都不愿意呢！

**（4）把问题抛给学生处理，强化学生的自主能力**

很多老师觉得我很有教育智慧，一些复杂的问题在我班上都会变得轻松简单。其实不是我个人能力怎么好，相反，很多时候，我显得比谁都笨。那么，我有什么好办法让那些复杂的问题变得简单呢？——那就是把问题抛给学生，由学生自己去研究该怎么办。

比如，一个非常常见的问题——学生自习课爱讲话，屡禁不止怎么办？一般的老师采取高压政策，不允许孩子们说话。这样很有效果，但是孩子们一看见老师，就好像老鼠看见猫一样，躲着走。还有些老师则采取自己跟着跑、天天蹲在教室里不出来的办法，监督孩子们。这样最累人，而且效果并不见得好。老师在教室里，他们不说话；一旦老师离开教室，他们就在教室里大闹天宫了。

面对这个问题该怎么办呢？交给学生处理吧，下面就是我在 2001 年对这个问题的处理，后来我所接的班级一直延续这个管理办法，并把它制度化，效果都很不错。

### 学生上课老是讲小话，怎么办

我反感学生在自习课上讲小话，在安静的环境里刚有灵感，有人吵几句，结果心情就烦躁起来，什么也写不出来了。于是，我在班上组织同学讨论，能不能在教室里自习的时候，既保障室内安静，又让大家讨论问题？

我把问题抛给学生之后，他们想出来的方法很多。

"可以把同学约出去谈。"

"可以在下课的时候讨论。"

"可以小声地说话，头凑在一起就行了。"

……

这些都不是很理想，马上就有人反驳了。是啊，大家都出去一趟，教室里还像话吗？下课时讨论，时间早过了，完不成任务啊！可以小声地说话，具体小到什么地步，谁能够控制？

"可以用笔谈的方式啊！"那段时间我们正在学沈括的《采草药》，是《梦溪笔谈》里的文章，有同学就想到了笔谈的方式。我开玩笑地说："那不成了纸上谈兵了吗？！"学生哄堂大笑，最后决定在自习课的时候，全班采用这种方式说话。

可是这种方法还不是很好，每天要浪费很多纸，有时候倒垃圾，全是同学聊天的纸条子。有人又建议了，是不是每人准备一本专用讨论本，不撕掉、不裁剪，记录同学们讨论的内容。"是啊，这样还可以保留很多聊天记录，比聊天软件还好！"马上就有人赞成。还有人说，如果这样，毕业的时候，每人还可以留几本同学聊天记录做纪念！多好！

我班的自习纪律一直是全校最好的，别的班级来参观的时候，都很惊奇、羡慕，这就是学生自主的功劳。一切权力归学生，在遇到问题的时候，他们想出来的办法一般都很奏效。

# 第五章 建立一个全面放手的运行机制

⊙机制不是制度，而是一个操作系统。我这么一说，可能有很多老师就明白了，为什么人家班上能实现班级自主、自治，而我们不能？原来人家的班级存在一个能够自行教育管理的操作系统啊！

⊙我也喜欢在班上设计各种竞争活动，我发现发动学生竞争，不仅节省时间，提高工作效率，更使同学们把学校的一切枯燥活动变得既紧张又有趣。更重要的是，这种紧张、有趣的做实事的过程，培养了学生与他人、与集体密切协作的品质，培养了学生的效率感。

⊙其实，孩子们看重的并不是我们奖给他们多少东西，他们在乎的是能不能有获奖的机会。只要奖励得当，精神上的奖励也会让孩子们喜不自禁。

⊙一个优秀的班级并不是不会出问题，而是出了问题之后能够自行纠正、完善，因为它有一整套完全自动的自主纠错机制，能不断地纠正错误、完善自己。能否构建一个错误自纠机制，其实就是班主任会不会偷懒的关键。它运转良好，我们就无为而治；它运转不好或者根本没有，我们就会被学生的错误牵着鼻子跑，整天为处理学生的问题而疲于奔命。

## 1. 抓住班级建设的关键词

> 怎么轻松地建立班集体的自主教育管理机制呢？我认为"文化""制度""活动""发展"四个关键词不能丢掉。

一个优秀的班集体，往往能够使我们的班主任工作变得轻松而且高效。那么，怎么轻松地建立班集体的自主教育管理机制呢？我认为"文化""机制""活动""发展"四个关键词不能丢掉。

### （1）文化是班集体建设的核心灵魂

常有班主任问："我们班的学生怎么一个个那么冷漠，对集体毫无热情呢？"我也常常反问他们："在你的班上，有一种让学生共同参与的班级文化吗？"他们很茫然，摇摇头。这就是问题的关键。文化是班级建设的灵魂，没有灵魂的班级，学生怎么可能有共同的归属感呢？

文化是一种共同的心理状态，是一种共同的生活方式，也是一种共同的精神面貌；它既是制度和规范的总和，又是审美标准、价值取向的综合体。班级文化是一种让学生有共同心灵归属感的精神牵挂，是班主任凝聚力量、凝聚人心的黏合剂，它常常能够创造出一种特殊的思想氛围，让孩子们流连忘返。一个成功的班主任，必然懂得运用班级文化增强孩子们热爱班级，并以生活在这个班级为荣的思想感情。反之，你没有营造这样的班级文化氛围，孩子们从哪里体会到集体生活的温暖呢？

班主任要学会用文化来建设班集体。完整的班级文化至少包括下面三个组成部分：一是以教育教学环境为主要内容的班级物质文化，如教室和寝室的布置、环境的美化等，这些文化设施无不折射出一种明确的价值观念和教育倾向，它是班级文化的外在标志；二是以班级组织与规章制度为内容的班级制度文化，它既是文化活动的准则，又是文化的组成部分；三是以班风、学风和班级精神为主要内容的精神文化，它是班级文化的核心和灵魂，也是决定班级文化品位高低的关键，集中体现全体成员的群体意识、舆论风气、价值取向、审美观念和精神风貌，是班级建设的灵魂。利用班级文化教育学生，实际上就给学生创造了一个外部教育环境良好、内在制度环境完善、有崇高精神追求的"教育电磁场"，让每一个处在这个电磁场中的学生潜移默化地受到"场"的作用。巧妙地运用好班级文化建设，班级管理将迈上一个崭新的台阶。

在班级文化建设中，最重要的是学会提炼班级精神。班级精神是班级文化价值观念的核心体现，它往往凝聚成一句深入人心的话。我先后在班上推行过"让别人因为我的存在而幸福""我和别人不一样""做最好的自己"的班级精神，也和孩子们探索出了"用进取书写成长，用辉煌记录青春""细节决定成败，过程决定结果""没有最好，只有更好"等班级精神。这些班级精神，通过我们反复多次的渲染、操作，最后变成了整个班级的整体学习、生活习惯。孩子们的一些个人缺点，往往能够在整体的班级精神中自我消除，免去了我很多麻烦。班级是有生命的，也是有灵性的，你既想偷懒，又要创建一个优秀班集体，就必须让你的班级具有一种崇高的班级精神。

**（2）机制是班集体建设的根本保障**

说到机制，有些老师就简单地把它和制度混为一谈。其实，机制不是制度，而是一个操作系统。我这么一说，可能有很多老师就明白了，为什么人家班上能实现班级自主、自治，而我们不能？原来人家的班级存在一个能够自行教育管理的操作系统啊！

我认为，要想建立一个完全自动化的、学生完全自主、班主任完全放手的班级教育管理机制，以下七个方面不可或缺。

①全员参与机制。一个人做事情，与全班同学都帮你做事情，你说哪一个更轻松？全员参与机制，既是培养学生主人翁意识的好办法，又是让班主任轻松的好办法，更是在实际教育中育人的好办法。

②竞赛机制。竞赛能够激发人的潜能，能够激发学生不断挑战自我的信心和热情，它对学生的促进作用往往胜过很多空洞的说教。优秀班主任总会

时时、处处注意激发学生竞争的积极性。例如，魏书生收书费，学习委员要一个一个地收，魏书生说："我没有让你这样收，你可以用手表收啊！"学习委员很聪明，马上拿着手表说："同学们注意了，各小组组长请站在你们小组的左侧，下面我们要开展收书费比赛……各就各位，预备——开始！"这样书费很快就收起来了。

③奖励机制。人人都渴望表扬，只有竞争没有表扬，这样的机制是不完善的。建立一个完善的学生自我奖励机制，有利于充分调动学生的积极性，全员参与班级管理。做一个会偷懒的班主任，就要在这个奖励机制上下功夫，不时让学生体会到前进的甜头，他们想不努力上进都困难。

④班干部机制。任何一个班级都需要一支能干的班干部队伍，但又不能长期让部分人占据位置，只有激发起全体学生建设班级的积极性，这个班级才是有生命力的。在这个问题上，我先后建立过常务班干部和值周班干部相结合的运行机制，既保证班级管理有精英参与，又能够确保全体学生参与管理，激发了学生的积极性。此外，我还出台了班干部选举、培训、任用和引退机制，所有活动班主任只引导，学生自主，形成了一个良好的管理人员代谢机制（在本书的第六章我将专门阐述班干部的培养）。

⑤协调机制。一个运转良好的协调机制应该包括三个方面的内容：一是有师生交流沟通的绿色通道，学生有什么问题可以直接和老师说；二是有学生自主处理班级矛盾的途径，如道德法庭、班级调解委员会等，学生能够通过它来协调处理班级内部问题；三是有一个制度化的固定处理模式，每个人都能够通过它来维护自己的合法权益。

⑥自纠机制。我一直强调制度的教育引导功能，它通过我们主张什么、提倡什么来教育、引导学生。创建一个优秀的班集体，一定要在制度中明确什么事情可以做，什么事情应该做，什么事情该如何做。作为具有教育性质的班级制度，其最重要的还是引导功能，即通过制度提倡一种积极、健康、向上的生活态度。我看到很多老师的班规里处罚细则太多，全是"不准""不许"，我想这对孩子的教育意义不大。班规中一个重要的精神应该是提倡和奖励，我们通过正面的提倡和奖励来表达我们对大家的期待。事实上，在教育

行为中，正面的提倡、鼓励和适当的奖励往往比单纯的处罚更有效，让学生自己纠正错误比老师命令、提醒的效果更好。

⑦监控机制。监督是权力制衡的结果，一个班集体要想实现学生自主教育管理，就不能不放权。放权之后，如何发挥舆论的作用，如何发挥学生的作用，如何进行约束，就是一个很重要的问题。放权不等于不管，而是让大家来管。有次我讲课之后，很多老师提出来：自主教育管理，干部权力太大，怎么办？他们要挟老师了，怎么办？他们以权谋私了，怎么办？……很多问题，其实本质就是一个——你寻找到了合适的监控机制没有？我觉得最好的监控机制就是全员参与，力求民主、公开和公平。只有把一切都置于民主监督之下，才能够防止少数特权人员损害班集体，才能够让班集体具有自我纠错能力。

以上七个机制，就是班主任实现学生自主教育管理的好武器，后面我将详细地向大家介绍。

### （3）活动是班集体建设的最好载体

大家可能都有这样的体会，一个平时看起来很松散的班级，一搞班级活动，学生的集体荣誉感马上就调动起来了，班级的凝聚力也马上就增强了。确实，活动是班集体建设的最好载体，我们就是通过活动的策划、组织和开展来凝聚人心、创建优秀班集体的。

在对活动的理解上，我觉得老师们的思路要广一些，不能够一讲活动，就只想到唱歌、跳舞、运动会。那些都只是狭义的娱乐活动，和我所讲的活动有本质的区别。我在这里所讲的活动，是泛指班主任一切为筹建优秀班集体而采取的计划、步骤、措施和内容，它既包括我们平常所说的娱乐休闲性活动，如晚会、郊游，也包括一些带有明确工作目的的事务性活动，如谈心、讲座、读书比赛和寝室文化建设等。

我喜欢在自己班上开展多种形式的活动，也常常建议学校多搞活动，因为活动不仅能够让班主任自己感到有为，还能够让参与活动的每一个孩子都感到自己在班上有地位、有用处，让他们对集体产生依恋感，这是他们建设集体主义大厦的精神水泥。

有几年，学校让我接高三，而且都是别人不要的班级、不好带的班级，我成了学校的"了难公司"了。

其中有这样一个班级，班上的学风很差，学生基本上不爱读书。我把他们组织起来，开展了一个题为"挑战记忆极限"的活动。

我"忽悠"他们说，我并不认为考上大学就是优秀的，因此我不会逼迫他们读书。但是我想做一个科研实验，看看一个人在接触全新知识的时候，记忆极限在哪里。

我很诚恳地邀请他们参与这个实验，并就背诵英语单词编制了一个游戏升级表格，每超过20个单词升级一次，最高级别是法老，单词量要达到4000个。因为是实验，而且有游戏升级，学生参与的积极性很高，不出半年，班级的英语成绩就有了大幅度的提高，而且学风明显好转。

一些学生在抵制不住偷懒的时候，我就用高原期的道理来鼓励他们，说克服学习心理高原期的学生，都是特别坚忍、特别能做事情的人，这样的人无论以后做生意，还是读书做学问，都会是值得敬畏的人，因为他们能够不断追求卓越。这样一鼓动，学生学习的劲头又回来了。

最后，这个全校最差的班级，居然高考成绩排在年级第一。

我常常对年轻班主任说，多动脑筋开展活动吧，班主任"忽悠"学生参与活动的能力越强，你的班集体建设就越有成效。你组织、策划的班集体活动越有成效，你的班集体生命力就越强，班级就越好带。所以，我每到一所学校，每接一个新生班级，总是想办法组织学生参加学校的各种活动。有时候即使学校不组织活动，我自己也在班上想办法开展各种活动。每组织一次大型活动，班级凝聚力都会得到一次增强。

### （4）发展是班集体建设的最终目标

我一直认为班集体建设是一个动态的过程，发展应该是它的最终建设目标。一个优秀的班集体，在发展上应该具有下面三个鲜明特征。

①班主任应该时刻用发展的理念来创建、经营班集体，班集体建设呈现出来的应该是一个动态的发展过程，它像一个人一样，从幼稚到成熟。

②班集体建设有一个明显的发展计划，班主任应该从接班的那一天起，就为班集体成长制定一个系统的发展规划，并在实施过程中不断调整、完善规划，从而使班级不断向前发展。

③整个班集体应该是一个良好的发展环境，每一个成员都能够在其中获得发展机会，而不是仅仅成为少数精英学生的表现舞台。

我每次接班，都要和学生开一个"我和班级共成长"的主题班会，在班会上，我分段向孩子们提出三年个人成长和班级成长规划。比如说高一，我们的班级是"民主启蒙管理"，孩子们是"做一个在民主生活环境中学会民主管理的人"；到高二，我们的班级是"民主自动化管理"，学生是"做一个有高尚情操的公民"；到高三，我们的班级是"自主民主管理"，学生则是"做一个敢于担当的社会公民"……

每个阶段，我都把自己当作学生中的一员，一起接受班规约束，一起接受监督。我和孩子们一同建设自己的"班级家园"，正因为如此，每一届学生毕业，我都好像经历了一次生命的轮回；同时，我对所带的每一个班级都充满了感情。

创建优秀班集体很难吗？我认为不难，只要抓住了班级建设的关键词，我相信，你的工作会高效而轻松。

## 2. 全员参与才能确保管理无死角

> 官不怕多，只要有可能，就让每个学生都在班上有一个职务。有一个职务，自然就有一份责任。

我一直认为，优秀的班主任应该是优秀的管理者，无论遭遇什么样的情况，他总能够以最快的速度找到最佳的管理途径。

湖南师范大学附中的刘爱国老师，在班级管理中发现仅仅靠个别班干部不能管理好班级之后，迅速动手，在班上采取了一系列全员管理的措施，收到了立竿见影的效果。

## 全员管理让我班来了一个靓丽转身

**刘爱国**

开学第一天是入学教育，通过第一次班会，我们民主选出了第一届班团委员会的成员。正式开学后，班干部开展工作，而我也几乎全天陪伴，虽然很累，可我想先把学生扶上正轨，认为过段时间自然就好了。但是，我很快发现情况没有我想象的那么乐观。我在的时候，教室里极安静，可值班的老师告诉我，我不在时班上有同学讲话。果然，第一周我们班没有评上先进班级。

我通过仔细反思，发现了管理上的一个漏洞，我一直让少数班干部管理学生，班级好坏只是班干部的事情，和普通学生无关，因此，普通学生责任意识淡薄，造成班级管理被动。一切的结果都不是偶然的，是我们自己存在问题，我必须开始行动。

### 一、公开训话，塑造集体责任之心

第二周，我召开了第二次班会，趁机给学生做了一次演讲，演讲内容就是我国台湾忠信高级工商学校的校长高震东做过的著名演讲——《国家兴亡，我的责任》。高校长这一演讲的很多内容我几乎可以背下来，因为我已经给两届学生做过类似的演讲，很多同学考上大学后还念念不忘。我重点强调一个词：责任。我把它写在黑板上，然后开始演讲：

"以天下兴亡为己任"是孟子的思想。"天下兴亡，我的责任。"如果人人都说："学校秩序不好，是我的责任；国家教育办不好，是我的责任；国家不强盛，是我的责任……"人人都能主动负责，天下哪有不兴盛的国家？哪有不团结的团体？所以说，每个学生都应该把责任拉到自己身上来，而不是推出去。如果教室很脏，我问："怎么回事？"假如有个学生站起来说："报告老师，今天是 32 号同学值日，他没打扫卫生。"那样，这个学生是要挨揍的。在我的学校，学生会这样说："老师，对不起，这是我的责任。"然后马上去打扫。灯泡坏了，哪个学生看见了，自己就会掏钱去买一个安上，窗户玻璃坏了，学生自己马上买一块换上它——这才是责任心，不把事情推出去，而是揽过来。也许有些人说这是吃亏，我告诉你，吃亏就是占便宜，这种想法要牢牢记在心里，我们每个中国人都要记住！校园不干净，就应该是大家的责任。你想，这么大的一个校园，你不破坏，我不破坏，它会脏吗？脏了之后，人人都去弄干净，它会脏吗？你只指望几个工人做这项工作，说："这是他们的事。我是来读书的，不是扫地的。"——这是什么观念？你读书干什么？读书不是为国家服务吗？眼前的务你都不服，你还能为未来服务吗？当前的责任你都不负，未来的责任你能负吗？

……

同学们眼巴巴地望着我，有些同学陷入了沉思，我想，同学们的心里该是有所触动了。那我的目的也就达到了，我需要的就是调动每个学生的责任心，让每个学生都能参与进来，不"作壁上观"。

其实，第一次竞选班干部，我就了解到很多同学都有为班级做事的热情，只是没有找到一个支点。我想，我有必要给每个同学提供一个这样的支点，而今天，这个支点找到了，那就是责任。

**二、营造和谐班级氛围，打造温馨家园**

从同学们的随笔中我看到这样一种现象：刚进高中时，对新同学还不熟悉，很多同学还沉浸在对初中同学的怀念之中。我想，让同学们尽快融入新的班级是改变他们这种心态的最好方法。

我查看了一下我们班上同学的生日，大致了解了一些情况，然后，跟同学们商量，准备设计自己的生日贺卡。同学们都很高兴，也很期待。我马上提议由一个同学来具体负责这件事，同学们推举我们班最活泼的王译萱同学担任"生日天使"。记得第一个过生日的是成子威同学，当同学们在王译萱的带领下齐唱《生日快乐》歌时，我看到成子威因为激动，或许还有一些害羞，脸都红了。在祝福和被祝福的过程中，我慢慢发现，随笔中倾诉"离情"的情况不见了，同学们开始写新的同学、新的老师，他们开始习惯使用"我们"，说"我们十四班"。是的，我们是真正的一家人。

### 三、人各有事，共同打造魅力班级

经过上次班干部竞选，有十几个同学担任班团委会干部，另有十几个同学担任各科课代表，但是，班上有58个同学，还有二三十个同学呢，不能让他们游离在班级管理之外啊。

这时候，我脑海中冒出一个想法：让每一个同学都成为班级主人，让每一个同学都找到自己的位置，确保58个同学都能各司其职。我当天就和同学们商量，没想到，同学们都很高兴，纷纷跟我申报自己愿意负责班上的哪项工作。

舒刊是个文静的女孩，一下课就上来轻声地跟我说："老师，您不是说要办班级图书角吗？我喜欢看书，那就由我来负责图书管理吧！"我高兴地满口答应，心想再没有比她更合适的人了。舒刊刚走，高个子男生文思扬也跑过来，说想负责图书管理。文思扬，这不是"文采飞扬"吗？那你就给舒刊同学当秘书吧！

我正愁书柜怎么找，舒刊的妈妈当天就把家里一个崭新的书柜送过来了。这对我们而言可真是雪中送炭啊！每个同学从家里带几本书过来，加上我搜集到的一些书，这样，我们的班级图书角就建立起来了。这也是我们年级第一个班级图书角，几乎每一个经过我们班教室的老师或同学都会被这个图书角吸引。

王紫珏同学说："老师，班会交给我组织吧！"我知道她能弹会唱，组织能力也强，交给她很放心。肖凌同学说："老师，您不是要出班刊吗？我想我可以出一些力。"我说："你文章写得不错，做事认真负责，就担任班刊主编吧！"王佃同学说："老师，黑板报我可以负责。"我已经见识过她的笔下功夫了，她能写会画，黑板报主编就交给她啦！

我说："你们是责任人，可以'招兵买马'。"一些同学马上就被他们"招"走了。

这样，我们组织班会有一个团队，出版班刊有一个团队，设计黑板报也有一个团队。一旦有任务，只要负责人一召集，大家各司其职且成果显著。学校第一次组织班会评比，我们就获得了一等奖；班刊也轰轰烈烈地办起来了；至于黑板报，就像快乐精灵王译萱同学所说的那样："老师，您放心，黑板报的一等奖我们包了！"牛皮果真不是吹的：第一次黑板报评比，我们就是一等奖！

最内向的陈恩同学跑过来："老师，我打字比较快，以后班级要打印什么就交给我吧！"

李雅倩说："老师，我负责领取、整理报纸吧！"信使有了。

刘霁说："老师，我来负责换水吧。"换水专员有了。

同学们说："老师，让简单当我们班的美工吧！"简单，一个沉迷于游戏、内向甚至有些自闭的孩子，常有奇怪的举动和言语，每天和我说八遍"老师，今天天气真好"，可是他精通计算机。"好！同学们这主意不错，咱班的美工就是简单啦！"

郭同兴说："老师，我跑得快，我当领操员吧！"从此，我们班做操集合一直保持第一，其他班同学奇怪地问："为什么十四班总能跑第一？"因为我们有跑得最快的领操员啊！

……

就这样，我班所有的"民间的职务"一一落实了，我看到同学们的脸上都露出了会心的微笑。

**四、"以夷制夷"，管好学生自己**

我们班有一个从一开始就让我有些头疼的同学，叫唐朝。从军训开始，他就表现得很随意，人站在那儿总是歪的，你帮他纠正，他一会儿又歪向另一边去了，且对教官的一再指正颇有些不耐烦。军训六天，虽然在教官和我的严密监督下，他并没有太多出格的行为，但我感觉得出来他在克制自己，似乎随时都有可能来个"大闹天宫"。开学后，自习时间，我看到他开始沉不住气了，常常故意搞怪，一看到老师就大叫。但经过仔细观察，我发现他本质不坏，人也很聪明，我还记得他在班干部竞选会上说："我想竞选纪检委员，因为我有些自由散漫，所以想用当班干部的方式来约束自己。"或许因为他平时的散漫作风让同学们不放心吧，同学们大多没有投他的票，他落选了。我想，"官方"的不行，"民间"的也可以啊！我跟他商量，让他担任纪律监督员，他欣然应允。

最管不住自己的人，现在当上纪律监督员了，用他爸爸的话来说就是"奇迹发生了"。他虽然不是表现最好的，但他的确发生了翻天覆地的变化。唐朝都能管住自己，还有谁管不好自己呢？

……

第二周之后，我们班夺得了综合流动红旗，而且从此之后，红旗就不再"流动"了。我深感欣慰，全员管理，在关键时刻让我班完成了一次靓丽的转身。

无疑，刘爱国老师的全员管理是值得称道的。它主要包括以下几个方面。

①快速发现问题，尽快剔除制度障碍。当刘爱国老师发现仅仅依靠少数班干部不能管理好班级后，马上寻求突围，在"官方职务"之外，在班上安排"民间职务"，此举从制度上剔除了学生参与班级管理的障碍，开辟了一条人人管理班级、人人为班级做事的新道路。

②建立信任。要实施全员参与管理，老师应该在班内营造一种相互信任的、和谐的氛围。刘爱国老师通过生日贺卡、通过让管不住自己的学生担任纪律委员，传达出建设和谐班级和信任学生的信息，你说，哪有学生不欢迎的呢？

③开通学生参与的沟通渠道。这是全员管理最重要的一点，学生有没有机会为班上做事情，有没有一种途径可以体现出自己的价值，这是能否调动学生积极性的一个关键因素。刘爱国老师安排的那些民间职务，满足了学生的这种需求。

④提供学生参与的机会。全员参与管理能给学生当家做主之感，进而提高全体学生的积极性，同时也能使各种管理措施更合理有效。我有一个观点，那就是官不怕多，只要有可能，就让每个学生都在班上有一个职务。有一个

职务，自然就有一份责任。实在无法安排了，刘爱国老师就根据每一个学生的特长，为他们提供一个为集体做事的机会，哪怕是饮水机换水这样的小事情，也专门安排一个人，每个人就都有机会参与班级管理了。

⑤让学生明白"参加"和"参与"的区别。一次激情演讲，"责任"两字深深印入学生心中，综观整个事件的发展，演讲虽然说语言不多，却是整个事件的转折点，正因为演讲让学生明白了一点——他们处于这个班级，并不是说就融入了这个班级，只有每个人参与班级里每一件具体的事情，才算真正成为这个班级里的一员。

以上五点，可以说深得全员管理之奥妙，也难怪刘爱国老师的班级那么快就在全校树立了良好的形象。

## 3. 竞争让学生身不由己地为你奔忙

> 我也喜欢在班上设计各种竞争活动，我发现发动学生竞争，不仅节省时间，提高工作效率，更使同学们把学校的一切枯燥活动变得既紧张又有趣。

喜欢竞赛是人的天性，无论是谁，都渴望出人头地，渴望征服别人，渴望在某一方面比别人具有优势。物竞天择，这已经成为我们这个世界发展变化的内在动力。你看动物世界，哪怕再没有杀伤力的动物，为了生存和繁衍后代，都有自己向同伴示威、示能的秘密武器。比如说，雄性的鸟类——野鸡、孔雀等，通常都长得非常好看，那无疑就是一种形体上的竞赛，用以吸引异性啊！

那么，有老师会问，如何建立一个科学的、高效的竞争机制，让学生充满迎接挑战的积极性呢？其实不用问，很多教育名家已经给我们做出了卓越的示范。越是教育成绩突出、教育影响深远的老师，他们班上的竞争机制越多、越有效果。在魏书生班上，竞争机制可以说无处不在。他就是通过设计各种竞争活动，让学生身不由己地为他奔忙的。

我们且来看看他是如何收书费的。

第三天便是交书费。新上任的学习委员得知学校要收书费，便告诉我，意思是由我收。我说："我从开始教书到今天，从来没有自己收过费。这件事，学生完全可以做，老师若做了学生能做应做的工作，那就使学生减少了一个锻炼自己的机会。你说呢？"学生笑了。

自习课，学习委员到同学们的座位旁边去收书费，显然他想一个人一个人全由自己收。这样做，学习委员的出发点肯定是好的，他不惜牺牲自己的时间，热心为大家服务。但在一个人一个人的收费过程中，要说话，要打扰前后左右的人自习。再者，学生刚入学，注意力还不好，不时有几个人在说话，在走动，还可能影响班级的大部分同学上自习。

我便跟学习委员讲："以前我们班干部收书费或学费或班费时，我看主管同学站在前面一下就收完了。"

"站在前边怎么收？"学生问。

"用手表收。"

"用手表怎么能收书费？"

"那就要靠你自己想了。"

当学习委员的都是很聪明的同学，一点就通。"啊！我明白了。"他说。

说完，他走上讲台："同学们请注意！各组组长请注意，没有组长的便由你们组第一桌右侧的同学代替，下面我们开展收书费比赛。昨天讲了本学期书费30元，请大家准备好。各组组长站在前面，我说预备，大家便进入竞赛状态，我说开始，组长便开始收。收完以后，组长要将你们组的钱数一遍，共计多少人、多少钱，写在一张条子上，用绳子把钱扎好，送到我这儿来，看哪个小组速度最快。"

听说比赛，群情激昂，大家很快便做好了准备。

学习委员站在前面，看着表，喊："各就各位！预备——开始！"

小组长立即进入工作状态。为加快速度，各组同学都积极参与，帮自己的组长数钱、找钱、记名单。

第三组最快，每人30元，16人共480元，交到学习委员手里，只用了1分15秒的时间。最慢的一组，交上来也只用了2分20秒。

全班72名同学，入学后第一次收书费，共2160元，仅用两分半钟。学习委员边从组长那里接钱边验收，验收完毕，立即上交给教导处。这时全班同学已经开始上自习了。

（摘自：魏书生. 班主任工作漫谈［M］. 桂林：漓江出版社，1994：409.）

我也喜欢在班上设计各种竞争活动，我发现发动学生竞争，不仅节省时间，提高工作效率，更使同学们把学校的一切枯燥活动变得既紧张又有趣。更重要的是，这种紧张、有趣的做实事的过程，培养了学生与他人、与集体密切协作的品质，培养了学生的效率感。

做一个会偷懒的班主任，无非就是运用一切方法让学生乐此不疲地做事情。在我班上，我是利用下面一些因素来不断创新和丰富班级竞赛机制的。

**(1) 发挥座位引导功能，营造良好的竞争环境**

我到外面讲课，很多老师问过我一个问题：家长要求照顾座位，怎么办？我的回答是，这个问题是我们班主任的最后一张王牌，原则上只能够听我安排。

为什么要听我安排呢？这里面是有道理可讲的。我发现很多班主任在学生座位安排上没有一点"组织"性，他们只是简单地把学生按照高矮顺序一一地塞到空位置上去。这样的安排真的是浪费了座位的教育功能。我认为，一个优秀的班主任，应该懂得利用一切因素来布置和安排工作。

我班上的座位安排，原则上是这样的：先允许学生自由组合小组，然后小组内在一定范围内自由选择，然后再根据各组的不同特性，略加指导和调整。例如，按照一个组的男女性别比例、兴趣特长和爱好、成绩层次搭配等几个因素来微调座位。通过我的微调之后，横排、竖排的各个小组之间，男女比例、成绩实力、兴趣特长等基本上是均衡的——这样安排有一个好处，那就是无论开展课外活动，还是进行小组间的学科比赛，都能够很容易地激发不同小组之间的激烈竞争。

比如说，前几年，我在班上开展写作比赛活动，我每天在班级博客里和教室后边的黑板上公布各小组每天写出来的文章数量和评为精华帖的数量，优秀的小组可以获得奖励，落后的小组则要贴黄牌甚至红牌警告。由于各小组的实力差不多，"一号组"的称呼在不同小组之间窜来窜去，激发了每个同学的积极性。其中第三小组在连续四次都没有拿到"一号组"的红旗后，利用星期天休息，全组在学校里集中"补课"，恶补了14篇精彩作文出来。结果，那一周，"一号组"的流动红旗就插在了他们组的第一张桌子上。

写作活动的成功，促使我更加深入地思考座位安排在班级建设中的地位和作用。通过实践，我总结出了一个规律——那就是班主任老师在安排座位的时候，要体现出组织意图，要尽可能通过座位安排激发孩子们的竞争意识。只有在激发了各小组强烈的竞争意识的前提下，同学们才会认真听课，才能实现"坐在哪里都能够认真听课"的目标。如果某个人不认真听课，该小组成绩落后了，积分落后了，整个小组的同学都会怪他。

要创建一个优秀班级，就要重新审视传统的座位安排法则，要把组织意识和竞争思想引入座位安排中，不仅仅是让人人都有读书、听课的位置，还要让孩子们都找到发光的地方。如果你这么做了，你的班级将很容易步入你所期待的发展方向。如果你做到让每一个孩子都能够在你的班级得到进步，我相信学生家长也不会跑到你那里来要求换座位了。

**（2）设置竞争对手，努力打造一个力争上游的竞争局面**

英雄最寂寞的是什么？是没有竞争对手。旗鼓相当的竞争，不仅让竞争本身变得好看，而且也使学生不断迈上新的成功台阶。

为了活跃班级竞争气氛，我要求班上的每一个学生都给自己寻找一个竞争对手，一个挑战的竞争伙伴。刚宣布这个活动的时候，成绩在班级前面十几名的学生都很兴奋，跃跃欲试。因为他们知道，没有永远的第一，前面

20名的同学，经过一个学期的努力，任何一个人都可能赶超上前面几名。可是，成绩落后的那些同学就觉得没有意义。为什么？他们再努力，和第一名也有很大的距离啊。怎么办？我就给他们讲了这样一个故事——《只追前一名》。

一个女孩，小的时候由于身体羸弱，每次体育课跑步都落在最后。这让好胜心极强的她感到非常沮丧，甚至害怕上体育课。这时，女孩的妈妈安慰她："没关系的，你年龄最小，可以跑在最后。不过，孩子你记住，下一次你的目标就是：只追前一名。"

小女孩点了点头，记住了妈妈的话。再跑步时，她就奋力追赶她前面的同学。结果从倒数第一名，到倒数第二、第三、第四……一个学期还没结束，她的跑步成绩已"跑到"中游水平，而且她也慢慢地喜欢上了体育课。

接下来，小女孩的妈妈把"只追前一名"的理念延伸到她的学习中。妈妈告诉她："如果每次考试都超过一个同学的话，那你就非常了不起啦！"

就这样，在妈妈这种理念的引导和教育下，这个女孩2001年居然从北京大学毕业，并被哈佛大学以全额奖学金录取，成为当年哈佛大学教育学院录取的唯一一名中国应届本科毕业生。她就是朱成。其后，朱成在哈佛大学攻读硕士学位、博士学位。读博期间，她当选为有11个研究生院、1.3万名研究生的哈佛大学研究生院学生会总会主席。这是哈佛大学370年历史上第一次由中国籍学生出任该职位，引起了巨大轰动。

只追前一名就能够取得这么巨大的成绩，鲜活的故事让成绩落后的学生心思变得活跃了。于是，我趁热打铁，鼓励全班同学每人都列出几个竞争对手。后面的可以挑战前面的，我要超过你；前面的可以挑战后面的，看你能不能赶得上……不管是学习，还是卫生、体育、文娱活动，我都这样给同学们寻找竞争对手。魏书生说，当学生每天忙于和别人竞争的时候，他哪里有时间去想调皮捣蛋的事情啊。在这样的班级里，班主任怎么会不轻松呢？

聪明的老师不仅给每个学生、每个组寻找竞争对手，还给自己的班级寻找竞争对手。例如，我们班级自主教育管理实验团队的刘洋老师，这位山东淄博一中的"80后"班主任，就很善于给自己的班级寻找竞争对手。

### 班级口号里的故事

刘 洋

今年我带 25 班，我们原来的班级口号是："二十五班，人人争先；团结拼搏，勇往直前。"现在我们改成"二十五班，人人争先；浴血奋战，清华同班"了。

为什么改成这个口号呢？这里边有原因——

一个班级只要有了自己班级的目标，有了集体荣誉感，有了向心力与凝聚力，班集体的任何活动，大家就都会积极踊跃地参与，都会展现出主人翁的意识。就连跑操时，我们班的学生喊口号也总是想超过其他的班级。我们班一开始的口号是："二十五班，人人争先；团结拼搏，勇往直前。"26 班的口号是："一中一中，谁与争锋；二六二六，永不止步。"我给学生讲，我们班和 27 班就肩负着与 26 班争锋的重任，主要是我们班，他们班在我们后面，他们的口号就是喊给我们班听的，学生一想也对。后来，26 班的口号改成了："激情飞扬，拼搏自强；二十六班，打造辉煌。"因此，我们班改成了更具有杀伤力的口号："二十五班，人人争先；浴血奋战，清华同班。"在这个口号的引领下，我们的班级不断取得新成绩，不仅考试成绩一直保持着年级第一，去年冬天我们班还在跑操比赛中获得了一等奖。

### （3）明确竞争目标，不断提升班级竞争活力

我喜欢每带一个班，都给他们提一个奋斗目标——做全校最好的班级。哪怕是带最差的班，我也提这个目标。有些人让我不要那么积极，不要功名心太强。其实，这不是功名心强不强的问题，而是带班技巧的问题。行动和目标是有距离的，要想轻松地带出一个好班，就得给你的学生施加一点点压力，让他们去争第一。当所有学生都为自己班上要争第一而努力的时候，实际上你就把自己的管理压力转移到学生身上去了。当他们专心于争夺全校第

一的时候，他们就会自动奋进，不用你催促，这时候你说自己不轻松，谁轻松呢？

事实上，如果你把自己的班级定位在做全校最好的班级，哪怕当初不是最好的班级，也能够激励学生不断朝这个目标奋斗。在这方面的成功案例很多，下面我继续给大家介绍一下"80后"班主任刘洋老师在这方面的做法。

## 20班，你的名字不叫弱者

### 刘 洋

2006年我带高一（20）班，与我同办公室的19班班主任是一位教学和管理能力都很强的女班主任何老师。何老师雷厉风行，作风强硬，班级管理措施多、效果好，无论是考试还是活动，他们班级都名列前茅。同样老师教的，平行分班，我们班却和19班有着很大的差距。

10月，学校组织高一全体师生参加社会实践，期间，我们班和19班进行了一场篮球比赛。

那天比赛时，我们两个班的学生都围在那里看比赛，加油助威，一开始气氛很是热烈。但是，由于19班有三个专业练篮球的体育生，我们班没有，实力悬殊，最终我们班以23∶82输掉了比赛，这个结果让所有的同学都感到很难过。比赛结束后，我心里也不好受，当时我答应与19班比赛，只是想让同学们开展活动，增加班级之间的交流，但没有想到比分如此悬殊，同学们的情绪受到了极大的影响，班级的竞争力也受到了影响。

那天晚上，我和班干部们商量要再和19班进行足球比赛，因为我们班同学的足球踢得要好一些，也许能扳回面子。于是，体育委员当即写好挑战书，全体同学签名后送到了19班。我们班男生都做好了足球比赛必胜的准备，要一雪前耻。虽然同学们踢得很努力，但是比分一直是0∶0。在比赛快结束时，一个很偶然的因素，19班居然奇迹般地踢进了一个球。我们又以0∶1输掉了比赛。结果令我们班所有的人大失所望，但事实就是这样。班里所有同学的情绪低落到了极点。

在学生情绪低落的时候，我反倒对学生说："失败是一件好事情，至少让我们找到了竞争对手。三年的高中生活才刚刚开始，我就不相信，我们没有机会赢过19班。"我问同学们："20班的名字叫弱者吗？"同学们异口同声地回答："不是——"我从这雄壮的气势里感受到了同学们心有不甘。

我立即召开了班会"20班，你的名字不叫弱者"，把学生引导到班级学习竞争上面来，班级空前的团结，矛头直指19班。两个班级的同学竞争异常激烈，在学习、纪律、学校活动甚至跑操的口号上都要竞争一下。19班是我们年级26个班中比较优秀的班级，要战胜19班是不容易的，但是我们班一直把19班作为自己的竞争对手，从未放弃。

刚开始的时候，我们体育比赛输掉了，进入高中后的第一次月考也输了。当时19班以绝对优势居年级第一名，我们班是年级第七名。我们班的同学没有气馁，而是及时开了学习方法讨论会，寻找总体成绩不好的原因。这样在高一的一次又一次的考试中，我们班的成绩稳步向前，在高一下学期的期末考试中考到了年级第二名。

在逐步进步的过程中，班级的凝聚力和竞争力不断增强，班级的各项活动也都开展得很好，最终我们班在高二第一学期期末考试中得到年级第一，在高二下学期期末举行的2008年山东省学业水平考试中，我们班10门学科一次通过率达到了85.4%，在整个淄博市的班级中名列前茅，以绝对的优势超过19班57%的通过率，第一的这个成绩一直保持到了高三毕业。

卧薪尝胆、忍辱负重、置之死地而后生……这样的词语，虽然文章中没有出现一个，但是我们分明能感受到，一旦你给班级配置了明确的竞争对手，提出了明确的竞争目标，学生就能够切身地体会到。

江山代有才人出，各领风骚数百年。作为"80后"班主任，刘洋老师的经验也许不足，但是他深谙目标竞争之道。要挑战就挑战第一，挑战第一的成就感永远比别的来得更强！

## 4. 恰当的奖励让学生喜不自禁

> 孩子们看重的并不是我们奖给他们多少东西，他们在乎的是能不能有获奖的机会。只要奖励得当，精神上的奖励也会让孩子们喜不自禁。

前面给大家介绍了竞争机制，现在我再来给大家介绍一下我的奖励机制。只有竞争没有奖励，竞争不会长久；只有奖励没有竞争，奖励也就失去了意义。

在构建有效的奖励机制上，我提两个建议。

**(1) 注重精神奖励，而且要让大家看得见**

在我们班上，每个月都要进行一次值周班干部评比活动。分四组值周，每个月轮流一次。四个组值完周之后，在月底进行评点奖励。奖品是什么呢？就是获得第一名的那个组在讲台上和我合一次影，然后发到我的教育博客和网络班级上去。过去没有数码照相机的时候，我们要拍好照片再扫描，现在有了数码照相机，几乎分文不花，就完成了一次奖励任务。

老师们可能会觉得奇怪，这有什么啊，孩子们会满足吗？其实，孩子们看重的并不是我们奖给他们多少东西，他们在乎的是能不能有获奖的机会。只要奖励得当，精神上的奖励也会让孩子们喜不自禁。我的教育博客每天都有好几十个人浏览，多的时候一个帖子有两三百次的点击量。照片发上去，天南海北的老师不断留言鼓励，你说，对孩子们的影响有多大啊！而且，我还把我的教育博客和网络班级的网址发给了我们班所有的家长，他们有空的时候也会去上面看看或者留言。家长们看到这一次他们的孩子在班级管理中得了第一，还和老师照了相，他们能不高兴吗？他们一高兴，和孩子们一讨论，你说，孩子们高兴不高兴？

2010年秋季，我又接了一个新班，开学没几天，我就在《班主任之友》论坛上奖励了一个学生——写了一篇标题为"感谢姜晶"的文章。

## 感 谢 姜 晶

今天我在班上讲了班干部轮流值周的事情，孩子们很兴奋，当我说到每月优秀组可以获得一本我签名的作文书时，"哗——"掌声立即响起来了。之前李老师说我们班的孩子反应有点冷，好像对当班干部不热心，我看关键是没有鼓动起来，这一鼓动，热情不就高涨了吗？

放学前，我又仔细查看了一下座位。一个班级怎么样，进门有三看：一看座位整齐不整齐，二看地面干净不干净，三看学生精神状态好不好。今天同学们精神还真不错，地面也比较干净，只是座位排得还不是很整齐，左边的几个组有点挤，中间的第六组、第七组有点歪，尤其是靠近赵子越的那几桌，像舞龙似的，圆圆的一条弧线凹进去。

于是我指出来，孩子们马上调整。在调整中我发现一个问题：每个孩子都按照操场排队的办法，以第一个同学为标准，结果第一个同学排的位置不对，其他同学就都不对。我说这不行，我们要学会选择一个参照物——在哪里呢？就在地板上，我们的水磨石地板都有明显的线条，我们要学会以那些线条为参照，摆齐课桌。孩子们很快调整好了，我觉得很高兴。这就是做老师的快乐啊，你的意见和主张马上就有人去实践，多么有权威感啊！

孩子们放学走后，我发现第八组、第九组和第十组的间隔距离太大了。原来坐满了人没有感觉，现在孩子们离开了，空荡荡的教室，那种感觉马上就出来了。于是，我就一个座位一个座位地调整。这时候，一个小个子女生走过来，帮我把座位调整好。

"谢谢您帮助我。请问，您叫什么名字？"因为刚开学，还有一些学生我叫不出名字。

"老师，我叫姜晶。"

"哦，谢谢您，姜晶，您就是一个让我感到幸福的人！"我诚恳地说，姜晶高兴地笑了。报到之前，我就给每个学生写过一封信，在信里把建设和谐班级的五句话告诉他们，其中就有一句"让别人因为我的存在而幸福"，姜晶就是今天让我感到幸福的人。

可能是很少被老师表扬，姜晶还有点羞涩，可是她也很高兴，笑起来很甜。每一个孩子都是天使，看姜晶笑起来的样子，多么美好！

调整好座位之后，我又看了看地面，看还有没有什么纸屑。在一组我捡起了一张纸屑，马上就有其他孩子看到了也帮着捡。我一一道谢，谢谢他们为建设一个美好班级所付出的努力。我希望，从明天开始，我们班是一个座位整齐、地面干净、人人都挺精神的班级。那么，我们班才是名副其实的快乐阳光班级！

我的帖子发到网络上不到一天，就有290多次的点击量，十多位老师在下面留了言。第二天，我进教室说："同学们啊，昨天姜晶给我帮忙，为大家调整座位，我写了一篇文章，叫'感谢姜晶'，发在网络上了……"我的话还没有说完，下面就惊叫开了，原来他们给老师做一点点小事情，老师都记着啊，做了大事情那还得了！于是，他们争着在班上找事情做。实在没有事，他们即使是串门，也要到我办公室门口站几下。同事们笑着说："你班上的侦察兵又来了！"

**(2) 要建立一整套不断升级的奖励机制**

很多老师没有注意到这一点，他们奖励学生，往往就是一次性了断，没有形成一个连续性的奖励机制，学生忙完一个阶段，获得了阶段性的奖励后，积极性就没了。什么叫"船到码头车到站"啊？前面没有吸引力了，用不着继续奔跑了，该休息休息了。

做一个会偷懒的班主任，要想班主任工作不变成体力活儿，就得脑子多转转，在班上建立连续的奖励机制。

在我们班上，建立了多种奖励机制，仅仅是读书这一项，就有一个游戏升级系统。我现在还很怀念构建这个奖励机制的那一届职校学生，他们几乎连音标都不认识，但是在我的这套奖励机制鼓舞下，每天早上读到口边沾满了白沫。那情景，让人特别感动。

我当时的奖励机制是这样的：建立一个7级奖励体系，凡是能够背诵

50个英语单词的学生，可以获得入门奖励——发放一张班级荣誉居民资格证书；凡是能够背诵200个英语单词的学生，我打电话向家长报喜；凡是能够背诵500个英语单词的学生，可以有机会和我合影一次，或者要求我给他们照一张校园艺术照……最高奖励是学生到达状元级别后，可以自主选择奖品。具体细则见表5-1。

表5-1　7级奖励体系

| 级别 | 童生 | 秀才 | 举人 | 进士 | 探花 | 榜眼 | 状元 |
| --- | --- | --- | --- | --- | --- | --- | --- |
| 单词要求 | 50 | 200 | 500 | 1000 | 1500 | 2000 | 3000 |
| 奖励内容 | 发资格证 | 电话报喜 | 照相一次 | 发送喜报 | 写入班志 | 班级庆功 | 选择奖品 |

我班学生的家庭条件普遍并不好，都是农村来的孩子，照一张彩色相片，外面的照相馆要收5元钱，如果是艺术照，价格就更高。因此，我的免费照相机会给学生的刺激很大。他们休息时都在计算自己离照相级别还有多远，甚至有些学生主动提出来，如果他们达到了，就要我怎么怎么样……我都一一答应。

很多老师说，能够把学生管住就不错了，哪还奢望他们卖力读书啊！我的体会是，只要引领得当，学生还是会卖力读书的。

后来，我还对这个奖励机制进行了多次完善，用到不同的学校去，都取得了很不错的效果。如：有时候是很文雅的童生到状元，有时候是很威武的战士到国王，有时候是有趣的天使升级图……游戏的名称变了，但是分层次奖励的机制没有变。到后来，我还把奖励层级与表优评先结合起来，如我在班上推行奖励星级自动升级系统，每个人的操行评估必须达到三星以上，才有资格参评班级学习进步标兵、学科单项奖、文明单项奖；必须达到六星以上，才有资格参评优秀学生干部、优秀学生等。这样，利用一整套奖励机制吸引学生不断上进。

## 5. 如何使学生保持旺盛的学习激情

### ——激发激情的 5 个技巧

> 激情容易燃烧，也容易熄灭，一两个星期，学生们的激情能够激发出来，时间长了，尤其是经历了多次考试失败的打击，还对学习保持旺盛激情的学生，真是少之又少。

听起来感动，想起来激动，谈起来冲动，落实起来就不动——这几乎成为听取先进经验、学习先进人物的一个普遍规律。做任何事情，需要一定的激情，因为只有激情才能激活思维、激发动力。但是，激情容易燃烧，也容易熄灭，一两个星期，学生们的激情能够激发出来，时间长了，尤其是经历了多次考试失败的打击，还对学习保持旺盛激情的学生，真是少之又少。

因此，如何构建一个持续激励机制，激发学生们不断积极进取，就成为广大班主任迫切需要解决的一个重要问题。对于这个问题，我有五点经验和大家分享。

### （1）发挥奖品的激励作用

我发现很多老师不注重用奖品来激发学生的学习积极性，尤其是随着学校办学条件的改善，很多学校流行用奖金代替奖品发给学生。我觉得这样做很不好，钱应该不是学生学习的目的，而且奖金的激励作用仅仅就在领奖的那一段时间，一旦奖金花光，激励作用也就不大了。真正有效的奖品，是老师别出心裁想出的那些小礼物。每次考试之后，我桌上就堆满了精美的抄本、小巧的学习用具，甚至还有糖果点心，那都是我用来奖励学生的。每次发奖，我都大张旗鼓，绝对不悄无声息，更不把奖品发给家长带回去，因为很多孩子在乎的就是领奖时的那种荣耀感。

为了激发绝大多数学生的积极性，我把受奖范围扩大到 80%。为什么要把奖励范围控制在 80%，而不是人人有奖呢？这里有个技巧。一是奖励品种很多,优秀奖、进步奖、稳定奖、方法奖、优秀态度奖、自我超越奖、综合人物奖,等等;二是留20%的人不中奖,可以产生最大的促进作用。20%是个什么概念?也就是说,一个班总人数为50人,那么就留十来个人没有奖励。这个数字很有用,没有中奖的人多了,大家都有种麻木感,起不了促进作用,但又不能太少了,如果只有一两个人没有得奖,保准明年流失的就是去年那没有中奖的一两个学生。留下十来个人没有得奖,大家觉得都有希望,又人人自危,自然个个争着上进了。

**(2) 关注需要,满足学习成就感**

老师可能都有这样的体会,其实工资、职称都没有那么重要,重要的是在工作中能体会到成就感。如果我们在工作中不能体会到成就感,感觉不到自己的价值,那么工资再高、待遇再好、职称和位置再高,我们也会厌倦工作。如果我们能够在班主任工作中不断体会到成功,不断体会到自己存在的价值,我们就会拥有不断进取的教育激情。学生也是一样,也需要我们不断关注他们的心理需要,不断创造机会满足他们的学习成就感。

满足学习成就感,除了各种奖励外,还有一个重要方面,那就是给学生提供一个展示机会,要让学生的努力别人能够看得见。很多老师没有注意到这一点,他们总认为,学习是自己的事情,不需要别人看见。可是孩子们不这么想,他们希望自己的努力别人能够看见。我尽量利用家长会、公开课、文化节等机会,把我们班学生学习的付出和努力展示给别人看。开家长会时,我会把学生一个学期以来的作业、作文装订成册,集中展示给家长,家长看到那么厚的一堆"成绩",自然会满心欢喜。每次有公开课的机会,我都尽量让教室的四面墙壁都成为学生"战利品"的展示窗,听课老师往那里一站,我们的学生心里就美滋滋的了……最重要的是被尊重、被承认,不断关注学生的心理需要,满足他们的学习成就感,比用鞭子赶着他们学习要强一万倍。

**(3) 开展活动,激发学习兴趣**

活动是激发学生学习积极性的最好办法,善于以学习为主题来组织课外活动，就能够持续地激发学生的学习激情。我们班一个月开展一次活动或一次主题班会，下面是近一年来我班学生举办的各项活动：9月，"爱心拍卖"募捐会；10月，"我们一起庆国庆过中秋"；11月，"感谢有你"亲子活动现场会；12月，"我和别人不一样"；1月，"挑战自我极限"记忆比赛；3月，"速读高手PK赛"；4月，"我型我秀"……

每次开展活动都有一个明确的主题，都提倡全员参与，都要求体现一定的文化素养。每次活动的开展既是紧张学习中的心灵释放，又是集体智慧的展示，还是在娱乐参与中进行的一次精神洗礼、一次高尚的审美熏陶。这样，学生在活动时既没有感觉到被说教的烦恼，又不断刺激了学习神经的兴奋，积极性一直很高。

**（4）创意生日促进学习**

现在的孩子最关注什么？他们最关注自己的生日！为每一个同学量身打造创意生日，往往能让他们对老师的话言听计从，以后老师要他们学习，他们哪怕再没有兴趣，也会因为个人感情而对学习充满责任感，甚至觉得不努力学习就对不起那么爱他们的老师。

我先后给学生举办过这样的小型创意生日"派对"：

创意一：各种版本的生日祝福语。小雨生日那天，一来到教室，就见教室门上用各种色彩的粉笔写满了祝福，黑板上也是大家送给她的祝福——有英文版、中文版，还有日文版、韩文版；有真诚的祝愿，也有幽默诙谐的祝福，还有画的蜡烛、红色蛋糕。当大家为小雨唱生日快乐歌时，小雨哭了。这个只爱漂亮的小雨哭着表示，一定要多爱班集体，一定要努力学习。

创意二：意外惊喜。小宇生日那天，桌上、凳子上都是粉红色的气球，屏幕上显示着："今天，你死定了，我们在气球里安了'炸弹'，不信，你试试看！如果你想坐着上课的话，请按顺序挤爆气球，看我们怎么'待'你。"挤爆第一个，马上屏幕上显示："呵呵，是送给你的篮球吧，不过是假的。"挤爆第二个："呵呵，是什么？砖头，谁送的？太不地道哦！"挤爆第三个："哈哈——祝你生日快乐哟！"这时候，大家跟着唱起了生日快乐歌。屏幕显示：

"还有一些气球,你就慢慢挤吧……"结果,这个高一老爱迟到、学习拖沓的孩子,开始了学习上的蜕变。

创意三:砸幸福。每个同学用彩色的留言纸写上祝福语,砸给过生日的子懿,她站在讲台上被砸得满脸幸福。一向不自信的子懿面对同学们的关心和重视,信心大增,期末考试成绩一下子由第52名进步到第32名。她说她现在敢问同学问题了,组长经常帮她。她还说她找到学习的感觉了,并主动要求我监督她学习,每周让我检查她的数学纠错本,也时常和我聊聊家常。

创意四:循环日记跟帖祝福。小琬的生日活动是循环日记里大家跟帖。那一天,"浪潮"小组的循环日记本传到了每个同学手中,40多个跟帖祝福,让小琬感动得哭了。

### (5) 集体宣誓渲染激情

有什么东西能够长期激发学生的斗志、让学生保持激情呢?那就是集体宣誓。这种方法是学习魏书生的。1991年暑假,魏书生从西藏拉萨赶到四川成都开会,又连夜赶到大连市参加中国教育学会中学语文教学专业委员会举办的首次"中青年语文教师观摩课"。等到他讲课时已经是最后一节课了。天气热,学生累,观众也很疲倦,这时候上课,很容易失败。魏书生走上讲台后,带领学生大喊三遍"我能成功",而且要求一遍比一遍声音大。结果学生那排山倒海的气势令紧张、疲倦一扫而光,连听课的老师都感染到了这种力量。这就是一种精神上的"场效应",有人把这称为"精神充电""精神加油站"。全班同学齐喊一个口号时,大家互相感染,互相鼓舞,在"我能成功"的呼喊中,怯懦、紧张、自卑、懈怠、拖拉等被驱赶得无影无踪。

每周我都带领学生大声朗读我们的学习宣言:"我们要从自身做起,严于自律;从身边小事做起,多给予、多付出;每天进步一点点,今天要比昨天好,为做最好的自己而努力。我们宣誓,我们和别人不一样;我们宣誓,要让别人因我的存在而幸福;我们宣誓,要抵住诱惑、耐住寂寞、守住宁静;我们宣誓,每天给自己一个微笑,给自己一份自信;我们宣誓,一定要多阅读，做一个精神的贵族；我们宣誓，创设最好的学习氛围，不因我而影响同学；我们宣誓，我们自主学习，拒绝邋遢，互相激励，团结协作；我们宣誓，我们要做到跑操队列最齐，自习纪律最好，班级卫生最出色，精神面貌最高昂，学习知识最刻苦、最主动、最认真。"当每周我和学生在班会课上高举右拳，跟着班长高声宣誓时，我们都热血沸腾、激情澎湃，深切感受到自己的责任。

有时候，即使不是宣誓时间，当我感觉到学生学习情绪低落时，我也会号召他们暂时停下手中的工作，用语言来重温我们的梦想。哪怕仅仅是振臂高呼三声"耶——"我们也能够通过声音的宣泄，排除胸中的那股沉闷之气，油然而生一种豪迈之气，这样学习劲头自然就有了。

## 6. 协调机制是班级自治的润滑剂

> 会协调的老师，不仅会教给孩子良好的人际交往理念，还会告诉孩子处理矛盾的技巧，更会在班级建立良好的矛盾调解机制，建立绿色的学情生情通道……

协调需要班主任有良好的管理理念。管理境界的高低，管理效果的好坏，很多时候取决于主要管理者的理念。什么是协调呢？协调就是和谐一致，配合得当，就是正确处理组织内外的各种关系，为组织正常运转创造良好的条件和环境，促进组织目标的实现。

可以说，良好的协调机制是班级自主教育管理的润滑剂，是学生自治的缓冲剂和助跑器。魏书生多次解释"人"。

"人"字的结构，一长一短，所有的活人都是长处和短处共同组成的，千万别盯人家那点毛病，越盯自己越累，人家也不痛快，是吧？然后呢，所有的活人都是一个宏大的世界，别小看这一撇一捺，阴阳、明暗、好坏、利弊、恩怨、得失、假恶丑真善美，共存于这个世界之中。一个人，这么想事儿，你就把所有的事情都看作是理所当然的。人家生气了，骂咱两句，人家高兴了，想利用咱了，恭维咱两句，这都是很正常的事情。所以呢，被骂的时候无须生气，被恭维的时候也别飘飘然。咱能帮人家的忙就帮人家，不能帮人家的忙也不用太在意，把这些事儿想通了，就绝不会跟人家闹不痛快。

"人"字的结构，又是什么？一撇一捺，你帮着我、我帮着你，一块儿组成一个人。男人帮助女人组成一个家庭，领导帮助同志组成一个集体，是吧？千万别想，哼，甭想我在这儿帮着你，让你像个人儿似的，我一定给你拆台，让你倒下，不是人。是，咱走了，人家倒下了，不是人了，咱难道就是人吗？

大家再想想看，"人"字的结构，还是什么呀？还是上坡、下坡。把这点事儿想通了，就会发现，呀，所有的活人一辈子都是这样，有上坡的时候，也有下坡那一天，对吧？有成功的时刻，也有失败的时候。然后呢，有强壮的年龄，也有衰弱的阶段——这都是死的、铁的、必然的法则，把这点想通了呢，咱成功的时候，无须飘飘然，无非是多个人帮着咱做点事儿，不是吗？咱有多少成绩？！咱失败的时候呢，也就很坦然，咱不就倒霉嘛，要不倒霉咱也不失败呀。很多事，失败都是千万种机缘凑成的，有时候，你想不失败，如岳飞是不想失败，可他能行吗？赶上那段儿了。所以，好多事儿，把这些想通了呢，失败的时候，也无须过分地沮丧。大家千千万万，当个班主任啊，要明白长短，要讲究互助，讲究互相支撑。这么干，省事儿！

这段话，实际上就是一种良好的协调理念：管理者和教育者，就是帮助别人成功的，就是为别人服务的，就是支撑别人成长的；我们的一切成功和失败，都不是我们一个人的。明白了这些，我们就有一个良好的协调理念了。

班主任在班级自主的协调机制建设上，一定要有一个良好的生本观念。不要认为我们是老师，学生就必须听我们的。现在的学生缺乏做人的教育，很多根本就不知道竹子有上理下节，你没有在思想上帮他们转过弯来，就生硬地命令人家听你的，人家不听，你不是干生气吗？有时候你生气，他们还觉得很无辜："老师，你又生气啦，你在生谁的气？"你看，你得到的是什么？除了你自己难过，什么也没有！

树立了良好的生本观念，你就会明白：孩子天生就是要犯错的。孩子不犯错，那还叫孩子吗？早就是成熟的人了。树立了良好的生本观念，你就会明白：老师不是救世主，这世界上有些孩子是能够教育好的，有些孩子是你根本无法教育过来的；别说成功的标准有千万个，就是影响教育的因素也有千万个，很多时候你在这里苦口婆心地教育他们，人家在背后一指使、一教唆，你三四年的功夫就前功尽弃了。很多事情的促成，有必然的因素，也有偶然的因素。孩子教育的成功和失败，是很多因素综合的影响，不是你一个人的。因此，你无须在失败的时候伤心，也无须因为一个学生的失败而和自己过不去。树立了良好的生本观念，你就会明白：教育不是万能的，但是没有教育也是万万不能的。明白这一点，你就会对教育看开很多，就会明白，身为教师，只要在教育过程中兢兢业业就可以了，不必太在乎教育结果……

看到这里，也许有老师会说："我们是要做一个会偷懒的老师，你给我们讲这些东西干什么？"这里边可有道理可讲了，正是因为我们要做会偷懒的老师，所以我们更要明白这些道理，不然，我们采取"会"偷懒的方式教育管理学生，学生能力上去了，成绩上去了，但是领导不喜欢、不认可，还说，别的班主任每天跟着学生跑，你怎么就不跟着学生跑？到时候你还会坚持自己的追求吗？会坚持自己的教育理念吗？自己的思想意识不坚定，你要想做教改，想成为既轻松又高效的班主任，可能就有难度。

有良好生本观念的老师，无论外界怎么评价，他们都会用一个真理来检验自己——看是不是有利于学生成长，是不是有利于学生发展，是不是体现了尊重学生、相信学生、依靠学生、激励学生和发展学生的理念，是不是符合教育的根本原理……如果回答是肯定的，那么，我们就排除一切干扰，走我们的路，让别人跟着我们走吧。

做一个会偷懒的班主任，肯定不能一切都由老师包办，那么，在班级协调机制里，就一定要有一个制度化的固定处理模式。换句话说，就是班级发生矛盾，我们要给学生提出一个固定的程序来处理，每个人都能够通过它维护自己的合法权益。

我班上就有一个比较固定的学生矛盾处理机制，所有学生发生矛盾，首先自己和对方进行和解，不能再激发矛盾，如果谁造成矛盾升级，那么所有责任都是他的。为什么要这么做呢？主要目的就是培养学生自己协调的能力，成长是需要付出代价的，没有不吃亏就能学会的认输方法。我告诉孩子们，现在在人际关系上认输了，懂得一切不凭个人的好恶处事了，就说明你成熟了。谁最早懂得这个道理，谁就是今后的大赢家。输和赢从来都是辩证统一的，所以我班上的学生发生矛盾了，我说得最多的就是："去，向人家认个错，看你有没有本事把他逗笑。"孩子之间的矛盾都是"人民内部矛盾"，哪里有什么生死大仇啊，低一下头，认个错，又不损失什么，却赢得了很多好处。什么好处呢？至少心里轻松，你看人家不必横挑鼻子竖挑眼了，不必故意装着没有看见的样子了，人家一笑，你自己也高兴，对不？把这些道理给学生讲清楚了，你的班级就和谐了、就协调了，你的人际关系就好了。

千万别主动给学生做裁判，那样最划不来。我看见好些老师，尤其是小学老师，喜欢给学生做裁判，刚刚断明了谁是谁非，你还在为那打架的一对费尽心思地想该怎么教育，人家早就在一边勾肩搭背、好成一个人了。最后，麻烦的是谁？是你班主任。有很多班主任不明白，为什么他整天处理学生的告状，学生越告越成瘾，越告事情越多，你全部代替他们协调、代替他们处理了，他们干吗还需要自己动脑筋呢？

我班上学生矛盾处理的第二个程序，是矛盾的双方实在无法自己解决了，就写一份申请书，交付班级调解委员会处理。我班上有三级调解机制：一是小组调解和同伴调解，矛盾发生在本组，由组长组织人员进行调解，或者由几个要好的同学帮助调解，化解矛盾，做到小事不出组，大事不出班；二是班干部调解，有些矛盾不是组内的，就由专门负责的班干部负责调解，做到小事不出班，大事不出班主任；三是班主任出面参与调解，也就是说，学生之间的矛盾，班干部已经需要回避了，或者说班干部已经无法调解了，才由我调解。找我调解有一个必须完成的程序——写1000字的情况说明书。为什么要写 1000 字呢？我告诉大家，这个写的过程，其实就是他们情绪发泄和反思的过程。很多孩子写着写着，会发现自己的愤怒和委屈早就在纸上面发泄完了，无非也就是那么点事情，没有必要再找老师了，于是主动撤诉，我就轻松了，这叫多一事不如少一事。还有很多孩子，写着写着，发现了自己的不足和缺点，于是调解难度就降低了。

当然，也有老师会问，你不主动去调解问题，出了事情怎么办？没有关系，我们班上还有一个矛盾报告机制，那就是班级存在问题，闹出矛盾，影响团结了，你没有主动报告事情的缘由、处理结果，如果是因为你的原因激发了矛盾，那么你就要罪加一等，承担主要责任。这样，班级里有矛盾，我不参与处理也知道，每天由值日班长向我汇报呢！有事报事，无事报平安。

中间我还试用过班级道德法庭，专门审判学生之间鸡毛蒜皮的事情，也很不错。

有老师问：为什么要形成这么复杂的矛盾处理机制啊？很简单，如果所有的问题都堆到我这里来，我还能够偷懒吗？再说了，训练孩子按程序办事，有利于培养他们理性思考的能力，一举多得呢！"会"偷懒的班主任，关键词就是在"会"字上！

建立良好的协调机制，还应该有一个师生交流的绿色通道，学生有什么想法可以直接和老师们说。班主任不是"太上皇"，也不住在深宫大院，学生想见一面都难。自主教育管理，看起来有那么多小机制，实际上就是一个平面管理，没有多少层级，学生有问题，可以直接找老师申诉，直接找老师沟通，这是减少中间误会的最好办法。

在我们班上，既有学生矛盾协调机制，又有学情生情绿色通道。我明确地对学生说了，大家有什么建设性意见，有什么委屈和问题，都可以直接找老师申诉。只不过，你觉得自己有道理的话，就写 1000 字的申诉书，大事情绝对值得写，小事情肯定写着写着就没了。呵呵，我也就轻松了。

总之，会协调的老师，不仅会教给孩子良好的人际交往理念，还会告诉孩子处理矛盾的技巧，更会在班级建立良好的矛盾调解机制，建立绿色的学情生情通道，这样，一切都会围绕着理想的方向运转。

## 7. 建立一个阳光温馨的监督检查系统

> 在班级自主教育管理过程中，面对未成熟的青少年学生，如果没有建设监督、检查系统，要实现班级管理的自主、高效是不可能的。

一说到民主监督、民主检查、民主评议，马上就会有老师提出来，这样会不会造成人人自危？我说任何一项制度都有不好的一面，也都有积极的一面，关键要看我们如何引导。如果你把民主监督、检查和评议置身于阳光透明的制度体系之中，它的一切就都是开放的，哪怕是批评和建议也是温馨的，它的提示那么富有爱心，哪一个学生会不觉得安全呢？

建立一个阳光温馨的监督检查系统，要注意以下四个方面。

### （1）构建一个透明的监督检查程序

魏书生班级的监控机制很好，一旦学生中出了什么问题，马上就有人告诉他，或者代他处理。监督是权力制衡的结果，一个班级要想实现学生自主教育管理，教师就不能不放权。放权之后，如何发挥舆论的作用、学生的作用进行约束，是一个很重要的问题。放权不等于不管，而是让大家来管。

有一次我讲课之后，很多老师提出来：自主教育管理，干部权力太大，怎么办？他们要挟老师了，怎么办？他们以权谋私了，怎么办？……很多问题，其实本质就是一个——你寻找到合适的监控机制没有？在魏书生班上，这种监控机制无处不在，到处都有人"盯"着——用这个"盯"字不是很好，但是，它能够说明一个问题：权力需要监控，民主需要制衡。

魏书生的班级自动化管理监督检查系统的五道关口，解决了自查自纠的程序问题：

第一关：良心关。他相信学生是积极向上的，相信大部分学生有一定的自我控制能力。他力求引导学生忠实于自己，凭良心做事、学习，发现自己的问题，自主改进，对自己和他人负责，对班级负责。

第二关：互查关。同学之间互查，既可督促有惰性的学生、偶有疏忽的学生，又有利于学生之间互相反馈、相互促进。

第三关：承包者关、责任者关。每一项工作的落实，都要经过该项工作的承包者、责任者的验收。这不仅可以保证完成任务的整体质量，而且可以阻止互查中的敷衍行为，以及可能存在的人情因素对任务完成数量、质量的影响。

第四关：集体舆论关。对于一些缺乏自觉性的学生，还要调动集体舆论的力量，使之产生心理压力，进而产生改进的动力。

第五关：管理者本人的抽查关。无论前面的监督情况如何，班级管理者依然需要了解班级自动化管理执行的情况，班主任的亲自抽查也表明了对此项工作的重视、负责，有利于实现对班级自动化管理的调控。

正是因为有了这五道监督关，魏书生班级的每项工作都能落到实处，教育也就变得轻松了。

**(2) 注意提倡一种只针对自己的批评检查方式**

监督检查的目的，就是发现问题；发现了问题，就需要提出来并解决。问题是人都有一个弱点，或者说劣根性，那就是只听得好话，听不得坏话。很多人的错误，不是他们自己发现的，是别人发现的，他们就不服气。如果有人指出来，他们还气呼呼地给别人找问题。如果是这样，我们的监督检查系统不但不能解决问题，还会把班上的人全部得罪了。很多负责监督检查的班干部最后由坚持原则变成了老好人，就是这个原因造成的。

当然，也会有老师提出来，批评对事不对人不就解决了吗？真有那么简单吗？才不是呢！事情都是人做的，批评事情，哪里有不批评人的。说批评对事不对人就不会伤害人，其实是掩耳盗铃。

怎么解决这个问题呢？大家不要慌，毛泽东同志早就把这个问题解决了，那就是开展批评和自我批评，这句话的亮点就在后面——自我批评上。错误、缺点都是自己找出来的，不是别人说的，你说他们心里感觉会怎样？听的人觉得自我批评的人诚恳、坦率，是一个务实的人，是一个光明磊落的人，是一个敢于改正错误的人，是一个有胸襟、有魄力的人，是一个敢于正视自己的人。而说的人呢，其实很多错误、坏事，藏着、躲着，他自己心里也不踏实，一旦说出来，也就如释重负了。所以，自我批评既不会得罪人，又解决了民主监督和民主检查的问题。

我多次在班上实验过，也在部分成年人中实验过，真正能够解决问题又不得罪人的方法，就只有人人都自我批评。每个人只谈自己的问题，绝对不牵涉别人的问题，给人的感觉就很好，很安全、很诚恳，也很让人感动。

王刚和李莎莎打架了，一个是男生，一个是女生。男生呢，喜欢多事，爱在别人面前动手动脚。女生呢，属于"野蛮女友"那种类型的，不但体型高大，比男生高出一个头，而且脾气火爆，吃不得亏。两个人在一起，自然会战事不断。有一次，仅仅是因为王刚把李莎莎的书带到地上了，两人就动手打起来。王刚打输了，旁边有人起哄："哦，一个男的连女的都奈何不得，真没用。"李莎莎呢，从来是只能赢、不能输的，你说王刚哪里能占到便宜？于是，两个人就在教室里越打越热闹。等学生把我叫去，他们俩还没有打完。

不准打架的道理不知道说过多少回了，男生和女生应该是什么样子也不知道说过多少回了，他俩就是听不进去啊！而且我刚说："王刚，你要尊重爱护女生，好男才不和女斗呢！"王刚就反过来一嘴："她还是女生？整个一个男人婆！"要不是我在场，战事又起来了。批评李莎莎吗？她开口就是一句："女人都是弱者……"我话说得再好，她就是听不进去。

怎么办？面壁半个小时，两个人分开站在我办公室的前后方，每人眼睛盯着白色墙壁上的一个小黑点看。看什么呢？把小黑点看成自己在这件事情上的缺点、失误或错误，然后每个人只准想自己的，不准去找别人的茬儿，仔细想，深入地想，好像纪昌学箭一样，把一个小黑点看成车轮大的大黑点了，就报告给我。

开始两人都气呼呼的，但是站着站着，怒火就逐渐熄灭了。然后，两人开始慢慢反思自己的不对之处。每个人只准想自己，不准想别人，委屈啊、不平啊都没有了，有的是懊悔，是遗憾，是自责。

半个小时后，李莎莎主动开口说："郑老师，是我不对，本来王刚是不小心把我的书带到地上的，我缺乏宽容之心，把矛盾升级了。您狠狠地处理我吧。我爸爸妈妈说我没有淑女相，您不处理我，如果我今后还这么下去，就更没有淑女相了……"说着说着，她居然还流出眼泪来。

王刚听李莎莎这么一说，也马上想通了，本来是输家，现在却很大度："郑老师，我也有错，而且错误很大。一是做事不细心，老是大大咧咧的，把人家的书都带下去了还不知道。这个毛病不改，以后会出大问题。二是我没有男子汉的气概，男人嘛，女人打一下、骂一句，只有那么大的事情，即使输了，也要输得起。我不应该听信别人的鼓动。"

天啊，这些话我原来都不知道给他们讲过多少回了，简直就是我以前所讲的翻版，可是，这些话从来就没有被他们这样认真地接受过，更没有听见他们如此诚恳地说过。当时我也很感动，马上就表扬他们："你看，每个人都只反思自己的问题，气氛多好！现在，你们俩说，怎么办？"

我的话音刚落，两人异口同声地对对方说："对不起。"

我不仅在学生发生矛盾的时候，让他们只针对自己谈问题、谈认识，开展自我批评，还在班级出现情况、出现问题的时候，组织学生和我一起开展自我批评。

有一段时间，我们班自习情况不好，我就首先在班上进行自我批评，我检讨了自己因为工作太忙，和大家一起自习坚持得不够，没有做好榜样。我批评自己把忙作为借口，其实是思想松懈了，要改正。我还安排学生干部事先在我办公室里一个个自我检讨、自我批评过关后，再到教室里公开做自我批评。每个人的批评不谈客观理由，只分析自己的惰性和不足，同学们见老师和班干部都这么毫不留情地批评自己，没有一个人为自己找借口，没有一个人抱怨同学不听话，都很受感动，纷纷站起来发言，反思自己这一周哪里做得不好、哪里还需要改进。事后，很多学生在周记里说："以前只听说过自我批评能够解决问题，今天我们真的见到了。"从此之后，班级自习纪律一直非常好。

**(3) 构建监督检查系统，班主任一定要带头**

很多老师的监督检查系统里没有监督老师这一项，这很不好。既然班主任也是班级中的一员，自然也应该接受学生的监督。再说，老师乃行为之典范，乃学生学习的样本，对自己要求不严，怎么让学生服气呢？构建一个阳光温馨的监督检查系统，班主任就要给学生带好头。

班主任也要接受学生的民主监督，很多优秀的老师给我们做出了榜样，如李镇西老师就因为违反班规，被学生罚扫地一天；湖南怀化的覃丽兰老师因为错误处罚了一个学生，也被罚扫地一天；我呢？也因为迟到一次而被罚了20元钱作为班费……

王子犯法与庶民同罪。一视同仁，普遍接受监督，不做特殊公民，这本身就是对学生最好的规则意识教育。

**（4）提倡监督检查的一切处理过程都实行阳光操作**

我提倡班级事务处理要公开，尤其是监督检查系统，一定要公开。今天谁违纪了，该如何处理，最后的结果怎样，一定要在班上通报。不要以为有些事情大部分学生不知道，就不必向同学说明了。班上是有耳朵和眼睛的，没有什么事情能瞒得了学生。一个人知道了，就等于这件事情被全班同学都知道了。即使犯错的学生很隐蔽，他的错误只有他自己知道，但既然你处理了，也应该给大家通报一下，为啥呢？他自己是瞒不住的，如果你不当着大家的面处理，他在某一天会炫耀，会说漏嘴。你想不让别人知道，最后还是让同学们都知道了。阳光操作，就是要给学生一个明白，还班干部和班主任一个清白。

当然，公布事实和处理是两回事情，公布事实是不带观点的，处理才有感情和态度色彩。对于学生所犯的错误，你只在班上公布采取了哪些措施，并不狠狠地在班上批斗他，他还是能够接受的。过去有这么一个观点，表扬的话公开说，批评的话悄悄说，这和阳光操作没有矛盾。我们可以在一边先把犯错学生的思想工作做通了、做好了，再到班上通报事情的处理结果。通报处理结果，不要抓典型，不要立靶子，客观公正地叙述事实、说出处理结果就可以了，这样学生是不会有意见的。学生在乎的其实不是错误本身，而是别人对事件的态度和看法；老师爱用放大镜，把他们本来没有或很小的缺点和错误，通过一件小事放大深挖，并且作为反面典型，这才是伤害学生感情的地方。这也是我们过去公开批评越批评效果越差的一个重要原因。

只要不涉及个人隐私、生理缺陷的问题，实行阳光操作是既教育当事人，又教育其他学生，更让学生信任的最好办法。

千万不要在班上安插"特务"或者"暗线"，这样不仅很快就会使你和学生对立，还会造成人人自危、互不信任的局面。到时候人心隔离，学生和干部隔离，老师和学生隔离，你的班级就难以管理了。

## 8. 自纠机制让班主任彻底放手

> 自纠机制运转良好，我们就无为而治；自纠机制运转不好或者根本没有，我们就会被学生的错误牵着鼻子跑，整天为处理学生的问题而疲于奔命。

一个优秀的班级并不是不会出问题，而是出了问题之后能够自行纠正、完善，因为它有一整套完全自动的自主纠错机制，能不断地纠正错误、完善自己。能否构建一个错误自纠机制，其实就是班主任会不会偷懒的关键。它运转良好，我们就无为而治；它运转不好或者根本没有，我们就会被学生的错误牵着鼻子跑，整天为处理学生的问题而疲于奔命。

构建错误自纠机制，要注重以下三个方面。

### （1）立法系统的自我更新和完善是自纠的基础

错误自纠要有一个参照标准，那就是制度。很多制度上已经规定的行为，出了问题，学生自然知道该怎么处理。问题是有些新问题，班规上没有规定，怎么办？是不是又要由班主任来解决？如果是这样的话，班主任就又成了孩子们的保姆。

最好的办法就是让班级立法系统自我更新和完善，立法系统的自我更新和完善是班上出了问题，学生进行自纠的法制基础，也是具体的操作指南。很多班主任在开始的时候，知道要建立班规，但是班规制定出来之后，立法系统的干部体系就瘫痪了。这不行。传统的干部体系参与的学生太少，大家没有自豪感，也激发不了积极性，多数人是被管理对象，少数干部就成了老师的"走狗"，要么被孤立，要么和同学"勾结"，班主任想要了解情况都难。如果人人都有责任，效果就不同了。因此，我建议班级自主教育管理不要怕把事情分给学生做，人人都有事情可做，学生的积极性才会提高。

在我班上，立法委员会的同学一个星期也不会没有事情可做。为什么呢？新的情况层出不穷，需要立法委员会提出解决方案啊！班规再完备，终究是针对已经出现的问题制定的，新问题班规中没有怎么办？需要谁解决？需要立法委员会的同学解决！他们就开动脑筋思考：这件事情原来没有规定，是参照某些条款处理，还是重新出台新规定？具体该如何处理？以后又该怎么办？他们把这些问题想清楚了，老师就轻松了。即使遇到新问题，学生也不会老来告状：老师，某某又如何如何啦。他们会自己处理，到时候告诉我一声："班规又新增了某些条款，事情是怎么怎么回事，班主任您要知道，不然您又做老好人了。"

你看，我的学生都怕我做老好人，你说，他们的权力大不大？

在我班上，最有权的是五个人：选举委员会主任、立法委员会主任、团支部书记、班长、纪检监察委员会主任。这五个人工作独立，互相没有层级归属关系，他们只对全班同学负责。他们之间关系独立但又互相制约，谁犯错误了，都可以依据已经通过的班规提出批评和建议，甚至进行改选。

我建议大家在构建学生自主教育管理模式时一定别忘记了，在班上得设立一个专门负责班规起草和解释的权威部门，由他们不断完善、补充班规，所有规定性处理办法，都源自他们。这样，班级管理上出现了新问题，就不用找班主任，而是直接依班规处理了。

### （2）良好的舆论宣传氛围是班级自纠的保障

舆论为什么可以杀人？舆论杀人的本质就是大家的评论让一个人没有立足之地，他走到哪里，都会受到指责，即使没有人当面说他，别人的眼光也能让他感觉到如芒在背。我们做教育工作的，虽然说不主张用舆论来折磨一个人，但是良好的舆论导向却是班级行为自纠的有力保障。

在传统的班级管理中，班上的宣传干部几乎没有什么事情可干，班主任也不知道该分配什么任务给他们。其实，宣传很重要，任何一个政府、党派，抓得最紧、控制得最严的一个武器就是宣传。古人说"防民之口，甚于防川"，就是担心舆论没有控制的后果。在班级自主教育管理中，所有有关精神文明建设的工作，比如宣传班上的好人好事、评选优秀学生、建设班级文化、筹建班级日报、设计黑板报、宣传班级精神、监督和引导班级舆论导向，都是宣传系统干部的事情。

在我们班上，仅仅是发现好人好事、监督和引导班级舆论导向，学生们就有做不完的事情。比如说，学生上网该怎么办？要开主题班会，收集资料、出版黑板报、组织活动，就是由宣传部长牵头、文娱委员和纪检委员参与的。学生中有什么不良的舆论导向，做出正确引导，提出妥善方案，采取解决措施，都是他们的事情。如果他们失察，同学们就要批评他们。

有一段时间，我们班上有学生偷偷地溜出去上网，我知道之后，除了在班上依班规处理了那些违纪的学生，还让宣传系统的干部开展活动，让学生从思想意识深处认识到网瘾的危害。

我召集班委会和值周干部开了一个紧急会议，要求他们尽快组织人员开几次戒除网瘾的主题班会，正面加强舆论引导。

不要小看正面舆论的作用，一个班的风气好不好，关键就是正面舆论导向好不好。一旦形成健康积极的舆论导向，大家都以上网成瘾为耻、以节制上网为荣，以沉溺网络为耻、以读书学习为荣，那么，很多同学不良的上网习惯就会戒除。

孩子们都很配合，当天就做了准备。第二天下午，我们班上举行了一次

"倡导绿色生活"的主题班会。很多同学在班会上发了言，一些被我批评过的孩子也表态，以后再也不深夜出去上网了。

做了这些工作之后，我又抽时间把那些早上被我狠狠地批评了一顿的孩子们找来谈话，一一摸清了他们上网的真实想法和原因。大多数孩子对我的批评并没有表示反感，只有一个学生觉得我火气大，平时说什么民主治班，一到有事情了，还是专制。我诚恳地给他解释：一旦网络成瘾，其害堪比毒瘾，对于这样原则性的错误，我不能迁就，尤其是整治这样有集体性倾向的问题，我绝不能心慈手软。现在他能理解，我很感谢；他不能理解，请他先执行，再理解。

事后，我对学校提出，能不能尽量多组织几次大型的文体活动，让孩子们在学校里多体验成功的乐趣，这样有利于把孩子的心留在学校里。我知道，很多孩子上网，是因为他们在学校里找不到生活乐趣。如果学校里有让他们留恋的东西，他们是不会冒险去上网的。

从那以后，我班上基本上再没有听说过有谁在夜里出去上网，也没有听说过有孩子约好集体去上网。

**（3）及时评价是自纠机制能够坚持的关键**

我提倡批评可以缓一缓，让学生自己想通了，想明白了，可能效果会更好。批评缓一缓，体现了老师对学生的宽容和理解。但是，表扬一定要及时，不论是发现了好人好事，还是坏人坏事发生了质变，都要及时表扬。及时表扬，体现了老师对学生的密切关注和爱护。很多孩子犯了错误，他们主动改正，目的就是等着你去表扬呢！你不表扬，他们就不干了。

湖南省邵东县两市镇一中的李云老师给我讲了这样一个案例。

**我以为你没有看见**

李 云

我在班上说了好多次了，要把身体坐直，要坐如钟、立如松、走如风，这样不仅可以形成一个良好的精神境界，更重要的是可以保护我们的骨骼发育不畸形。话说了很多次，可就是有好些学生不听。

潘凯常常在座位上东倒西歪，老师在上面讲课，他在下面转身，一会儿看看这个，一会儿又看看那个。我知道他基础差，课听不懂，可是，他听不懂，至少可以保持在座位上不动啊。我点名批评了他好几次，任课老师也来告状，说潘凯稳定不到三分钟，又动起来。实在气不过，我对潘凯说："你能不能每节课保持三分钟不动？若你能三分钟不动，以后我就不批评你。"

"此话当真？"

"当真，军中无戏言。"

"好，那我就三分钟不动。"果然潘凯安静了一上午，尽管中午休息时他闹出了一点不愉快，但是我不仅没有批评他，反而肯定了他的努力。这样，下午我上课，发现他果然比较安静了。

过了两三天，有一天我上课，上了不到十分钟，潘凯又在下面做动作了。我说："潘凯，你怎么屡教不改啊？！"

"老师，我改了，可是你没有看见。"

"我怎么没有看见，我天天都看见了啊，你前面几天不是表现得挺好的，我没有批评你吗？"

"哦，你没有说，我就以为你没有看见呢！"潘凯坐正身子，一脸无辜。

我突然觉得好笑，孩子就是孩子，做什么事情，目的居然是要让老师看见，真是让人哭笑不得啊！

你看，一个小缺点，孩子改正了，他的目的就是为了让老师看见，多有趣！让人关注自己，是每个心灵的渴望，要让班级能够对错误行为进行自纠，就需要班主任有一颗敏感的心、一双敏锐的眼睛，时刻关注学生的改变。他们改变了，你就及时表扬和鼓励他们。

及时评价，是班级自纠系统能够发生效应的最好催化剂，是确保自纠机制长久运行的关键。

# 第六章 把每个学生都培养成能独当一面的干部

⊙我常常说，一个能干的班主任，事事都自己动手，其实不算是一个好班主任。你管那么多干吗呢？管得过多过死，你就会在班上培养出一大批依赖性强而创造性和独立性差的班干部，说得不客气点儿，是培养了一大批没有主见和创造力的"奴才"。最后累了自己，害了学生。学生缺乏自我教育与自我管理能力，致使班主任陷于杂务，疲惫不堪，班主任该怪谁呢？该怪自己太能干了啊！

⊙衡量一种教育机制是否进步、科学，关键看它是否存在这样一条渠道，让所有学生都得到教育和锻炼。我们做教师的，要想真正做好教育，就要不断地拓宽教育渠道，让更多的学生从后台走出来。

⊙我有一个教育管理理念，那就是纯粹靠学生干部管理的班级，不是真正自主教育管理的班级，那不过是班主任的管理任务由学生干部代为完成而已。只有全部学生参与管理，才是真正的自主教育管理。

⊙没有人天生就是做干部的料子，每个人都可以通过岗位实践受到锻炼，这也就是我们平常所说的岗位能够锻炼人。我平时开玩笑说，如果这个时候给一个县长让我们当当，几年后，我们各位保证都是称职的县长。很多时候，并非学生没有这个能力，而是我们没给他们这个位置，没给他们这种锻炼的机会，没给他们这个培训。

## 1. 洒脱的班主任要有一批好干部

> 班主任管得过多过死，你就会在班上培养出一大批依赖性强而创造性和独立性差的班干部，说得不客气点儿，是培养了一大批没有主见和创造力的"奴才"。最后累了自己，害了学生。

班主任工作是一门艺术。有的班主任辛苦得要命，却收效甚微，常年疲于应付处理学生的各种事情；有的班主任"好玩"得要命，班级管理一塌糊涂，他在学生面前讲话，一点作用也没有；有的班主任洒脱自在得很，学生收放自如，即使他偶尔三五天不在，班级管理也能井井有条，学生情绪也看不出有什么波动。

有人羡慕我，年年都撞上好管理的班级，学生懂事，自我管理能力强，班级整体素质高。我呢，整天一副快乐相，轻松得很。

其实，我哪有那么好的运气。怪就只怪他们自己一个人做事，没有发挥学生的主体作用，怪谁呢？

我常常说，一个能干的班主任，事事都自己动手，其实不算是一个好班主任。你管那么多干吗呢？管得过多过死，你就会在班上培养出一大批依赖性强而创造性和独立性差的班干部，说得不客气点儿，是培养了一大批没有主见和创造力的"奴才"。最后累了自己，害了学生。学生缺乏自我教育与自我管理能力，致使班主任陷于杂务，疲惫不堪，班主任该怪谁呢？该怪自己太能干了啊！

我很少亲自参与班级管理事务，都是孩子们自己在管理自己。我相信一点："只要孩子懂事，没妈的孩子早当家。"我不去做的事情，他们自然会主动去做。我对学生说得最多的一句话就是："你们都这么大了，还要我跟着你们，多不好意思。我相信你们能够自己管理好自己，能够很能干的。"

那么，我做什么呢？我只选一位好班长。俗话说，千军易得，一将难求。选好孩子王，什么都好办。我很注意观察学生中自发的小头目，我发现那些学生领袖确实是有过人之处。一般来说，热心帮助人、心地善良、胸怀宽广、头脑又很聪明的人容易成为孩子们的头目，而这些素质，就是做好班长的素质。把这个人找到了，班级管理就好办了。

由他组阁，提出班干部的预备人选。班委会成立后，我首先组织他们制定班级管理的长期目标，把握班级工作的整体思路。然后，培养好这一支强大而得力的干部队伍，刚开始的时候要细心地指导监督，帮助他们做好班级管理的前几步工作；同时，做好个别学生及全体学生的思想工作，增强班级凝聚力、向心力，协调多方面的关系，形成教育合力，把班级工作引入正轨。一般这样做半学期之后，我就撒手把事情丢给班干部，班上也不会出什么事情。

有人问我，班长该如何找呢？尤其是新生班级，一眼看得准吗？我说，这好办。如果你一时看不准，就让大家都来看啊！你把你认为可能担任班长的人列出来，要他们轮流值日，在具体工作中，谁能够服众，几天就看出来了。如果实在不行，也可以公开竞争，选举啊！一般而言，那些有能力的班长，你暂时没有发现，通过选举就自动地蹦出来了。有些自己不蹦出来，同学们也会把他们推出来。呵呵，这就是"历史"赋予他们的责任啊！你不相信吗？试一试吧。

在接电算四班的时候，我班上有个学生叫徐强发，人很精明，字写得很好，待人也很不错，在同学当中拥有很高的威望。刚开始的时候，我并没有把他定为班长人选。可是开学不到一周，就有同学跟我说起他来了，说他能够吃苦，愿意帮助人，很大胆，也很有魄力。我问学生怎么知道的，他们说前几天有一个老班生跑到我班上来耍赖，没有人站出来，是他把那个家伙赶出去的。因为他有正义感，不怕事情，那人就顺着台阶下，走了。

哦？还有这事？我当即确定，班长人选非这个同学莫属。后来我在班上发表演说，号召大家出来做班长。开始时他还犹豫着，同学们一致要求他发表竞选演说，自然，他就被同学们推出来了。他当不当班长已是身不由己了。

后来的事实证明，没有他，那个班还真不行。在校时，他带领的班级获得了学校优秀班级的称号。毕业后，他的领导才能得到进一步发挥，现在毕业才三四年,他就已经是成都、重庆等几个大城市的超市连锁店的负责人了。每次回邵东,他都要到我家里来看看。

我很欣赏这样的学生,也很感激这样的学生干部,是他们,把我的班级一级又一级地送到了优秀班级的领奖台上去。

班干部队伍成立后,学生能干的事情,我就坚决不干。我认为,班主任要大胆放手,把一些具体事务分派下去,建立层次分明的立体型管理体系,如公物维修、书刊保管、活动组织、班干部选换、班规制定等。这些任务分派下去了,我只问具体负责人做得怎样,从来不问具体事情做得怎样。做好了,我在班上给他们肯定、鼓励和表扬,做不好,我逼他们自己去想办法,我只要结果,不参与具体的操作过程。这样,通过分工授权,充分调动了学生的积极性,引导他们积极参与管理,逐步锻炼和培养了学生的自我教育和自我管理能力。每年的班级工作,我都能很轻松地完成。

管大放小,管主放次,授权负责,分层管理,既有利于班级的建设与发展,又有利于学生个性的完善、能力的提高。做这样的班主任,我相信,任何一个人都能够收放自如。

## 2. 让更多的学生从后台走出来

*衡量一种教育机制是否进步、科学,关键看它是否存在这样一条渠道,让所有学生都得到教育和锻炼。*

传统的班干部培养机制最大的弊端,就是少数精英学生长期占据着管理位置,以至于大家形成了一种错误观念——班干部是成绩好的学生的专利,差生不能做班干部。这种观念及做法严重挫伤了学生参与班级管理的积极性,损害了教育的公平。

做一个会"偷懒"的班主任，就不能让少数人长期占有班级管理权，如果那么做，你会被大多数学生抛弃。毕竟班干部职位只有那么多，能够得到锻炼的人永远是少数。

只有让更多的学生从表演的后台走出来，班级管理才会轻松。我班的很多工作，不管难易大小，我都让所有的学生试一试，甚至班主任的工作，比如说开家长会，我也尝试让学生去做。

学生可不可以主持家长会？我刚开始做的时候，就有老师笑我异想天开。他们还教训我说："家长会之所以叫家长会，就是老师召集家长开的会议。由学生来参加，那叫什么会啊？"

我就不相信，学生不能够开家长会。人家德国人开家长会的时候，学生、家长一起参加，而且人家的家长会并不只讲学生的学习成绩，还搞一些活动。只要有利于孩子成长，如亲子活动啦、游戏啦，他们什么都搞。我为什么就不能把家长会变一变呢？平时每次开家长会，我和孩子们都很慎重。老想着这既是孩子们的成绩报告会，也是我联系家长的最好机会。每一个环节都很重要，半点的疏忽都有可能伤害某一个家长或者某一个学生的心灵。因此，开家长会就成了我很大的一个负担。为什么不让学生来做呢？只要把我的目的告诉他们就是了，相信他们会比我做得更好。

主意打定之后，我就把班干部找来。他们从来没有主持过家长会，一听说由他们主持家长会，个个都很兴奋。于是，我们一起商量家长会要做些什么。

首先是会议提纲。交给学生主持了，会议要做哪些事情，我还是要知道，因此，我要他们两天内把提纲给我。孩子们很快就把我要的东西拿来了，我一看，哟嗬，真好！平时在开会之前，我要反复思考的问题，这上面都有！例如：这次开会的目的有哪些？该向家长汇报些什么情况？哪些事情适合在公开的场合说，哪些必须是个别交谈？更重要的是，他们还安排了学生文艺节目，他们说要让家长们感到意外和惊喜。这样一份精心准备的提纲，平时我要花几天时间，把我想到的写下来，一点一点地记，一点一点地比较，唯恐放过一个细小的问题。可是孩子们只花两天就做好了，集思确实能够做到广益，这样的提纲，肯定能够带来意想不到的效果。我看了之后说："好！好！好！"

我提了个意见，在向家长介绍情况时，最好做到既力求全面，又重点突出；既讲成绩，又谈不足；既有事例分析，又有理论阐述；对家长既有鼓励，又有要求；既有商讨，又有指导。他们认真地接受了我的建议。

第二次碰头的时候，他们连会议程序都安排好了。我很奇怪，谁告诉他们的呢？班长刘艳自豪地说："我们当然有办法啦！曹红的爸爸是县委办主任，那里不是有很多现成的会议程序吗？我们只是参考了一下，依葫芦画瓢还不容易。"呵呵，有道理！

我首先看了会议程序的第一点："家长报到"。哟，工作不错嘛！由当天的值日班长王小诚负责做家长接待组组长，组员有6个，由杨蓝蓝和李雪飞负责家长签到，马立民和王开怀负责为家长引座，王小诚与另外两个同学负责倒茶水的工作。他们说尽量让同学们都有事情可做，这样家长也高兴。这些小家伙，挺机灵的呢！其他还有家长陪同工作、家长参观工作等，把与会期间的家长活动安排得井井有条，每一个家长开会时都有事情可做。一般情况下，家长到会的时间早迟不一，于是准备"优秀作业展览""学生生活学习摄影展览""家教指导墙报"等，供早到的家长参观。不错啊，孩子们比我考虑得还周到。

他们主持的家长会如期召开了。会议开始时，先由班长刘艳向家长汇报，介绍前一时期的学校要求、本班的情况，着重讲同学们在家长的密切配合和学校的教育下涌现出的好人好事，接着讲同学当中仍存在的不良倾向，最后提出今后打算、措施及对家长的希望与要求。小家伙讲得头头是道。然后，根据事先的安排，由两个学生代表讲话，又请了四位家长代表介绍家教经验，并分发了调查表，征求家长对学校工作的意见和建议。最后一个程序，是欣赏孩子们自编自演的反映学生生活学习的文艺节目。我暗中查看了一下，基本上每个学生都参与了家长会，人人都有事情可做。会议还没有散，就有家长对我说，这样的家长会好，他们愿意参加！

会后，我安排了与个别家长的谈话，是预约有事交谈和必须沟通情况的家长。整个家长会共用了 2 小时 12 分钟，效果出奇地好。看来，开家长会，也要让学生从后台走出来，这样才能够更好地发挥他们的作用。

会后，我还要求学生做好会议的反馈工作，要他们从四个方面给我提供资料：①就家长会统一部署和要求的事项，根据学生的反映和行动来观察、比较、分析会议效果。②召开学生干部或学生代表座谈会，让他们谈家长会后家长对子女学习的态度和学校的看法有什么变化。③分发调查问卷，和家长们一道回顾家长会，整理家长意见。④书面征询文化层次较高并热情支持学校工作的家长的意见，对家长反馈的信息及时分析，认真处理，该改正的改正，该补充的补充，该取消的取消，该解释的解释。他们没有几天就完成了，效率比我一个人做高得多！

后来，我还让学生自己组织了三四次家长会，效果都不错。

多年成功的实践不仅把我从繁重的班级具体事务中解放出来，更让我深刻地认识到一个真理：衡量一种教育机制是否进步、科学，关键看它是否存在这样一条渠道，让所有学生都得到教育和锻炼。我们做教师的，要想真正做好教育，就要不断地拓宽教育渠道，让更多的学生从后台走出来。

只有所有的学生都帮你做事了，班主任，才做得轻松，做得幸福。

## 3. 让所有学生都得到锻炼

学生最喜欢接受新生事物，对传统的班干部管理体制习以为常之后，来一种新的管理模式，每个人的积极性都会非常高。

做一个会偷懒的班主任，让所有的学生都参与班级管理，不改革传统的管理模式肯定不行，任何一种教育改革，不从体制上进行彻底的改变，是难以完成改革的根本任务的。

在我班上，不仅废除了班干部终身制，还在班规中明确规定任何人都不得三学期连任同一职务，而且不断增设班干部职位，让更多的学生得到锻炼。近年来，我又探索了学生干部团体值周参与班级管理的办法，拓展了学生参与班级管理的范围，效果很不错。

具体是这样做的——

## 我班的四季守护

我把全班学生按照座位分成四个大的自然组，每个组是一个基层管理单位，学生们把它们叫作春、夏、秋、冬四个星座。每个星座均有一套完整的班干部编制，班长、副班长、学习委员……凡是传统班级管理里有的，每个星座都有。只不过我们不叫班长，叫大天使，是整个星座的统帅，由学生自主报名，通过竞职演说、集体选举产生。然后由大天使负责组阁，组织自己的星座守护班子。每个学生都可以自由报名，参与自己喜欢的星座社区。

星座社区和天使之间是可以双向选择的，座位可以根据这种选择做适当调整。我给他们社区组织定的一个基本原则是，不能抛弃一个学生，也不能让社区之间的力量不平衡。每个社区是要参与整个班级管理竞赛的，天使组阁之前就必须考虑到，自己这一组的同学成绩怎么样、文娱人才怎样、有哪些才艺特长能够在今后的各种比赛中取得好成绩。更重要的是，他们还要考虑星座内部的成员是否志同道合，能否同甘共苦、齐心协力把星座事务和班级事务管理好。这样，他们在选择成员的时候，就会尽力游说、演说，不仅要赢得选票，更要赢得选民。这就使选民和竞选者之间形成了一种良好的合作信任关系。

每个学生也在这种双向选择中非常慎重。他们会积极地思考自己该到哪个星座去，因为没有星座要的学生是可耻的，也是最没有面子的。那些成绩好但性格不好的学生要收敛一下，而那些行为习惯不好的学生，到每学期星座社区重新分组的时候更是紧张，唯恐落选。自从我实行这种星座组织后，不仅好学生更乖巧，差生也变得格外听话。他们努力地表现自己，不会读书的，就卖力做事情；不会做事的，态度也会很好，天使安排做什么，他们不推辞也不抵触。因为他们害怕落选，如果这个星座不要，那个星座也不欢迎，他们在班上就无立足之地了。

星座社区成立之后，抽签确定谁是春天星座、谁是夏季星座、谁是秋季使者、谁是冬天守护神，然后轮流执政；每个星座值班一个星期，班级的所有事务，如卫生、考勤、纪律、学习、活动等，全部都由他们负责，他们行使的就是日常班干部的全部职责。遇到学校开展活动，值班星座负责组织实施。如果是连续性的活动，则由他们安排好值班交接手续，不能出现管理空当。凡是属于交接手续不全造成的管理空当，该追究哪个星座责任的就对其进行追究。这样，尽管是轮流执政，却没有一次因为值班交接而出现过问题。每个月月底进行综合评比，优秀的那一组获得"四季守护神"称号，在班报上通报表扬一次，所有成员合影一次并发到班级空间里存档留念。

这样，就把平时班级的7个班干部和4个团干部，变成了28个班干部和16个团干部，总岗位数达到了44个，再加上班主任助理、星座奖励掌印大使、立法委员会、选举监督委员会、星座考核评估委员会等职位，最高峰的时候，我们班干部的职位达到65个，每个人都有工作岗位、每个人都手中有权。

学生最喜欢接受新生事物，对传统的班干部管理体制习以为常之后，来一种新的管理模式，每个人的积极性都会非常高。当我宣布实行星座社区管理之后，学生们表现出空前的热情，班级管理呈现出喜人局面。不仅日常管理井井有条，而且星座之间管理特色鲜明，他们纷纷打出了自己赢得选民和考评分数的竞争口号，如：春季星座的服务口号是"创建美好的学习环境，带给你春天般的享受"；夏季星座的上岗宣言是"夺取学校所有考核评估的第一名，让成绩见证我们的勇气和热情"；秋季星座的工作特色是"扎实沉着，务实开拓，确保每一步都走得踏踏实实"；冬季星座团队的风格是"我快乐，我轻盈，带给每一个同学恬静的心境"。好些学生在作文和周记里写道："我喜欢我们班的星座管理，这是我们幸福的四季守护神！"我呢，则在星座管理文化中，享受着孩子们带给我的幸福和快乐。

我在带高中班的时候试过，在带初中一年级的时候也试过，发现这样做的好处是明显的：

一是按照春夏秋冬四季安排值周，恰好符合一个月四个星期的轮回，值周时间清晰，延续性强，不会因为交接班不及时造成管理的空当。同时，每个月值周一次，一个学期每组至少有三次以上的值周时间，一次没有做好，还有机会再来，对调动学生参与管理的积极性很有好处。

二是让主要管理者得到更多的培训和锻炼，他们的人格发展得比原来更为完善，班级不再是班长第一，高高在上，而是四大天使同时竞争，大家对自己的优点、缺点认识得更加到位。星座天使是本社区的召集人，他必须以自己的人格魅力来吸引大家参加，大家相对合得来，星座才有凝聚力，战斗力才强，因此，他们对自己的施政纲领和风格更加追求完美，无形中提高了管理水平。

三是强化了每个成员的责任心。由于双向选择的存在，每个人对自己所承担的工作都格外负责，因为既要对星座内成员负责，又要对全班同学负责，还要对看得起自己、与自己合得来的星座天使负责，工作起来就更有积极性。我发现，每天放学都有星座的值班人员在细心地维护教室环境的清洁。

四是各星座轮流值周，让很多比较复杂的工作变得相对轻松和简单。比如说纪律，由于每个星座都会遭遇处理违纪的难题，因此，他们对自己遵守纪律就会多一份小心，对班干部处理自己就会多一份理解。尤其是那些平时比较刁钻的学生，当自己执法受阻的时候，会深深地体会到自己违纪给别人带来的痛苦和麻烦。

五是全员参与，营造了一种良好的民主氛围。所有成员都参与管理，在总结考评的时候，每个人都关注自己星座的得分，全员参与程度显著提高，直接促进了班风学风的转变。

有老师问，那你们班上设不设常规班干部？设啊，我们班实行星座值周与常规班干部管理的双轨管理制。为什么呢？因为有两个需要。第一个是和学校接轨的需要，因为学校安排工作，很多时候是按照常规班干部设置安排的，比如说今天开学习委员会议，布置期中考试的事情，这个工作，就需要学习委员参加，不能今天去一个，明天去一个。这样的人员是固定的，和学校对接。但是，他们在班里不开展具体工作，仅仅是代表我们班到学校联系工作，起着上传下达的作用。第二个是平时星座绩效考核的需要。值周星座的考核工作，每个项目对应哪些考核条例，由这些常规班干部出台，然后，他们和学生选举的群众考评人员一起，负责星座值周情况的考核工作。这就实现了行政效能和行政监督分开，避免星座负责人既是运动员又是裁判员，使考核结果更加真实、公平、公正。

因为这两个原因，我们班实行双轨管理制，这正好体现了让更多学生参与班级管理的理念。再说，只要每件事情都有人管，班级事务不落空，这不正符合让我少管事的偷懒主张吗？

## 4. 每个学生都能成为独当一面的班干部

> 没有人天生就是做干部的料子，每个人都可以通过岗位实践受到锻炼，这也就是我们平常所说的岗位能够锻炼人。

我有一个教育管理理念，那就是纯粹靠学生干部管理的班级，不是真正自主教育管理的班级，那不过是班主任的管理任务由学生干部代为完成而已。只有全部学生参与管理，才是真正的自主教育管理。

但是，也必须承认一个事实，并非每个学生都是管理天才，为了让更多的学生参与班级管理，在扩展管理职位的同时，我们还要对班级的每一个学生进行管理能力培训。只有把每一个学生都培养成能独当一面的班干部，我们班主任的工作才会轻松。

我的培训办法如下。

**(1) 开班全员培训**

每接一个新班，开学的第一个星期内，我都要对学生进行全员干部培训。内容覆盖班干部的认知、责任、权力及常规工作方法。时间是每天的最后一节课。

为什么选用这个时间段呢？道理很简单：开学第一个星期，学生没有进入学习状态，学习压力相对较轻，在这个时间段对学生进行干部业务培训，不会影响学习。

课程由我亲自设计，第一课时为"干部身份定位"，主讲干部的身份定位、性质定位、权力定位、能力定位。目标是树立"干部要为班级服务的理念"，杜绝特权阶层。我告诉孩子们：干部不是特权阶层，我们所有的权力都是用服务赢得的。愿意做班干部，就意味着你选择了奉献。在这一个课时，我还会把干部竞选流程做一个简单的介绍，便于让有意向做干部的孩子做好思想准备，届时干部竞选不至于冷场。

第二课时为"干部职业修养"，主讲做班干部应该具有的心态、能力和品质。干部应能容别人难容之气，能够正确对待同学们的意见和批评，树立职业自信。教材都是我自编的，从学生干部的组织能力、策划能力、沟通能力、决策能力、布置安排能力、宣传鼓动能力、执行能力等多方面，对学生干部进行培训。

第三课时为"干部工作流程"，主讲干部处理问题的一般性工作流程和特殊性工作流程。告诉他们常规工作必须坚持按牵头会商、集体献策、部门决策、分解任务、信息反馈的程序开展工作。遇到特殊情况，先处置现场，控制场面，事后及时通报，即特殊工作程序。经过这样的培训，不管做干部还是不做干部，都会对班级事务处理有一个基本了解。

第四课时为"艺术性开展工作"，主讲如何协调处理当干部和学习之间的矛盾、干部和同学之间的矛盾、干部和干部之间的矛盾、干部和老师之间的矛盾。为什么要讲这个内容？因为不少家长担心做干部会影响学习，有些老师也曾经警告我，有些班干部把自己看得比老师还高，还有学生反映，有些干部不会处理和同学的关系……这个内容，教会干部们协调自己和外部的矛盾，和谐发展。

第五课时为"能力测试与发展"。这也是最后一个通识课程，讲完之后，我会对全班进行书面能力测试。满分100分，60分以上的才有资格参与班级干部竞选。60分以下者要进行补考，人人必须合格。

当然，也会有同学说：我不想做干部，我不及格没有关系。我告诉他：您要理解干部的工作内容，理解他们的工作方法，不理解，以后怎么配合呢？因为您是我们班的一员，以后干部工作会和您有关，您有义务和责任学习。

为增强大家学习的积极性，我把我们班的培训机构起名为"星座班干部培训学院"，结业还颁发证书。大家觉得挺好玩。

### (2) 岗位实战培训

我的干部培训目标是——创设一条人人都可以做干部的管理渠道。虽然人的沟通能力有天生的差别，但是我不认为干部都得是一个样子。性格开朗的可以做外联性干部，如班长、团支部书记、文宣委员；性格内向的可以做事务型干部，如学习委员、卫生委员、生活委员等。我告诉孩子们："每个人都能够做好班干部，关键在于发挥自己的性格优势。"

对于一些从来没有干部实践经验的孩子，我会告诉他：岗位可以锻炼人。一根稻草，放在田里只能够给牛吃，不值钱；绑在白菜上，卖出去就是白菜的价格；绑在大闸蟹上，卖出去的就是大闸蟹的价格——从来没有大闸蟹是松开稻草来卖的；放在博物馆，千年前的稻草价值连城。这说明什么？在不同的岗位、不同的位置，我们会有不同的价值。

不要觉得自己不行，没有工作经验，在我们班上，每个同学都能够在自己的岗位上获得锻炼，只要接受岗位培训就行了。

下面是我们班小组长的岗位职责。

## 学习小组长职责

1. 统筹本小组学科学习的安排和布置。
2. 负责本小组同学讨论的职责分工。
3. 负责本小组合作学习的任务落实。
4. 组织本小组学生参加课堂讨论。
5. 负责本小组同学学习情况搜集。
6. 负责本小组同学学习推优、奖励。
7. 负责本小组作业考核。
8. 督促各值日人员及时送交作业。
9. 负责和学习部联络。

一共九大条，每天对着这九项任务，做完一件事情，打一个钩。一年级小学生都会。还有谁会说自己不行呢？

**(3) 横向交流培训**

在我们班上，班级的每一个岗位，每个小组内都有相对应的岗位。比如：班上有学科班长，组内有学科组长；班上有文宣部长，小组内就有文宣组长；班上有体育部长，小组内有体育组长……班级管理工作上下衔接，每项工作都有人具体负责。

但是，龙生九子，各有不同。有些组长很能干，有些组长不能干。怎样让每个小组的工作水平都有所提高呢？我常用的方法是同岗位横向交流培训。

建班一个月之后，能干的组长和一般的组长的水平差异就体现出来了。好的小组这时候已经风生水起，差的小组却仍然进展缓慢。怎样让差的组长也具有好组长的工作能力呢？我的办法很多：

一是实行组长交流制度。把好的组长选派到差的小组，实行优势组长强势输血，带动小组成员学会先进的工作方法，把每个小组的成员都培养成为能干的人。

二是组长跟岗学习制度。怎么做呢？就是让那些工作摸不着头脑的组长，到先进小组内跟班学习一星期。每天观察能干的组长是怎么做的，把人家的工作方法、工作程序、工作作风记录下来，然后回到自己组内实践。

三是友好结对发展制度。前面两个办法，依然解决不了弱势小组组长的能力问题，怎么办？轻易撤掉吗？不行。在我们班上，任期未满，自己没有提出要求，是不能够轻易撤的。再说了，干部，无非就是学生融入这个社会的一个岗位游戏而已，不必那么功利。我们要学会等待。怎么等待？让能干的小组和弱势小组结成友好联邦，经常性地开展联谊活动，帮助弱势小组的组长开展工作。

一般经过这三个环节的培训，每个工作岗位，孩子们都能够胜任。

**（4）新旧接替培训**

在我们班上，同一个工作岗位是有任期的。班规明确规定，每个岗位，不得连续任职两个学期以上。也就是说，最长连续任期是一年，超过一年，无论你多么优秀，都得把位置让出来。

这个理念，源于预防岗位腐败和形成班级不良小团体。因为长久性地让某些班干部担任某个职务，他们容易结成小团体，对班级管理不利。同时，在我们班上，我一直倡导，当干部是锻炼的机会，是服务奉献的机会，每个人都可以做一次。我们的目标是——把每个人都培养成能独当一面的领导，因此，每个岗位大家都要体验。

能干的人任职一年，退下来，优秀资源浪费了，不可惜吗？

在我们班上，不存在这样的资源浪费。如果一个孩子在某个工作岗位上做得很优秀，比如说班长，连续工作了两个学期，他退下来的时候，我会给他颁发一张证书——"荣誉班长证"。新班长选举出来之后，我会邀请老班长走到讲台上，郑重地邀请他担任班长顾问。

然后，新选举出来的班长会走到他跟前，谦虚地邀请他担任自己的职业导师。老班长呢？则要伸出自己的双手，主动去握新班长的手——这时候，我宣布：从现在起，新老班长结对帮扶开始！从此之后，新班长工作上的一切难题，老班长都要责无旁贷地帮助他解决。

于是，新旧干部接替培训开始。时间长的一个学期，短的一个月，具体视情况而定。

**（5）问题现场培训**

工作难免会有疏漏和差错。每次的疏漏和差错，对学生来说都是难得的培训机会。我们会召集同一个工作岗位的孩子集体研究解决。不管在职的还是退任的，也不管是班委会层面的还是小组层面的，同一个工作岗位的孩子都要来开会，集体研究这个问题怎么解决。

这有什么好处呢？没有吃过羊肉，要让他们看见羊跑啊！我的目的，就是要那些没有在工作岗位上的孩子学习解决这个问题的知识和方法。

比如说，今天早上负责开门的同学忘记带钥匙了，大家都到了，门还没有开。这是一个严重的出勤事故，怎么处理呢？在我们班，首先要调查值日的同学是出于什么原因而忘记了带钥匙。然后，把所有和开门交接工作有关的岗位工作人员召集起来，集体开会，研究下面一些问题。

1. 这次事故是偶然性的，还是工作程序中存在哪些疏漏？
2. 有什么办法可以预防和杜绝忘带钥匙？
3. 值日的同学忘记了，还有什么办法可以及时补救？
4. 值日的同学忘记带钥匙了，有什么办法可以解决进门的问题？
5. 进不了门的时候，该怎样组织同学们稳定情绪，专心学习？
6. 针对值日同学忘带钥匙，有没有备案一、备案二甚至备案三？
7. 针对这个事件，还有哪些岗位可以起到提醒作用？
8. 除了撬锁，还有没有更好的解决办法？

一个钥匙的问题，就涉及了卫生交接、同桌提醒、电话提示、备份钥匙、临时处置等多方面的工作内容。大家开会一商量，天哪，同一个问题，竟然还有这么多的解决办法！

能力是在实践中逐步培养起来的。经过这些培训之后，我们班的每个孩子都能胜任班干部工作。

## 5. 如何指导值日班干部开展工作

你想想，推行值日班干部制度，能满足多少孩子被人关注的愿望啊！

值日班干部制度是一个很好的制度，可以充分发挥每一个同学的聪明才智，建设美好班级，同时也让每一个同学都体验到参与班级管理的滋味，有利于增强个人荣誉感，提升精神境界。值日班干部制度一出台，就立即获得了广大班主任的喜爱，并在全国迅速推行。

但是，班主任都面临着一个同样的问题：值日班干部做班干部的时间不多，只有值日的那一天，那么，怎样才能使这一天成为学生生活中精彩的一天呢？

有一个成绩很差的学生，平时很少得到班主任和同学们的关注。她从小学到高中二年级都只是看别人做班干部，自己想都不敢想。高三到我班上之后，她实现了多年的梦想。这个女孩叫刘云，她在日记中写道：

"我终于可以做班长了！这个以前想都不敢想的愿望就要实现了，我激动得几天吃不好、睡不好。我就好像童话中的灰姑娘，穿上了水晶鞋，参加了王宫的舞会，那么豪华，那么引人注目，那么奢侈——甚至用奢侈还不足以表达我精神上的满足……"

你看，小小的一天值日班长，对她却有着那么大的吸引力和诱惑力，能够给她带来那么大的满足感。你想想，推行值日班干部制度，能满足多少孩子被人关注的愿望啊！

所以，帮助孩子们实现这精彩的一天，意义很重大。我的做法是：

**(1) 鼓励学生从台下走到台上，实现从卑怯到成功的飞跃**

也许对经常做班干部的同学来说，值日班长不算什么，但是对于那些从没有做过班干部的学生来说，就不一样了。有些差生干坏事很有胆量，做班干部却怕得要死——原因有很多，不自信啦，自卑胆怯啦，害怕别人反对啦，有悔罪感啦，过于新鲜紧张啦……帮助学生从台下走到台上，就要花一点心思。鼓励与表扬是很好的武器，但是必要的操作方法也很重要。

比如，有些学生以前从没有上台讲过话，他们在下面紧张害怕得要命，控制不了自己的情绪。我就告诉他们如下的镇定办法。

把头抬起来，挺胸，拉开双肩，深呼吸三次，想象一盆水从头顶淋下来，使自己燥热的心逐渐冷却、稳定。

问自己：最糟糕的局面是什么？找出可能发生的最坏情况之后，让自己完全地接受它。

然后对自己说：没有比这更糟糕的事情了，还怕什么呢？走，上去，上台去发言！

这个方法很好，很多同学就这样被我逼上去了。之后，他们说自己体验到了意想不到的成功和精彩。原来有很多事情，他们能行！

**(2) 帮助学生正确处理班干部与同学之间的关系**

尤其是平时表现不好的学生，更要帮助他们树立"当干部就要为班级服务"的观念。由于这些同学平时得罪了不少班干部，所以有些班干部想以其人之道，还治其人之身，结果他们也不遵守纪律了，这样可能会使值日的学生很难堪。这就需要班主任多做同学的工作，不能够用这种方式来报复。同时，更要告诉值日的学生，干部不能享受特权，干部就要为班级服务，今天你做干部，就要给班级服务，你的姿态就要比别人高。

差生曾利民在值日干部日记中写道："原来我自习课的时候爱说话，班长管我我还不愿意听。我做班长那天，发现一名同学上课说话，我去管他，而他说，自己都不怎么样呢，还管我。我心里很难过。从此以后，我上自习的时候尽量不说话，平时也会帮班干部做一些事。因为我明白了一个道理，那就是干部是为同学服务，而不是刁难他们，我只有做好事情，才是对他们最大的支持。这样，我觉得我各方面都有了进步。"

此后，班级的各种物品，比如桶、花、罩帘等，他都主动去保管。班上也形成了这样一种风气：每天的卫生工作大家各司其职，做完自己分内工作的同学，会主动为班级做一些力所能及的事情。大家都以为班级做贡献为荣，没有人认为自己多劳动是吃亏了。良好的班风就这样形成了，而良好的班风又为学生的健康成长提供了有益的环境。在这样相辅相成的气氛中，学生们积蓄了走入社会的资本。

**(3) 增强竞争意识，引导学生参加最佳值日班长评选活动**

期中考试后，为了培养同学们的竞争意识，为了给更多的同学锻炼的机会，我们进行了第二次班干部竞选，组成了两套新的班委会，让他们互相监督，互相学习，轮流执政。在这种氛围下，班干部工作时很尽心、很认真、很负责。

我把自习课交给班干部，让他们组织讲课、讲题、听写、默写。这样，既锻炼了班干部的能力，又树立了其威信。

我们还策划了很多活动，如主题班会、圣诞晚会、学习竞赛、小组竞争、辩论赛、跳绳比赛、下棋比赛、大合唱等，这些活动，都交给班干部们组织安排，既锻炼了他们的能力，又给班级带来了活力，还给同学们带来了很多快乐！

期末快放假的时候，我兑现了他们评选最优秀值日班长的诺言，亲自主持了评选工作，并给最佳值日班长、最佳值周班长、最佳值日生颁发了奖品和奖金。

一位老师念师范时，其心理学老师讲过下面这个故事。

海边，无数条小鱼被海浪冲上岸。一个孩子不时弯下腰，捡起一条条小鱼，扔向大海。鱼儿在空中划出优美的弧线，落入海中，快乐地游走了。有人见孩子太辛苦，就去劝他："这么多鱼，你捡得过来吗？再说了，费这么大力气，谁在乎呢？"孩子头也不抬，边捡鱼边说："这一条小鱼在乎，这一条也在乎，还有这一条、这一条、这一条……"

讲完故事后，心理学老师说："不论是从事什么职业，都不能拯救所有的人，但只要有一些人的生活因为我们的存在而变得不同，这就够了。"

这个故事放在班干部值日这件事情上，我想说的是，别说值日对老师不重要，因为我们365天，每天都会面对那么多学生，可是对一个孩子来说，一个学期，他也许才值日两三天，谁能说他不在乎？

让我们在乎每一个孩子的值日吧，只有这样，才能让值日成为孩子们心中快乐的节日。而且我深信，当值日成为孩子们心中快乐的节日时，你的班级管理就轻松了。

## 6. 展现出一个领导团队的光辉

> 什么时候我们的班委会和队委会变成一个民主管理的整体了，我们的民主教育就深入人心了，班主任也就轻松了。

回忆一下，从小学到大学的整个求学生涯中，你什么时候感觉到"班委会"和"班干部"的区别了？你感觉到少先队里队委会的存在了吗？没有，仔细想一想就会发现，我们根本就没有这个概念！我们感觉到的，就只有班干部和队干部的存在。

我曾经说过，中国以前的教育，实质上是精英人才的教育，这种教育的结果，就是我们培养出了一大批属于个人英雄主义的学生精英。这些少数的学生精英，使我们的教育业绩辉煌了。它让少数通过者成为教育的受益者。

而我们的班干部，他们的工作只体现出自己的个人价值，也就是说，他们很少作为一个团结的整体——班委会，展现过他们团体的光辉。

这种教育方式，和我们所要求的素质教育是背道而驰的，也与我们做一个会偷懒的班主任的目标严重不符。我想，什么时候我们的班委会和队委会变成一个民主管理的整体了，我们的民主教育就深入人心了，班主任也就轻松了。

我想，"班委会"作为一个"会"存在，首先它就应该是以会议的形式，商量、研究和管理整个班级，而不是由单个干部来开展工作。它展现出来的应该是集体的智慧，表现出团体应该具有的精神。

要发挥会议的功能，首先要确保这个会议能够有效地召开。这一点做起来确实很难，对于学生而言，这至少有两个层面需要超越：第一个是超越班干部做事要听从班主任指挥这一个层面，也就是说，班干部至少要能够单个地、自主地开展工作，而不是需要班主任时刻指导。学生超越了这个层面，班主任才能够实现遥控——由孩子们自己动手管理班级事务。第二个是他们要学会发挥集体的智慧有效地开展工作，换句话说，就是他们能够懂得研究工作、协调工作，懂得用集体的力量来解决工作中个人不能够解决的问题。学生超越了这个层面，班级建设就很卓越了。

这样说起来似乎很难，其实操作起来很简单，你只要给班委会制定一个规矩——定期召开班委会，研究、部署和安排工作，就行了。不要担心你的班长主持不了这个会议，只要你交给他主持的任务，他自然就会想办法完成。连这个分内之事你都不放手让他做，他还能够做什么呢？只要班干部达到你的目的和要求，其余的你可一概不管。

我常常讲，老师不要把班干部应该做的事情全部包揽了，要放手让他们自己去做。学校也是一个小小的社会，一些事情做不通了，他们自己知道怎样改正过来。我就是这样让我的班委会开展工作的。

上周，我们班的班委召开了第一次会议，申波超希望我能够主持。我一句话就回给了他："我作为你们会议的特邀代表，列席你们的会议吧，但是我不发言，不表态。"我只是要求他们每一个班干部，必须把班级工作当成自己的分内之事，都要发表意见。不能说那件事情不是我分内的，我就不管了。那不行，那样会开与不开，就没有本质区别了。开会的目的就是集思广益，就是要大家发言。我这样逼他们，并要求他们把会议制度化，每周一次，"一周一议"。

开会的时候，我去了。那天一起列席会议的，除了常务班委会的七名同学外，还有值周的七名同学。会议在我的办公室里进行，申波超主持了第一次班委会，议题是研究怎样夺取下周的学校"双文明班级"称号。开这个研究工作的会议，我发现每个人都很激动，他们觉得，能够参加这个会议，是同学们对他们的信任，是一种光荣和责任。

虽然我前面说不发言，但是实际上我还是发言了。班主任坐在那里不说话，孩子们会有顾虑，怕自己说错了或说得不恰当。我说什么呢？我只是用肯定的语言，真心地赞美每一个发言者："你们的发言都很不错。"有时候仅仅是引导一下，"如果我没有理解错的话，你的意思是不是说……"把他们模糊的想法点透——初次开这样的会，因为激动，因为没有经验，不是每个学生都能把自己的想法完整地表达出来。这个时候，就需要班主任给予鼓励、引导和帮助。我只做这些，至于具体的事情如何做、该由谁来做，我一概不表态。

孩子们做得很好，申波超表现出主要领导者应该具有的风度，多听，多记录，少插嘴，尽量等大家说完之后再表态。他的意见果然凝聚了集体的智慧，我当时就表扬了他。

副班长陈昊对"一周一议"提出了新的见解，他建议把班委会议的形式拓宽，范围扩大，在黑板报上开辟专栏，设立"一周一议"话题，让全班同学来发表意见，这样可以更广泛地听取同学们的真实想法。

这个提议好！我问他们还有没有更加详细具体的办法。黄小梅说："可以结合学校安排和我班的工作实际，每周按计划、有步骤、分层次、多视角地拟定一个中心话题，在每周例行的班会课上由班会主持人公布给全班同学，同时将我们事先研究确定的话题中心的素材、论点、论据、话题内涵和意义等，一并粗线条地介绍给全体同学，供同学们参考。然后向全体同学征稿，限定一周内完成，每个小组不得少于两篇稿件。各小组的组长具体负责，分工到人。所有稿件由宣传委员整理审查，确定下来的稿件由本人抄写并签名，然后上宣传栏，一周一换。期末评选优秀稿件并进行奖励。"

申波超问宣传委员杨君有什么想法，杨君只提了一点："每周话题要能够引起同学们的兴趣，选题要贴近学生，结合实际，扬善抑恶，适合学生议论、探讨。"他表示很愿意把这个工作接下来。

刘亚红、雷振梁、曹艳红等也发表了自己的意见。

班级管理上台阶、上层次，必须要调动全体同学的积极性，依靠全体同学的集体智慧和共同参与。一些思想教育、规章制度的实施，如果全由班主任单调地正面教育，硬性灌输，强制执行，往往是说者苦口婆心，听者不耐其烦，学生听的多，想的少，思考回味的少，在思想上引起共鸣、震撼的更少。正面教育如果达不到引发学生自我教育、变遵守规章制度为自觉行动的话，就是失败的。"一周一议"活动的开展，强调学生多思考，增加学生自我教育的机会，迫使学生提高思想理论水平，使学生明确"应该怎样""不应该怎样""为什么应该这样""不这样行不行""还应该怎样才能更好"。大家经常心理换位，推心置腹，教育效果就大不一样了。

现在，我更加觉得，我的班委会真正是一个"会"了。

# 第七章

# 努力打造学生自主的良好品质

⊙让学生自己管事儿，就要抓好两件事情：一是要抓好机制建设，二是要抓好学生教育，两者缺一不可。机制建设是硬的制度建设，教育就是从内心激发他们发生根本性改变。

⊙在打造学生自主学习模式时，我要提醒老师们注意一点，那就是退到每个学生都能够接受的最低点寻找自信的依据，让他们没有理由后退了，他们也就催自己上进了。

⊙做一个会偷懒的班主任，并不是不去管理学生，而是要使管理效率达到最大化。让学生进行道德自省、是非自辨、错误自纠，比我们空洞的说教不是强多了吗？

⊙班主任工作最重要的不是管理，而是营造一种班级文化，让文化去熏陶、影响学生的心灵。当每一个学生从班级的每一个细小的地方，都能够感觉到自己的力量对集体的影响，都能够感觉到集体对自己的影响，那么，集体自主教育管理也就水到渠成了。

## 1. 让学生明白学习是一种义务和责任

——让学生自主学习之一

我就是通过讲透学习的意义、让学生明白学习的义务、建立学习机制、教给他们学习方法等，把学习自主权还给学生。一旦学生真正成为学习的主人，老师就轻松了。

班主任偷懒，如果学生成绩下去了，这个懒偷得再有水平也是假的，学生不认可，家长不认可，学校领导也不认可。尽管我们一再批判应试教育，但是更多的时候，成绩却是衡量一个人会不会做班主任的重要标杆。

学习的问题是老大难的问题，很多班主任就为解决不了学生学习的问题而头痛。在抓学生学习的问题上，我一直做得很轻松，轻松的一个重要原因，就是我一直对学生进行学习教育。我明白地告诉学生，学习是我们的义务，也是我们的责任。

让学生自己管事儿，就要抓好两件事情：一是要抓好机制建设，二是要抓好学生教育，两者缺一不可。机制建设是硬的制度建设，教育就是从内心激发他们发生根本性改变。

我一直比较注重对学生进行学习教育。学习教育做什么呢？主要讲学习的意义，不是一般地讲，而是往深里讲，把意义讲透彻："学习是我们的义务，也是我们的权利，更是在校学生每个人都必须做而且能够做到的事情。"

### （1）学习是改变我们命运的重要途径

学习永远很重要，无论是历史上，还是现实生活中，依靠学习改变命运的人数不胜数。在过去，朝为田舍郎，暮登天子堂，读书是许多寒门子弟出人头地的唯一途径。所以，过去有"书中自有黄金屋，书中自有颜如玉，书中自有千钟粟"的说法。

在近代，当满清政府处处挨打的时候，那些热血的青年学子更是以天下兴亡为己任，师夷长技以制夷，他们出国门、渡大洋，希望靠学习改变国家的落后局面。中国近代史，从某种意义上说，就是一部依靠学习改变国民命运的历史。

四川省 2000 年的文科状元李晓鹏说了一句很实在的话："尽管现在社会上很多人批评应试教育，但是我仍然对它充满敬畏。在中国这个 960 万平方公里、拥有着十多亿人口的国家，是什么东西给了我——一个来自大西南偏远小镇的孩子——到这个国家的首都来发展的机会呢？这就是学习，就是高考啊。"他始终记得父母讲给他的一句话：学习是改变一个人命运的重要武器，学习是一种最重要的能力。

这些都是很实在的例子，尽管读书不能够使我们富裕，但是至少可以让我们活得轻松一点。这难道不是大多数父母的心愿吗？我常常对学生说：你可以举出一千个、一万个不读书就可赚大钱的例子，但是我要告诉你的是，更多的人，是靠不断学习养活了自己。

(2) 学习可以丰富我们的精神生活

经常学习的人，不觉得生活乏味，无论走到哪里都是一个精神生活丰富的人。他永远都有自己的精神寄托，有事情的时候可以在工作中消磨时间，没有事情的时候可以随便翻开一本书、一本杂志，或者看一些休闲娱乐的文章。他绝对不会像那些精神空虚的人，纯粹依赖网站寻找感情和精神刺激。所以我说："一个经常学习的人，是一个懂得生活情趣的人，和他在一起，人们常会感受到知识的好处。"

(3) 学习可以提高我们的修养，增强我们的人际交往能力

《今日女报》曾经刊发了这样一则新闻：一个女孩到男方家相亲。男方的条件很好，人也不错，女孩觉得很满意。可是，接下来发生的事情改变了她的决定。由于初次去男方家里，没有什么事情可干，女孩就向男孩要杂志或者报纸看，男方说家里没有。问他有没有小说等其他读物，男方仍然说没有。于是，女孩对介绍人说："一个家里穷得连一点文字都没有的人，和他怎么能

够生活下去呢?"

### （4）经常学习的人，更能发现成功的契机

中央党校的一位教授曾经说过："喜欢学习的人和不学习的人，一看他的眼睛就知道。那些不学习的人，眼光是无神采的，甚至是一片懵懂和愚昧，而那些喜欢学习的人，他们眼睛里射出来的是智慧的光芒。"事实上也是这样，我们看到一些没有文化的人，他们的眼睛总是茫然的，甚至很死板。这样的眼睛，怎么能够发现生活中成功的契机呢？

基于以上四点意见，我向学生提出：学习是你们能够履行的、最基本的义务；"学生"的意思就是以学为生，学习是主业，在校学生必须把学习当成自己首要的义务。既然是义务，不论你喜欢不喜欢，不论你感觉有没有趣味，你都得做，是强制性的。很多老师在和学生谈论学习的时候，不敢将义务这层意思告诉学生，怕学生抵触。其实，我们越是不讲学习是义务，学生就越不会接受这种观点。我告诉学生，父母工作是一种义务，老师上课是一种义务，学生学习也就是他们在这个年龄阶段必须接受的成长义务，是义务，那就没有什么人情可言，只要是适龄孩子，都得学习。明白了学习是义务，那么每天该完成什么作业、该达到什么效果，就是他们自己的事情了。

在讲这个道理的时候，我发现一个规律——那就是我们老师讲得越大义凛然，学生们越容易接受。我们自己都觉得站不住脚的时候，学生也就不会买账。道理就这么简单，真理之所以让人敬畏，就是因为真理天生就具有一种不可侵犯的力量。老师要从骨子里有这种底气，这样在学生们面前讲道理的时候才会大义凛然。

## 2. 建立学生学习的自我激励程序

### ——让学生自主学习之二

建立学生学习的自我激励程序——"即使基础再差,也总有一件你能够做到的事情!"

有的学生,你让他读书,他跟你讨价还价:"老师,我不会读书!""我读不懂!"好,我尊重你,就当这些书都太难读了,不过,我会对学生说:"太难的事情我们不做,我们首先从最容易做的事情入手,总有一件事情是你能够做的。"

学生问:"哪件事情?"

"看人家读书,装装读书的样子。"

所有学生都笑:"这件事情确实太容易,我们能够做到。"

"能够吗?那么我们现在就从装读书的样子开始。不要让校长从我们教室门边经过,说郑学志老师班上的学生就只知道搞活动,不知道搞学习,那多羞耻啊!我们读不好书,先把读书的样子装起来,好不好?"

很多老师对这件事情不理解,装读书的样子,行吗?我说行的。很多事情就是这样,你先把做事情的样子做出来了,内容自然就跟着有了。很多基础差的学生,大事做不来,小事不想做,于是他们就只能在学校里混。一旦你退到他们能够做的最低点,告诉他们现在考第一名肯定做不到,但是装装努力学习的样子肯定能够做到,而且如果哪个同学装出了读书的样子,我就在班里表扬他,让他有权利先休息,先放学回家,先做其他事情。

于是,全班所有学生都帮我装读书的样子。一旦他们乐意装读书的样子了,我就把读书的样子告诉他们:怎样才是装读书的样子,自己不知道,先去尖子班看看人家是怎么做的。然后,我就带他们去学校的"尖子班"参观。我敢肯定,尽管每所学校都在抓素质教育,但是囿于升学压力,很多学校都办有这样的尖子班,只不过他们怕社会上批评,不叫尖子班,而是叫"实验班""动车组"等。对差班也是这样，把全校最差的学生集中在一块，起个好名字，叫"特长班""提高班""发展班"……目的都是一样，让家长没意见，让社会没意见，让上面抓不着应试教育的把柄。其实我们大家都知道，那是用来安慰家长和学生的。我就常常带这样的班级。这样班级里的学生，因为从来没有努力读过书，自然不知道努力读书是什么样子。我就带他们去看重点班、尖子班、清华班学生读书的样子。

尖子班的学生也很高兴，终于有了别人学习参观的机会啊，他们在这些学生面前有优越感、有自豪感啊！于是，他们也就认认真真地把读书的样子做给这些学生看。

回来之后我们就总结："同学们，他们读书有什么样子啊？我们学习学不了，先把读书的样子装起来吧！"

学生们自己就在下面七嘴八舌地讨论开了："人家做事情很认真，每个人的学习目的十分明确。我们在旁边看他们，他们理都不理我们。"与他们相比，我们有什么差距呢？"我们爱东张西望，爱讲小话，爱做小动作。"对，现在我们首先就装埋头苦读的样子，就装不讲小话、不做小动作的样子，看谁坚持的时间长一些。大家来比赛，怎么样？谁做得好，我们就奖励谁！

学生都感觉好笑，也觉得有趣，于是我们学不来，就装起来。形式之所以成为形式，就是因为它一定有合理的一面，这个装学习的样子很重要，它至少能够告诉学生：努力读书就是这个样子，我们可以通过这样做，使劲做到努力读书的样子。一旦学生愿意装了，他们就会觉得，其实要做到认真读书的样子也不难：无非就是眼睛看着书本，不东张西望；无非就是时间到了把学习任务完成，不拖拉、不胡乱应付；无非就是专心致志地做一件事情，不讲小话、不走动。

嘿，学生装出了读书的样子，在家里家长也高兴：你看，我们的孩子终于有点读书的样子了！老师们也高兴：你看，我们班终于有点读书的样子了，上课不闹了，人人有事情做了。要知道，人都是爱慕虚荣的动物，无论处于怎样的年龄，都喜欢人家赞美他、恭维他。家长、老师到处一表扬，你说，你们班的孩子会不会朝着这个装样子的路上走？而且，他们心里边也偷着乐：

大人们真是太好糊弄了，我们装点样子就能骗过他们。他们偷着乐就偷着乐吧，千万别揭穿他们。把戏把戏，都是假的；很多游戏，一揭穿就没有意思了。

时间长一点，有些学生就会这么想：我能不能对自己要求高一点点，真的把这件事情做出来？不要期待所有学生都能齐步走，本来每个人的智力和基础水平就是不一样的，要允许少数人先成为学习上的富裕户，然后才能够让先富起来的少数人带动大多数人。这些对自己要求高一点的同学，一旦开始认真学习，我们就要把他们找出来，请他们给同学们谈感想、谈体会，让学生教学生。

孩子们做什么事情都喜欢跟风，学习就是一阵风。我告诉老师们，只要你们班在装学习样子的地方有典型人物了，马上表扬宣传他，保证你们班的学风很快就好起来了。

我就是这样尊重学生的需要，从学生能够做的最低的要求入手，以退为进，让他们问自己几句话："虽然我做不到……但是我能够……"把他们逼得没有退路了，他们自然就上进了。

比如说，让差生写1000字的作文，很多老师觉得好笑：人家"挤牙膏"一样能把话挤通顺就可以了，还1000字呢！我说，只要你们按照我的程序办，你们班上的学生也能够写好1000字的作文。我是这样带学生写作文的——

"同学们啊，今天写作文。"

"不——会——写——"学生拖着长音回答。

"当然不会写，你们会写了，还让我站在这里干吗？我不是多余吗？正是因为你们不会写，才让我来教你们。"学生都笑。

于是，我就让他们每个人在心底问自己三个问题：

"我不能写出一篇好作文，至少能写出一段好文字吧？退一万步说，即使我连一段好文字都写不出，至少能写好一句话吧？每个人都有写好一句话的能力，难道就我不行吗？"

这样在心底问上三五次之后，每个学生都会承认，他们能够写好一句话。还会有好些学生恶作剧般地叫起来："郑老师，真的就只要求写好一句话？我们写好一句话，你就能放过我们？"

"当然!"我肯定地答复。45分钟,就只写一句话,我敢肯定所有的学生都很高兴。于是,所有学生都给我写一句话的作文。有几个同学快一点,他们写完了,交给我一看,作文就是:"今天老师让我们写一句话。"完了,他们问我能不能通过。我说:"怎么不能?这句话,时间状语'今天',主语'我',谓语'让我们写一句话',语法没有一点错误,而且没有一个错别字,连标点符号都对了,哪能不算成功的作文呢?"于是,大家都乐。

但是,我告诉大家,不要以为一句话作文很容易,我第一次让我们班那些差生写一句话的作文,还真有人写着写着就问我某个字怎么写。我就一笔一画地告诉他。"哦,是有点像这个样子。"他还自言自语。有的学生以前从不写作文,所以很多汉字认识他,他不认识那些汉字,总觉得好像在哪里见过,但是又不敢用,于是在那里磨时间,这个时候,我们就得告诉他。就这样,我们全班第一天,45分钟,就只写一句话。等全班同学都写完了,时间已经过了二十多分钟。然后我就做总结,就让学生在班上朗读一句话。完了,还有十多分钟,学生问我:"那现在干吗?"玩呗,学习任务完成了,那咱们不开心地玩,还干吗呢?

学生很高兴,觉得我这个老师太好糊弄了,于是什么事情也不做,就开心地玩。我也不去提更高的要求。孩子们告诉我,表扬他们的时候,他们最怕的就是我们在说他们怎么怎么好之后,突然来个"但是"。因为一旦老师说出"但是",孩子们就知道,我们又心里不满了,又要给他们提新要求了,他们达不到,该怎么办?我建议老师们,表扬就是让学生高兴,不要乘胜追击,不要提什么新要求,更不要说"但是"。你就让他们高兴,让他们高兴也是我们的教育目标嘛!不是老要求我们让学生快乐学习吗?我们就让他们快乐!

说到这里,可能有些老师会担心:这要求是不是太低了?以后你的课还能上下去吗?要我说,真正写好一句话并不容易呢!真正能把一句话写好,所有的问题就都能解决!

然后第二天,我走进教室,说:"孩子们啊,今天我们开始写作文,任务是——"

"一句话!"学生们兴高采烈地说,只要写一句话就完成任务,哪个学生不高兴呢？

我说："对——头。"

于是，学生又笑。他们笑过之后，我说："不过，今天写一句话，我们的要求要高一点点，高在哪里呢？这一句话要有点特点，让人家记住。"我告诉他们，自古文章，真正写得好的就是一句话，真正让人记住的就是最精彩的一句话。我对他们说："中国历朝历代的人写出了那么多的好文章，真正让我们记住的有多少？就只有一句话啊。你们看，我们记住李白，无非就是记住'床前明月光，疑是地上霜'嘛。记住杜甫，无非就是记住'朱门酒肉臭，路有冻死骨'嘛。大家还有没有其他的能够记住的？""没有！"他们能够记住，早就不在这个班上了，我就说他们说得对。然后我继续说："天才王勃的《滕王阁序》写得那么长，也无非让我们记住了一句——'落霞与孤鹜齐飞，秋水共长天一色'。作文没有什么难的，只要真正写好一句话就是了。"

学生们仔细想想，事情还真是这样呢！于是就继续写一句话的作文。我再告诉他们，这个一句话的作文要写好，要让人有新鲜感，觉得有意思，就得有下面一些特点：

一是奇，说别人没有说过的话，或者说别人心中有但是嘴巴说不出的话。

二是情，说让人感动的话，说一句打动人心的话，说一句抒情的话。一句话让别人马上流泪，它就是最动情的话……马上就有学生插嘴："一句话还能够打动人？"我说能，每个恋爱中的人，最打动对方、最让对方迷迷糊糊地跟着走的，是哪句话？就是"我爱你"三个字，对不？学生哈哈大笑。

三是要说得有道理，尤其是说得富有哲理，让人觉得深沉，体现出思考的价值，这样的一句话就有水平了。这样的句子也很多，比如说格言、警句、座右铭……学生一想，嘿，确实还真有这样的一些话呢！他们马上认同。

四是要有味道，要有趣味。说话无趣，别人读起来就会头昏脑涨。"说话有趣、风趣幽默的人，我敢肯定大家都喜欢跟他在一起。大家说对不？"学生异口同声地说："对！"那当然，咱老郑说的嘛！

于是，我第二天就让大家写符合奇、情、理、趣这些特点的一句话作文。有些学生动了脑筋，他们问我："可不可以模仿？因为这要求有点高。"我说：

"那当然，每个人写作文都是从模仿开始的，没有人天生会说话，你说对不？"

这下学生吃了定心丸，写出来的作文就五花八门了，但是也不乏如下精彩之句。

1. 思维奇特的

我们只有一个地球，所以你要爱护地球；地球上只有一个我，所以你也要爱护我！

作为失败的典型，你实在是太成功了。

不是我很丑，只是我美得不够明显。

2. 写得有理的

唾沫是用来数钞票的，而不是用来讲道理的。

顾客是上帝，但是我们不是，我们只是上当。

失败是成功之母，但是没有成功，再多的失败也不会被人关注。

心若没有栖息的地方，到哪里都是在流浪！

3. 富有趣味的

逃课太多，昨天想去上课，见到老师，老师惊讶地说，这么长时间不见，长这么大了。

做梦梦见吃意大利面，早上醒来发现鞋带没了！

红豆现在不长在南国，长在我脸上了，真相思！

不能自拔的，除了爱情，还有别人地里的萝卜。

别人说在哪里跌倒，就从哪里爬起来；我从哪里跌倒，就坐在哪里哭……

4. 感情丰富的

昨天你打电话给我，说你已经坐上去南方的车，我的眼泪一下子就流出来了。

当岁月的书笺慢慢发黄时，这些曾经年轻的一切，依然清晰如昨。虽然朴实，但很珍贵。

你就要走了，而我，我的心好慌。我笑着跳着嬉戏着喧闹着，别人以为我不在乎、我太无情，而我，我如何说呢？我的这种方式原本就是对离别的最深重的牵挂，而你又如何会相信我内心对你的真正情感？又如何能让别人相信我把泪藏在心底，默默祈祷的只是你一路的平安？

不要说这些都是抄袭的，或者说都是模仿的，没有价值。人家能够脱离书本，脱离工具，在课堂上把它们想出来，就不容易了，就要表扬啊！于是，我又热情洋溢地表扬了他们。

第三天，我走进教室。"还是写一句话的作文吗？"学生问。我笑："当然，我们今天就继续写一句话。"

第三天的一句话作文怎么写呢？我告诉他们如何在文章中突出一句话，如何让人家一眼就看出我们用了心思的那一句话，然后用我们精心构造的、打动人心的一句话征服读者。学生们都很高兴，也很惊喜。于是我就告诉他们：精彩的一句话做作文标题，就是文章的眼睛，可以让人的眼睛一亮；精彩的一句话放在文章开头，能够让读者看第一眼就被吸引。王国维评诗时说"起句当如爆竹，初响易彻"，开头就让人家大吃一惊，绝对精彩。如果开头没有想好，很多精彩的句子是写着写着就出来的，怎么办呢？那就在文章中间单独成段，独立出来，人家不是一样能够看到吗？这叫什么？这叫特立独行、奇兵突袭。武侠小说名家温瑞安就喜欢玩这一招：被对手一刀劈杀了，赞美一句"好快的刀"，作为一段，然后第二段是"倒地，尸体成两半"，完了。就两句，却作为两段。你说是不是吸引人？学生又认同。再就是在文章尾巴和段落结尾，把我们精彩的一句话展示出来，这叫什么？叫意尽而止，说到精彩处，马上戛然而止，不说废话，人家不就看见了吗？

哎，真有很多好文章就是这么写的呢！学生赞同。于是，第三天，我就告诉他们如何在一篇文章中突出我们精心构思的一句话。我说，肥肉不能够埋在碗底下给人吃了，精彩的一句话就是我们送给人家的好处，我们得想办法让人家看见。于是，学生就继续跟着我写，一天一天，他们写作文的能力就上来了。

实在有学生偷懒了，有学生感觉为难了，我就让他们每天自问下面的三句话，并把他们抄写在语文课本的扉页上：

第一句话：我不能写出一篇好作文，至少能写出一段好文字吧？

第二句话：退一万步说，即使我连一段好文字都写不出，至少能写好一句话吧？

第三句话：每个人都有写好一句话的能力，难道就我不行吗？让我成功的作文从写好一句话开始！

这就是我提炼整理的作文自助教学激励法。2002 年，自助作文教学法被评为湖南省第六届基础教育教研教改成果一等奖。我班上的学生，最差的那些学生，参与一句话作文实验的学生，32 个人，当初不会写作文，说起写作文就头痛，高三跟我学习一年，在市级以上公开刊物上发表作品的就有 17 人。作文写好了，语文的其他能力也就上来了。当年，那个班 19 个人参加高考，平均语文成绩 109.5 分，最高分为 117 分，成了我所教学生中的一个传奇。

在打造学生自主学习模式时，我要提醒老师们注意一点，那就是退到每个学生都能够接受的最低点寻找自信的依据，让他们没有理由后退了，他们也就催自己上进了。

实在有些学生不想读书，一句话作文也不写，怎么办？总有一件合法的、正当的事情让他们去做。我班上的学生曹志勇说听不懂课，也没有兴趣。怎么办？我对他说："你总得做一件和学习有关的事情吧！不然老师批评你，同学盯着你，你日子也不好过。"他想了好久，告诉我说他愿意写字。写字这东西，不打扰老师，不影响别人，我说行，并且还帮他跟其他任课老师说好话："就让他写字，只要他不捣乱，不影响你上课，作业就不要写了，笔记也算了，就让他练字。"高中三年，他就在学校练字，居然也练得一手好字。他毕业之后当兵，因为字写得好，被任命为连队文书，后来还转了志愿兵，现在他还是省级书法协会的会员，字都能卖钱了！

## 3. 教会学生自主学习的方法

### ——让学生自主学习之三

*"每天问自己学习上的10个问题！"*

很多时候，学生并不是没有改变自己的愿望，而是不知道该怎么做。有些老师恰好忽略了这一点，只对学生提要求，不给学生出主意，结果学生屡教不改，甚至越教越笨。怎么改变呢？班主任要偷懒，就要传授学生自主学习的方法，他们掌握了方法，自然就知道怎么做了。

自主学习提了好多年了，我认为自主学习是目前解决学生学习问题最好的武器。每个学生都是相对独立的人，学习是他们"自己的"事、"自己的"行为，是任何人不能代替、不可替代的。每个学生都具有自我独立的心理认知系统，有求得自我独立的欲望，有天赋的学习潜能和一定的独立能力，能够依靠自己解决学习过程中的障碍，从而获取知识。我们做老师的应该尊重他们，相信他们能够学好。

不过，人都是有惰性的，尽管我们提要愉快学习、快乐学习，但是更多的时候，学习是一种负担，没有学进去之前并不快乐，怎么办？告诉学生自律的办法。我每天让学生问自己下面10个问题。

1. 今天你有学习目标了吗？
2. 你把今天的学习目标分解成具体的学习任务了吗？
3. 你知道今天学习的重点是什么了吗？
4. 你根据今天的学习任务落实具体步骤和要求了吗？
5. 你今天按照计划学习了吗？
6. 你今天进行有效学习了吗？学习任务完成得怎么样？
7. 对比昨天，你今天的学习态度进步还是退步了，学习质量和效率提高还是降低了？
8. 你今天自我检查和总结了吗？

9. 你今天感觉到学习的快乐了吗？完成任务就是一种巨大的成就，你有这种感觉吗？

10. 今天你在学习方法和技巧上有什么创新没有？

反思是一个人进步的最好的武器，只有自己关心学习了，他的方法和效率才会上去。我让学生问自己这10个问题，其实就涵盖了学习的一系列做法，如明确学习目标、突出学习重点、制订学习计划、落实学习任务、检查学习效果、评估学习质量、反思学习过程、谋求学习突破等。

不要怕学生不会学习，只要你给他们下达任务，他们就会想办法完成。比如，有一段时间地理老师在外出差，课代表问我怎么办。我说，你们自己教呗！自己怎么教？我说，你们想办法，我不管。我还告诉他们，我读中学的时候，因为妈妈患病瘫痪在床上，离不开人，父亲要上课，我只好在家里照顾妈妈，历史、政治、地理这些能够通过自学就弄懂的东西，我都在家里学习，然后爸爸就利用我在家的时间去教室里给学生上课。就这样，我三年把所有文科的知识都自学完了，而且考得很好。我能做到，你们为什么就不能做到呢？

课代表不说话了，于是，他们就发动学生教。

那天正在上"长江"的内容，我走进教室一看，嚯，挺热闹的嘛。几乎每个学生都做到了课前预习，而且他们根据各自想到的问题分工备课。

申文在上面讲课，一上台就说："我们要打破平时老师一个人讲的惯例。今天我讲课，大家都不是学生，大家都是老师，可以提问，可以补充，可以自由发挥。"下面的学生积极性很高，配合得还挺像那么回事。因为理解不同，有时候还会出一些小偏差，其他学生马上就站出来争论。课堂气氛热烈极了。

刘晓红说，平时老师说要我们学会识图，大家总不注意，今天自己上课，发现识图太重要了。几个同学把长江水系图画在黑板上，边指图边讲，还画出长江流域一些大水电站的位置，并且编出顺口溜，形象、好记。真是出人意料！我故意坐在学生中间，如果觉得某个问题答案不确切或占的时间太多，不必重复回答，就举手站起来发言，以质疑的形式引入下一个话题。刚开始时学生看我举手要求发言都笑了起来,但很快就接纳了我这个老学生。

45分钟很快就过去了,还有不少同学跃跃欲试,纷纷要求"黄河"一节还由他们自己上。课已尽,趣犹存。

你看看,学生需要的是什么?学生需要的不是我们被动的辅导,而是要自己做主。人天生就有一种有所作为、被人赏识的需要。学生需要自我实现、自我尊重,需要得到老师的支持,需要做有趣并且有挑战性的事情。而这些,自主学习可以给他们提供机会。

把学习自主权还给学生,一旦学生真正成为学习的主人,老师就轻松了。

## 4. 学生行为自律是我们放手的前提

*"我们和他们不一样!"——防止堕落、防止松懈,守护自我的行为自律武器。*

自主教育管理,最重要的一个问题就是学生的行为自律。如果学生不能够自律,自主就是一句假话;自主是一句假话,班主任在很多事情上想偷懒就不成。学生行为自律是自主教育管理的基础,也是我们放手让学生自主教育管理的前提。

在训练学生行为自律上,我觉得李镇西老师在这方面做得不错,他提倡的"我们和他们不一样"很值得推广。为什么呢?这句话开启了学生自我良知的对话,用自己和"他们"不一样来守护自己的心灵。

我们对学生进行自主教育,要求学生不断向高标准看齐,有些学生会问:"我们为什么要那么做,不那么做不行吗?"你要求学生树立远大理想,他们说:"我们没有理想不行吗?我们就想做平凡的人。"因此,激发学生与低俗的思想做斗争，激起他们向上的愿望，就要告诉孩子们："我们不要和那些差生、坏学生比，我们和他们不一样，这是我们的自身责任和使命感决定的。"

每年接新生的时候，李镇西就会这样对学生进行入学教育："李老师还有一句话要送给大家。这句话是——'我们和他们不一样！'"然后，李镇西给他们算一笔同龄人求学的账，让他们感到在全国同龄人当中，"我们"的确是处于金字塔尖上。当学生确实认识到自己是幸运的那一批人之后，李镇西明确告诉孩子们："这里的'我们'就是有志向的你们！这个'我们'的确比其他同龄人承担着更多的使命！因此，我们和他们不一样！他们可以浑浑噩噩地过日子，但我们不能，因为我们和他们不一样；他们可以不学习而沉溺于电子游戏，但我们不能，因为我们和他们不一样；他们可以追逐庸俗，但我们不能，因为我们和他们不一样！他们可以没有理想，但我们不能，因为我们和他们不一样！他们可以放纵自己懒惰，但我们不能，因为我们和他们不一样！我们这辈子是要干一番大事业的！我们要在高中三年这流金岁月，充实自己的心灵世界，通过学习，通过书籍，与人类历史上的大师对话，因为——我们和他们不一样！"

我常常说，老师要学会"忽悠"，人需要一种积极上进的力量，孩子们每天都需要励志。看那些做班主任做得好的老师，哪一个不是善于"忽悠"的？当你运用正面的舆论把孩子们的责任感和使命感"忽悠"出来的时候，每个孩子都会有积极向上的冲劲的。

我在李镇西老师的这句话后面加了一个注解："我们和他们不一样！"——防止堕落、防止松懈，守护自我的行为自律武器。这个注解，李镇西老师没有说，但是我们可以明白地认识到。这句平常的话实际上就是时刻提醒学生，不要堕落，不要把自己等同于那些没有理想的人。这是守护自我、保持人格尊严的底线。

学生对人生理解得不是很透彻，当我们的要求过高、过严的时候，当他们自己也觉得累的时候，他们会反抗性地问老师："我们为什么不能和别人一样贪玩，我们为什么不能和别人一样旷课，我们为什么不能像别人一样偷懒？……"

是啊，每个人都有惰性，当惰性来了的时候，学生会觉得很累，会有一种厌倦感。这时，我们就需要给他们打气。这句话，就是明白地告诉学生："我们和那些班上的学生不一样，我们和别人不一样。我们是有追求的人，我们是有使命感、责任感的人！因为，我们承担的责任和他们不一样。"

教职校的学生时，我班上的学生和别人班上的不一样，我告诉他们，我们是培养老总的班级，他们是培养打工者的班级，我们和他们不一样；教普高的学生时，我推行作文教学改革，我班上的学生每周要写两篇大作文，我告诉他们，我们是成为作文高手的班级，他们是应付考试的班级，我们和他们不一样；带高三的学生时，我要求学生每周都做一套模拟试卷，我告诉他们，我们是竞争全国前十强大学的，他们是竞争二本三本的，我们和他们不一样；带私立学校的"富二代"学生时，我要求他们勤俭朴素，要求他们吃苦耐劳，我对他们说，我们培养的是未来主宰财富的人，而不是财富的奴隶，我们是要打破富不过三代定律的人，我们和那些躺在父母功劳簿上的人不一样；带实验班的学生时，我要求全班学生把所有的文言文和精彩的散文背下来，把所有英语书上的课文背下来，我对他们说，我们是挑战记忆极限的人，我们是学校改革的王牌，我们和普通班不一样……

心灵需要提醒，灵魂需要顿悟。既然不一样，我们自然就和别人不同啊！学生这样一想，就什么都能接受了。因此，当有老师问我，为什么你班上的学生总那么听话，是不是你有什么精神控制法？我说有，就是时常给他们励志。

我有一个观点，那就是学生每天都需要励志。

我想每一个班主任应该都会有这样的体会：刚开学的那一个星期或者三五天，再差劲的孩子，到学校里来都充满希望、充满上进的劲头。可是过一段时间，一个星期或者三五天之后，不少孩子就蔫了。提一个新想法，做一个新方案，搞一次新活动，几乎都会遇到这样的情况。当时孩子们受到感染，群情激昂，可是过几天，班上又回到了原来的样子。

不少班主任就问：学生怎么啦？我们做班主任的，究竟该如何点燃孩子们积极进取的激情？

学生没怎么样，这很正常，换了我们，也会是这样。有一个比较典型的说法就是"三分钟热情"。有些人在看完一本成功人物的传记，听完一场励志报告会，参加一个优秀班级的现场演讲活动，或者与明星伟人亲密接触之后，往往是当时听起来感动（感觉到热血沸腾啊），说起来激动（个个谈起来神采飞扬），想起来冲动（激情澎湃，恨不得马上就做），可是真正落实起来之后，就是三分钟热情——疲软不动了。生活又回到原来的状态，一切都好像没有什么变化。

这种现象其实很正常，用心理学的说法就是，人们进入了审美疲倦期或者到了审美倦怠期，这时候再高昂的斗志，再坚定的信仰，再富有激情的想法，如果没有新的东西持续给我们以刺激，经过一段时间之后，都会变得冷淡、平静，甚至一段时间之后，还会有人觉得厌烦、反感。

那么，我们该怎么办呢？

我想，我们首先需要做的，就是建立一种长效的情绪鼓动机制，把学生的激情鼓动起来，把它变成一种长期的精神动力。人的精神是可以鼓舞的，如果我们建立了一个长期有效的机制来稳定孩子们的追求，还有什么样的激情不能够持续呢？

任何一个人的心中都有两个"我"，两个"我"经常打架。一个高尚的"我"，一个卑下的"我"；一个勇敢的"我"，一个怯弱的"我"；一个奋进的"我"，一个甘于沉沦的"我"……老师要做的，就是想办法让学生的两个"我"打架，并想办法帮助学生让前者战胜后者。

很多成功的班主任都喜欢在班上演讲，实际上就是用演讲来持续刺激孩子们保持精神热度。我们多次这样鼓动："我们和他们不一样！"我们既然选择了读大学，就把自己与其他同龄人区别开来了，就意味着"我们"自动放弃了一种其他同龄人可以"享受"的"生活"。所谓"不一样"，不在于"我们"不会产生厌烦或者爱慕的感情，而在于面对这种感情，"我们"能够以高远的志向和坚强的意志表现出"我们"的与众不同，因为"我们"追求更长远的幸福，追求更有质量的生命，追求更持久芬芳的感情花朵！因为——"我们的确和他们不一样！"

这样，通过反复演说、反复鼓动、反复肯定，学生的自我意识增强了，精神境界有了新的提高。所以说，一个好班主任，要善于经常给孩子们"洗脑"，要用激扬的热情洗去孩子们的惰性。当学生的行为自律意识被唤醒之后，哪里还需要老师天天跟着他们、守着他们啊？

## 5. 唤醒学生的责任意识

*"我很重要！"——认识自我、激发自信，培养敢于担当的责任自省武器。*

什么样的人会不用扬鞭自奋蹄？那就是有明确人生目标、感受到强烈责任意识的人。

我在《文萃》报上看到下面这个励志故事。

第二次世界大战后受经济危机的影响，日本失业人数陡增，工厂也很不景气。一家濒临倒闭的食品公司为了起死回生，决定裁员三分之一。有三种人名列其中：一种是清洁工，一种是司机，一种是无任何技术的仓管人员。这三种人加起来有30多名。经理找他们谈话，说明了裁员意图。清洁工说："我们很重要，如果没有我们打扫卫生，没有清洁优美、健康有序的工作环境，你们怎么能全身心地投入工作？"司机说："我们很重要，这么多产品没有司机怎么能迅速销往市场？"仓管人员说："我们很重要，战争刚刚过去，许多人挣扎在饥饿线上，如果没有我们，这些食品岂不要被流浪街头的乞丐偷光！"经理觉得他们说的话都很有道理，权衡再三决定不裁员，重新制定了管理策略。最后，经理在厂门口悬挂了一块大匾，上面写着："我很重要"。

从此，职工们每天来上班，第一眼看到的便是"我很重要"这四个字。不管是一线职工还是白领阶层，都认为领导很重视他们，因此工作都很卖命，几年后公司迅速崛起，成为日本有名的公司之一。

这是那时流行的励志文章，公司的真正名字和出处不是很重要，重要的是文章后面的那一段感悟，我觉得很好。感悟是这样写的："生命没有高低贵贱之分。一只蜜蜂和一只雄鹰相比虽然不起眼，但它可以传播花粉，从而使大自然色彩斑斓。任何时候都不要看轻了自己。在关键时刻，你敢说'我很重要'吗？试着说出来，你的人生也许会由此揭开新的一页。"

"我很重要！"我觉得思考了很久的困惑找到了出口。这句话关键是激发了人们的自信心，提倡了一种敢于担当的社会责任感。当时，我的学生都是职业中学的学生，用他们自己的话说，他们是重点中学坚决不要、普通中学不屑、自己也认为没有前途的一类学生。因此，很多学生到职校来，目的很不明确，人生观比较颓丧。他们不正需要这样的一句话吗？于是，我就组织他们学习了这个故事，并让他们写写自己的感想。

我对他们说："不要认为你们不重要，其实每个人活着都很重要。现在你们每个家庭只有一个孩子，你们个人的幸福和平安就是整个家庭的幸福和平安，你们的优秀和出类拔萃就是你们家庭或者家族的优秀和出类拔萃，你们是父母的全部希望和寄托，你们自己说，你们重要不重要？"我还告诉他们："不要认为你对同学、朋友不重要，人生有很多偶然，也许很多同学和朋友的一生，因为你的一个建议、一句话而改变。人生关键的就是那么几步，我们在这几步内一定不能轻易否定自己、忽略自己、忽视自己对别人的影响，你说，你重要不重要？"

父母赋予我们生命，从呱呱坠地的那一刻起，就已经注定了我们是"重要"的。作为子女，我们在父母眼中是重要的；作为学生，我们在老师眼里是重要的；作为公民，我们在社会生活中是重要的……说自己不重要，于己于人，都是一种极不负责任的说法。

他们也许会说："我真的不重要，我对社会没有什么贡献。""诚然，我们只是芸芸众生中微不足道的一分子，但是，一个人只要安安分分地在社会中干好自己的工作，就是对社会最大的贡献。你是工人，你能制造零件，你很重要；你是个体户，你的商品能满足大家的需要，你很重要；你是学生，你能努力学习知识，你很重要。茫茫人海中，我们扮演着各种角色，一个都不能少。撇开金钱与名利，站在灵魂的高度上，我们每个人的地位是平等的。我们同等重要，即使我们的作用各不相同，但是，这并不影响我们的重要性。"

"或许你身无分文，或许你毫无文采，或许你智力低下……可是，在你身上，你总能发现一个闪耀的亮点——生命！生命，是神圣而不可侵犯的，它是不容许任何人亵渎的！你应为你身上具有如此珍贵的生命而深感欣喜！它是你这一生中的财富，也是这世上最美丽的瑰宝。"

我的这些话，把孩子们内心的热情激发出来了。我还趁机给他们讲了"重要他人"的概念。这个概念是美国心理学家哈里·斯塔克·沙利文（Harry Stack Sullivan）提出来的，意思是指对个体在社会化以及心理人格形成的过程中具有重要影响的具体人物。重要他人可能是父母长辈、兄弟姐妹，也可能是老师、同学，甚至是萍水相逢的路人或根本不认识的人。这些人看起来不是很重要，但是他们的一个举动、一句话，能够引起别人心灵上的震撼，因此而改变别人的一生。那么，这些人，就是别人命运中的重要他人。我给学生列举了很多这样的案例，请他们进行了一个小练习——写出你认为的你生命中重要的人。很多学生写了父母、亲人和同学，当某个学生的名字在别人的纸条上出现的时候，我们就大声地读出来，并对那个孩子说——你看，你多么重要！这个活动，让学生明白了自己对别人多么重要。

这样，从自己、从他人两个方面让孩子们认识到——我很重要。这对学生的影响很大，他们认识到，到职校来不是混日子的。陶行知说"人生是为一大事而来"，我们存在于这个世界，就有自己的一个位置。学生被鼓动得热血沸腾，一个叫宁远斌的学生还写了这样一篇作文《看重自己》，我把它记录在此，供各位参考。

看重自己

宁远斌

日本一家濒临倒闭的食品公司为了起死回生，决定裁员。经理找到被裁人员说明情况，但被裁人员都有充分的理由证明自己对公司很重要。经理觉得他们说得很有道理，就改变了裁员策略，在公司大门口悬挂一块醒目的大匾："我很重要"。这样职工每天到公司第一眼就能看到。

这是报纸上的一则消息，虽然没有写出后来的结局如何，但它不失为一个让每个职工看重自己、激发潜能的好方法。重视自己，生命没有高低贵贱，任何时候，都不要轻看自己。

看重自己，就是智者对人生充满信心、勇气和毅力，就是在人生的低谷中不妄自菲薄，不悲观失望，不盲目，始终坚信自己能走出低谷的那份执着；就是在黑夜中，耐心等待光明的那份心境。看重自己，也就是在人生的高峰时不得意忘形，始终清醒地知道自己的分量。——看重自己，原本就是自知、自明和自信呵！

刚愎自用、以自我为中心的人不是看重自己。在狂妄中失败甚至毁灭了自己，怎么能说是看重自己呢？碌碌无为、胆小平庸、不思进取，每天看着光阴从鼻尖流失的人，什么事都趑趄不前、患得患失的人，不是看重自己。公司使用的若是这样的人才，不倒闭才怪。那种随时都害怕失去小我利益，却忘了大我的气节、进取和成功的希望的人，是对自己不负责任，那又怎能说是看重自己呢？从某种程度上说，日本的那家公司让每个职工看重自己，原本就是对这些不看重自己的想法和行为的挑战。

只有看重自己，才能激起进取的勇气，才能感受生活的快乐，才能最大限度地激发自己的潜力。看重自己，原来就是看重自己的一份力量呵！不论力量多么微弱，都可以发出光华。拿破仑就曾经说过："在我的字典里没有'不可能'的字眼。"这是对自己力量的何等自信！也正是因为这种自信，拿破仑才得以成为叱咤欧洲的一代名将。

看重自己，还是勇者敢担当责任的表现。"天下兴亡，匹夫有责"，就是看重自己的人在紧要关头明白自己责任的表现，彰显了责无旁贷的胸襟和气概。看重自己的人从来就是这样，一棵小草不能绿遍整个世界，但却有美化春天这一不可推卸的责任。公司的发展，国家的命运，人类的前途，不是我们哪一个人就能左右得了的。但恰是众多的看重自己的人在紧要关头意识到了自己的责任，才如潮水般地推动着历史前进。毛泽东站在历史的潮头由衷地感叹："人民是伟大的，人民是创造历史的真正英雄。"这正是对每一个看重自己并勇于承担责任者的真切评价。

重视自己，觉得自己是有价值的人，并且把它落实到行动中去，你就会变得真正有价值，那么，你也就迈入了成功的大门。

关键时候，如果你敢说"我很重要"，你的人生也许将从此揭开新的一页。

职业中学的学生能够写出这样的文章，确实不容易。这篇文章后来被广泛采用。这件事情更激起了学生的自信、自强和勇于担当的意识。我常常对他们说："每个人都很重要，每个人的行为都会影响班级操行评估得分；班级活动离不开每个同学的支持，哪怕有一个同学应付，那个活动就不是完美的，你敢说你不重要？班级管理，每个人都很重要，少了哪一个都不行，你敢说自己不重要？"也许有些学生会观望，但是你把这一点落实到行动中去之后，他们就会从内心接受你的观点了。

自主教育管理，就要激发学生这种"我很重要"的主人翁意识，激发他们勇于担当的精神。我建议大家每天带领学生大喊三句：我很重要！也许喊第一句的时候，他们会觉得好笑，但是反复地喊，喊出自豪，喊出严肃，喊出庄重，时间一长，这句话就进入他们的内心了。当他们把这句话化为行动时，所激发的力量和热情将不可阻挡。

"我很重要！"还有另外一个版本，那就是"做最好的自己"，做好学生的本职工作，照顾好自己的身体，展现自己的能力，提升自己的修养。我经常对学生谈下面的三个观点。

**（1）做最好的自己，首先是做一个自知的人**

要明白自己是个怎样的人，有哪些独特的地方，有哪些优点和缺点，有什么兴趣和爱好，有什么理想和志向。我一直提倡用理想教育来鼓舞和激发学生的上进心。很多老师说，这年月谁还谈理想啊？！我的看法是，不管别人谈不谈理想，我们做老师的一定要和学生谈理想。不和学生谈理想，他们就会对自己的人生缺乏设计、缺乏定位。一群没有理想和追求的人，你要带领他们安静平和地度过三年甚至更长的时间，你将耗费比理想教育更多的时间来安抚他们躁动的心灵。

我常常对学生说，什么是理想？我认为理想不是虚无的东西，也不是政治化的要求。理想是什么？理想就是根植于我们灵魂的、我们自己的心灵追求的高度。我们对未来家庭、事业的设想，对自己人生发展的规划，对自我价值实现的预期目标，这就是理想！不管你活得多么卑微，理想都是让你感觉未来还有希望和盼头的、最有效的精神支撑力量！你可以没有亲人，你可以没有朋友，你可以没有健康的身体，但是，在你身处逆境的时候，如果你心里没有渴望，我敢肯定，你的生命之火即将熄灭。为什么有那么多人会在自己的事业高峰时选择自杀，为什么有那么多人会在前途迷茫的时候选择跳楼？就是因为他们感到绝望。有什么比心灵的绝望更让人受到打击的呢？我们用什么来衡量自己的理想有没有实现？就是以自己的心灵是否满足、是否感觉到幸福作为标准的。慰藉自己的心灵，就是慰藉自己的理想。我告诉学生，高中三年一定要有明确目标，不要在走出中学校门之后深深感到后悔，感到自己浪费的时间太多。人生没有回头路，我们永远要珍惜这一次。当学生明白这一点之后，就会在平时的学习中、生活中多一份坚守和执着。

**（2）做最好的自己，要学会接纳自己**

无论你的家庭多么贫困、你的父母多么无知，你都要承认他们，坦然地接受他们；镜子里的那个人就是你，你要满心喜悦地面对他，像欣赏艺术品一样去欣赏他。每一个人在世上都是独一无二的，都拥有自己的价值。你身上的每一个特点也都染上了你的色彩，尽管时尚流行着其他的色彩，但你不用担心，也不用害怕，更不用盲从轻率地做出改变，因为你不是别人的附属品，你仅仅是作为你而存在。

### (3) 做最好的自己，要不断完善自己

最好不要和别人比，天外有天，人外有人，和别人比较，你永远都成不了最好的那一个，你也永远享受不到成功的喜悦。最好是和自己比较，和过去的自己、和昨天的自己比较，成为今天最好的自己，努力让自己的每一个今天都有收获、有进步。做最好的自己，不在乎你昨天是怎样的人，不在乎你的底子有多薄、基础有多差，只要努力，你就可以比不努力的你更好，只要你坚持努力，你完全可以成为最好的自己。

君子动口不动手，一个优秀的班主任应该是天才的演说家，要用一切办法来激发学生的责任自省意识。

当学生明白自己很重要，当学生明白每个人都能做得更好，你说，他哪里会不积极进取呢？当一个学生明白现在的付出对未来的作用时，当一个学生对自己的行为开始负责时，哪里还需要我们苦口婆心地说教啊！

## 6. 用道德自省打造和谐的人际环境

"让人们因我的存在而感到幸福！"——和谐人际关系、营造集体环境，塑造人格魅力的道德自省武器。

李镇西把"让人们因我的存在而感到幸福！"这句话作为班训。

我认为，在实际工作中，我们不是靠自己代替学生做事来解决问题，更多的是靠思想来影响和教育学生，更多的是靠文化的引领。只有文化治班，才能达到潜移默化的效果。所以，当孩子们找到自信和抵抗诱惑的武器后，如何构建和谐的班级环境，打造良好的人际关系，使班级少出问题或者不出大问题，就是我们要做的事情。我觉得在这一点上，李镇西的班训很有推广的价值。

每年开学初，李镇西都要这样对孩子们说："让人们因我的存在而感到幸福！我把这句话作为礼物送给你们！请你们在心里默念一遍：'让人们因我的存在而感到幸福！'这既是一种伟大崇高的价值观念，同时也是一种平凡朴实的实践行为。"

李镇西认为："做一个'让人们因我的存在而感到幸福'的人，往往只需'举手之劳'：公共汽车上，你为一位老人让座，这位老人就会因为你而感到生活在这样一个文明的社会环境中是一种幸福；在街头，你热情耐心地回答一个外地人的问路，他就会因为你而感到能够得到一个素不相识的人的真诚帮助是一种幸福；在教室楼道，你主动上前帮老师抱作业本，老师就会因为有你这样的学生而感到幸福；有同学病了，你哪怕是送上一句亲切的问候，他也会感到有你这样的同学是一种幸福……"

所以，李镇西对学生呼吁："今后在我们班，当某个同学遇到困难时，你如果第一时间出现在他的面前并伸出温暖的手臂说，'别着急，有我呢！'那样，他会因为有你而感到班集体无比的温馨！我希望在我们的集体中，大家有共同的追求、共同的荣辱、共同的精神支柱、共同的心理依托；成员之间互相友爱，互相帮助，谁也离不开谁；每一个人都为集体的挫折感到难过与忧虑，集体为每一个人的成绩感到欣喜与自豪。"

有一次开学，李镇西说了这句话以后，叫学生去领教材。发教材的时候，有一个学生说："李老师，这本音乐书是破的。"李镇西一看，那本音乐书的封面破了。该怎么做呢？第一，他可以把这本书退回图书馆，换一本新的、封面好的。第二，他也可以告诉这位同学："现在你就把这本书拿着，就你用，封面破了并不影响使用，而且破得也不是太厉害。"但是，李镇西采用了第三种方式，当看见这本书的封面的时候，他就想，机会来了。

什么机会来了？教育的机会来了！他马上在班上把这本书展示一下："同学们看，这本音乐书的封面是破的，但是内容并没有受影响，李老师想问一问，哪位同学愿意要这本封面破了的教材？"这时，一个同学一下子把手举起来了，接着两个、三个，几乎所有同学都把手举起来了。李镇西把这本书递给了第一个举手的同学："这位同学叫什么名字？"这个学生很不好意思地说：

"我叫于建忠。"

于是，李镇西马上大声地说："你们看，此刻，我们每一个人都因为有了于建忠而感到了班集体的温暖！不是吗？不只是因为于建忠，还有所有举手的同学。我们班级有了这么多随时想着别人的同学，我们每个同学都感到无比的温暖，这就叫作'让人们因我的存在而感到幸福'！"

（改写自：李镇西. 做最好的老师：著名教育家李镇西25年教育教学精华［M］. 桂林：漓江出版社，2006：63.）

我们可以想象一下，学生第一天报到完了回家去，他会怎样跟父母谈论他的班集体？他会说这个班集体太好了，第一天就怎么怎么样。事实也是这样的，李镇西叫学生写周记，许多同学都写道，来到这个新班感到很幸运，新班有这么好的老师、这么好的同学！

有时候，李镇西会给学生讲自己亲身经历的一些事。有一次李镇西到拜尔公司去参观考察，他往大楼走的时候，在他前面大概十几米的地方有两个法国人，李镇西并不认识他们。开大楼的门时，他们把门推开，却没有马上进去，而是回头向李镇西的方向看。李镇西顺着他们的目光往后看，以为法国人还有好朋友没过来，是在等朋友。可是，当李镇西回头去看的时候，他发现后面并没有人。这时候，李镇西才意识到，他们是在为他把着门，在等他。李镇西非常感动，一个陌生人，在陌生的国度，却有人这样默默地关心着他。你说，这样的故事感不感人？

就这样，李镇西把"让人们因我的存在而感到幸福"的观念深深地植入孩子心中，使其成为一项长期的行动。

这样简单的一句话，李镇西走到哪里都不忘，这就是一种教育的反复渲染。我反对唠叨，老是唠叨，学生会厌烦，但是我不反对反复渲染。李镇西只要有机会就会对学生进行这样的教育，他要让"让人们因我的存在而感到幸福"真正地走进学生的心灵，并化为一种自然的行动，这样，学生在今后的生活中就会切身践行了。

比如说搬书——李镇西让学生去搬书（我们老师一般也这样做，但是搬完就算完事了），搬完了他就对班上的所有同学说："让我们向李运同学（李运最认真）和全体男生表达我们的敬意！"全班鼓掌……李老师真诚的一句话让全体男生感受到了"让人们因我的存在而感到幸福"的实在意义。于是，就会有女同学主动发书。发书后，李老师又对同学们说："今天晚上，我们男生和女生进行了一次互相服务与合作！希望今后我们班每一个同学都能有一种互助精神！让我们班充满兄弟姐妹般的温暖！"就在这看似平常的互动中，这种思想悄悄地走进了学生的心灵。

我提倡学生每天审视自己的行为，追问自己："今天我有没有给人带去幸福？今天我有没有给人带去麻烦？我今天的学习会不会让父母感觉到幸福？我今天的行为会不会让老师感觉到幸福？……"每天追问自己，今天是不是让别人因我的存在而感到幸福，对学生的成长意义重大。现在的学生自我意识很强，很少站在别人的角度去看问题，生活中常常会闹出很多矛盾，产生很多摩擦。我们提倡每天追问自己，就是一种道德自省。每天询问一次，建立一种道德追问的良好机制，处于这样追问中的孩子，是不会放任自己乱来的。

做一个会偷懒的班主任，并不是不去管理学生，而是要使管理效率达到最大化。让学生进行道德自省、是非自辨、错误自纠，比我们空洞的说教不是强多了吗？

班主任工作最重要的不是管理，而是营造一种班级文化，让文化去熏陶、影响学生的心灵。当每一个学生从班级的每一个细小的地方，都能够感觉到自己的力量对集体的影响，都能够感觉到集体对自己的影响，那么，集体自主教育管理也就水到渠成了。

## 7. 精神自强激励学生迎接挑战

*"我能成功!"——激励学生持续挑战自我的精神自强武器。*

班主任放手让学生自主教育管理，自己想偷懒，可是学生说："老师，没有你，那事儿还真不行！"老师这时候挺感动，想到自己在学生中真是一言九鼎、举足轻重啊，头脑一热就给学生帮忙了。结果呢？学生的能力没有上去，班主任自己倒忙得要命。

学生要自强，老师才能放手，我们不能被学生拖着。被学生拖着，还能叫"会偷懒"的班主任吗？那是生活保姆和学习保姆！因此，做一个会偷懒的班主任，还要学会培养学生面对困难的自强精神，鼓励他们靠自己，这样我们才能放手。

要让学生自强，教师需解决以下几个问题。

### （1）帮学生树立自信心

没有信心，学生自强就没有底气。培养学生自强的精神，首先要不断给学生正面输送信心。

在这个问题上，我觉得魏书生的"精神充电"很不错，值得借鉴。魏书生提出的"放声高呼：我能成功！"对激励学生提高自信、赶走精神疲倦很有效。我们一起来学习一下他的精彩做法。

**放声高呼：我能成功！**

*魏书生*

有的老师问我："魏老师，我一上公开课，自己就紧张，学生也紧张，平时发言思维敏捷、语言流畅的学生也变得结结巴巴的。您在全国各地上公开课，学生们在舞台上，下面一两千人看着，学生不紧张吗？"

"说不紧张不真实，但做老师的要设法帮他们消除紧张的情绪。"

"怎样消除呢？"

"消除紧张的办法，至少有100种，我在全国各地用过几十种，用的次数较多的是培养学生的自信心。"

"培养自信心？那是一朝一夕的事吗？那不是得经过长期努力吗？"

"长期有长期的效益，短期有短期的效益。让学生树立战胜人生道路上重重困难的信心，当然要付出毕生的努力，而引导学生树立学会一首歌、上好一节课的信心，显然不必要也不可能付出太大的代价，不可能需要长期的努力。"

"那怎样在很短的时间内使学生对做好一件小事建立必胜的信心呢？"

一般情况下，我喜欢这样做：

1991年暑期，我从西藏拉萨赶到四川成都开会，又赶到哈尔滨市，赶到吉林，从吉林赶到大连市参加中国教育学会中学语文教学专业委员会举办的首次全国中青年语文教师观摩课。

钱梦龙老师第一个讲课，我是最后一个。我讲课是上午最后一节，天热，学生累，观众也比较疲倦了。学生累再加上紧张，这堂课很容易失败。

走上舞台，我问学生："大家愿意学一种消除紧张、使自己充满必胜信心的办法吗？"

"愿意！"

"那好，咱们学一种简单有效的消除紧张、建立信心的办法。请同学们站直，目视前方黑板的中缝，面带笑容，好了。下面，请同学们深深地吸气，挺胸，气憋足了吗？"

"憋足了！"

"请大家大喊三遍'我能成功'，要求一遍比一遍声音大。"

同学们听了都大喊起来，但喊得不整齐。

我说："这回老师说预备——起，请大家齐声喊。好了，预备——起！"

同学们齐声喊，但三遍基本一样，没有层次。

"这回请同学们想一想三次力量的分配，不要平均使用力气，最后一遍用全身的力气高呼，好！再来一次！"

"我能成功！我能成功！我能成功！"

学生们一声比一声大，喊过之后，会场里充满了活力，学生的紧张情绪一扫而光，对上好这堂课充满了成功的信心。

我的学生上课时也经常这样高呼，特别是全班同学齐声高呼时，有一种群体效应，一种场效应，大家互相竞争，互相感染，互相鼓舞，在这"我能成功"的声浪中，怯懦、紧张、疲劳、懈怠、拖拉、自卑的情绪被驱赶得无影无踪，尽管这些情绪过一段时间还可能回来，但经常这样驱赶，自卑、紧张的情绪就少多了。

也有的时候，自习课比较累了，有的同学便建议："老师，高呼几遍吧！"不用说呼什么，大家已心领神会，热烈赞成，一声令下，大家起身，昂首挺胸，吸足气，放声高呼："我能成功！"

有的学生管这叫"精神充电"，也有的说"这是精神加油站"，"这是精神食粮"。

（参见：魏书生. 班主任工作漫谈［M］. 桂林：漓江出版社，1994：135.）

学生需要我们传递给他们一种自信的力量，当我们不断地对他们说："你能行！""我相信你可以成功！""你一定能够成功！"孩子们是能够不断挑战自身极限的。不要以为这是唯心的做法，这其实是精神的鼓励。退一万步说，即使这是唯心的做法，我们也要探索出它能产生强大效果的原因，并把它用于实践。问题的关键不在于它是不是唯心，而在于我们是否让学生充满信心。这才是解决问题的正确思维。

### (2) 教给学生自强的办法

只有学生有足够的能力克服困难了，他们才有信心。

我接116班不久，就在班上推行自主教育管理和班干部值周制，宣布每个学生都能做班干部。尽管我也知道，确实有些学生在做班干部上能力强些，会省心些。但是，并不是所有的班干部只有一种模式，强干的班干部有强干的好处，泼辣，局面容易打开；温和的班干部也有温和的好处啊，大家觉得可以信任，可以依赖。我一直认为，关键不是谁可不可以当，而是如何运用、如何使用的问题。因此，在我班上，谁都可以做班干部。即使有学生没有当班干部的经验，我也会教会他做班干部。

有个班干部找到我，委婉地问："郑老师，我可不可以换个岗位？"

"有什么麻烦吗？"我问。

"同学们觉得我做纪检干部没有'杀气'。"

"啊！要杀人啊！"我故意夸张地说，他不好意思地笑了。

然后我就告诉他，其实他担任纪检干部以来进步很大，开学以来，他每天早操是第一个到操场的，以前听说他有抽烟的坏习惯，但是这学期没有了……"我一直想跟你单独聊聊，其实你很不错，控制了自己就是最大的成功。如果每个同学都像你，能够自己带头遵守各项纪律，工作不就好开展了吗？我对你的工作很满意，放心干吧。我为你骄傲！"

得到我的肯定之后，他信心大增，后面的工作就好开展了。期末考试前一个月，我因病请假，班级纪律评估一直稳居全校前两名。这就是信任的力量啊！所以，我们要经常告诉学生：你能行！

当然，仅仅给予精神上的鼓励是不够的，你还要教给学生适当的工作技巧，要对学生进行个别指导。由于学生性格各异、心理状态不一，且生活经历与工作能力有差别，因此工作的开展一开始并不是一帆风顺的。这时，班主任就要适时地进行个别指导，使每一个学生都能做好"三个第一次"：第一次在大庭广众之下讲话，第一次走上讲台，第一次参加分管工作的讨论。经历了这三个第一次，后面的工作就好开展了。

我担任高106班班主任的时候，班长交给我的班委成员名单中有一个叫王小菲的学生。她性格比较温和，待人也很热情，热心于班级工作，做事认真，能吃苦耐劳，在群众中拥有较高的威信，但遗憾的是，她的胆子太小，不敢上台讲话。平时安排工作，她都是用纸写好，然后张贴到前面黑板的旁边，要同学们自己去看。

由于她安排工作之前很细心，也注意和同学交心通气，因此工作并没有因为她的胆小而受到影响。可是我觉得这还不够，我认为一个好干部，应该是能够面对群众的干部，不能走上讲台去面对同学就不是一个称职的好干部。因此，我一心想把她推上讲台去讲话，甚至用蛮办法逼了她几次，可就是不成功。

还没有上去，她就已经吓得脸色通红。等到了讲台上，眼睛不敢看同学，她先是傻呵呵地低头笑一阵，好久不作声，后来干脆把身子转过去，将屁股靠在讲台边上，背对着全班同学。这样一站就是五六分钟。

我看这样不行，得把她喊下来。不然在上面再熬多长时间都是白搭。

她下来之后，告诉我，感觉在上面熬了一个小时。我告诉她，不要把心思放在同学们怎么看上面，要把心思放在她安排的工作上。只要把已经安排好了的工作说给同学们听就可以了。

她说："我知道事情就这么简单。可是我一上去，就浑身不自在，感觉口干舌燥，声音在喉咙里就是憋不出来。"

我帮她分析，这是她自己吓的。我问她究竟怕什么，她说怕讲不好，怕同学笑话。我说："现在你已经从上面下来了，最坏的结局也不过如此，你还怕什么呢？更何况，讲得好，从此可以跨出成功的一步。在这个世界上，我们首先要学会主动表达自己的思想，要让世界听见你的声音。"

"我还是怕，老师。"

我问她："面对一间空荡荡的屋子，你怕不怕？"

她说："不怕。"

"面对一屋子的货物，你怕不怕？"

"不怕。"

我告诉她一个克服心理障碍的好办法：不要把台下的同学当作和我们一样的人，只把他们看成一屋子的货物，你只是在这间屋子里清点货物而已。你安排工作，就好像在宣布把哪件货物安排到哪一个位置。

"好，我先到旁边的办公室里去训练一下。"我同意了她的请求。她在那边训练得很辛苦，我们在这边的教室里都听见了她的声音。我走进去表扬了她："我在那边都听见了你的声音，中气很足嘛！为什么不到讲台上去试一试呢？你说得很好，就按照你说的办。"我的表扬使她信心大增，终于，她抛开了胆怯，勇敢地走上了讲台。

后来她对我说："您平常对我们说，首先声音要让自己听得见，当我听见自己的声音在教室里响起的时候，我心里只有一个念头，我听见了自己的声音！我能够讲了，我终于能够讲了！谢谢您，郑老师！"任何事情走出了第一步，后面的事情就好办了。她在日记中写道："对没有发生的事情感到害怕，实在太好笑了。"

（参见：郑学志. 班主任工作招招鲜［M］. 长沙：湖南师范大学出版社，2005：88-90.）

你看，让学生相信自己能行，他就会觉得自己以前的害怕很好笑！这就是信任的力量和作用。做一个会偷懒的班主任，不要害怕孩子们不行，不要怀疑孩子们能行，要坚定地相信他们，鼓励他们对自己说：我能行！

## 8. 强大的自制力可以帮助学生成功

*"我有自己的准则并奉行不悖。"——培养学生把握自己、培养学生坚忍素质的意志自制武器。*

有一本专门讲狩猎的书，里边有一个狐狸抓野鸭子的故事。

有一只红狐狸，它为了捕获野鸭子，常常连续几天潜伏在冰天雪地的沼泽地，它是那样顽强、有耐心，慢慢地、悄无声息地贴在地上接近野鸭子。当野鸭子无意中游开了，红狐狸就用舌头舔一下嘴唇，失望地退回原处等候着。为了填饱饥饿的肚子，红狐狸可以这样往返几十次，直到几天之后，野鸭子由于一时疏忽，终于被它逮住为止。

这个小故事是讲自制力的，狐狸的自制力，是自然界长期进化物竞天择的产物。沼泽地里的野鸭子，虽然笨笨的，似乎又是漫不经心地游在眼前，但是，要想真的抓住它，也非常不容易，因为野鸭子虽然笨拙，却有极高的警戒心，看似大拙，实则大巧。没有长久的耐心和良好的自制力，狐狸是根本捉不到野鸭子的。

自制就是克制自己。有时尽管你不想做某些事情，但还是尽力去做，这样你就能成功。对于情绪的控制，无论是在管理还是在做人方面，都尤为重要。可以说，良好的自制力是一个人心理健康的重要标志，也是学生进行自主教育管理的重要武器。一个具有良好自制力的学生，必然是一个能模范遵守社会道德行为规范、遵守学校纪律、具有较强的法制观念、能经受各种挫折和打击、有良好的适应能力及对紧急事件的应变能力的人。无论什么时候，我们都可以将班级交给这样的人。

事实上，现在的学生自制力越来越差。他们受不了一点打击，受一点打击就会崩溃；总有许多小毛病，无论老师怎么提醒都不能控制自己；非常任性，总是不能按照老师和家长的要求办事……一个没有自制力的班级，班主任别说想偷懒，学生不给你惹事，你就"烧高香"了。

怎么办？训练啊，我们做老师的，就是要通过教育把不会的教会，把会的教得更精深，这就是老师的职责。增强自制力最好的办法就是磨炼。俗话说百炼成钢，只有通过实践锻炼，才能够真正获得自制力，也只有依靠惯性和反复的自我控制训练，意志才有可能得到完全的控制。

举个很简单的例子——每天早上慢跑5公里。不论严寒酷暑，刮风下雨，都要坚持，大家能够做到吗？

刚开始的时候，我们会遭遇很多挑战。早上在床上的每一分钟都是如此让人不舍，特别是冬天，我们会赖在被窝里为起床做激烈的思想斗争，而且长跑又艰苦又乏味，还会让人腰酸背痛，可真是名副其实的苦差事。但是，有位班主任做到了，谁？魏书生，他每天都带领学生长跑。有一年夏天，学生快毕业了，第二天就要参加升学考试了，那天是星期天，学生全部穿戴整齐赶到学校里，"魏老师，我们跑最后一次操吧！"于是，学生穿着运动服，一路跑过去。当时江苏省的一位教育局局长看了,说:"魏老师,你们班的作风我不用看了,你不让跑,人家还是坚持,还是以苦为乐,还有什么样的困难能够难倒你的学生呢?"

美国作家马克·吐温（Mark Twain）说:"每天去做一点自己心里并不愿意做的事情,这样,你便不会为那些真正需要你完成的任务而感到痛苦,这就是养成自觉习惯的黄金定律。"自制的一个重要内容就是自己从惰性的角度不愿意去做,但是强大的精神和意志可以帮助你克服惰性,克服享乐思想继续做。你想想,如果每个学生都这么做了,我们还愁班级不能自主、班主任不能轻松吗？

事实上,强大的自制力往往可以创造出奇迹。我曾经多次给学生讲过湖南省龙山县一中一位叫张成龙的学生从模考260分到高考572分的传奇故事。

## 从260分到572分的蜕变

*张成龙*

说说我个人的学习情况:我们学校3月5号摸底考试,7号成绩出来,我只有260分。这对于在高三"混日子"的人来说,再正常不过了。并非我没有努力,只是坚持的时间太短。望着拿到手里的试卷,我想着回家怎么给父母解释。每当想到父母忧心的眼神,我就感到揪心。

晚上,父母看到成绩单的时候并没有像往常一样忧虑。父亲告诉我,我考不考得上大学不重要了,他已经帮我找到一份工作,在当地一家工厂当小工,我毕业后就可以去了,学个几年可以做大师傅,待遇还不错。我当时就蒙了,虽然我的成绩不好,可是我忘不了当初最要好的几个朋友相约同聚大学的誓言,忘不了高三那些为理想奋战的日日夜夜。我暗暗发誓,一定要考上大学——为了我,也为了担心我的父母。

（一）

7号晚上我第一次静下心来分析自己的不足:为什么书看了就是没效果？为什么题目做过仍然会错？为什么有的知识点我知道但不能解题？我发现自己在学习上有3个问题:

1. 没有目标，不能坚持不懈。每次制订的学习计划照着做两三天就不能坚持下去，等过几天再看，前面的东西已忘得差不多了。

2. 做题缺乏针对性，很少总结。我平常做题只管做多少，不去选择难度，同时也很少对某一考点或题型做针对性的练习。这直接导致我对知识点的把握不到位，对自己知识的薄弱处不清楚。

3. 看得多，动得少。有句话叫作"好记性不如烂笔头"，我看书的时候很少进一步去理解知识点的内在联系，所以原来不会的现在还是不会，原来错的也一直错下去。

认识到自己的缺点之后，我开始针对不足之处制订相应的计划。我将以前考过的各科试卷都看了一遍，发现了每一科目有不同的漏洞。

语文：基础知识和阅读理解不太好。

数学：选择题、填空题命中率低，大题后面的3道题不会做。

英语：基本不懂。

（二）

既然找出了问题，就找解决的办法。

语文：我去书店买了一本语文基础知识手册和一本阅读素材。

数学：买了天利38套。

英语：买了近十年的高考题。

语文：我将语文基础知识手册和阅读剪成3本，每十天换一本。看基础知识手册就当看书，看阅读素材着重理解其中心思想。这样，我的基础知识和阅读、作文水平都有了提高。

数学：每天做3套题，只做选择题和填空题，时间控制在两个半小时内。第二天将前一天做错的题目看一遍，三天、一周后再分别看一遍。这样我解数学小题的速度和准确率快速提高。

英语：每天做一套题，将不认识的单词记录下来当晨读材料，每天记半小时。

（三）

接下来的一个月我都用这种方法复习，4月5号摸底考试，成绩出来了，我的成绩由 260 分飞跃到 410 分，从班上的倒数第 3 名上升到倒数第 10 名。有了明显的效果，这时我更兴奋了，开始制定第二阶段的冲刺方案。

语文：基础知识手册每十天重点复习一遍，作文素材每天精读 5 篇。

数学：将前面的选择题、填空题加上后面的四道大题一起重做一遍。最后两题不做，第二天复习。

英语：每天一套题，每个题目的语法、句型和短语一定要搞清楚，做错的题记录一遍。

用这个第二阶段的方法坚持学习一个月后，5 月 5 号考试，我的成绩再次有所突破，达到 510 分。这时候，我在班上的成绩已经是前 20 名。在湖南省，这个分数要想上一般本科还是有困难，更不用说重点本科了。我深深地理解到坚持不懈和制订计划的重要性。在最后一个月里，我终于跟上了老师教学的进度，一边不停地做着各式各样的练习，一边将近两个月积累的错题当成武侠小说看得津津有味。我已经入境了。与此同时，最后一次模拟考试如约而来，可能是为了让大家保持高考的信心，这一次考得比较容易，我拿到了 598 分，一举进入班上前 10 名。

期待已久的高考来了，凭着三个月的奋斗，没有一天休息，我，终于取得了梦寐以求的好成绩——高考 572 分。这个分数足够我上重点本科了。语文 110 分，数学 119 分，英语 105 分，理综 238 分。

三个月永不言败，三个月无数次对自己说"你一定行"，三个月的坚忍和辛勤耕耘终于获得了完美的回报。

自制就是坚忍，就是即使自己不愿意做，但因为义务和责任必须去做，从而克服自己内心的惰性和习惯障碍，坚定地做下去并且做成功的一种重要的心理素质。张成龙的故事告诉我们：一切皆有可能，关键是能不能够守住自己。当对日复一日的重复学习感到厌倦时，当班级管理的新鲜感已经衰退、厌倦情绪上升时，当自己无辜被冤枉，委屈牢骚满腹而无从发泄时，还能够保持强烈自制力的人，就是干大事业的人。从身边的榜样入手，告诉孩子们怎么坚忍、怎么自制，他们还能不改变吗？学生都是喜欢挑战的，你给他们提出挑战目标，他们就能够挑战自己。

为形成一个班主任能放手的、具有强大自制力的班级，需要做好下面一些工作。

### 加强学生自制力的 8 项有效措施

1. 加强学生思想修养。人的自制力在一定程度上取决于他的思想素质。一般来说，具有崇高理想抱负的人绝不会为区区小事而感情冲动。因此，要提高自制力最根本的方法是树立正确的人生观、世界观，保持乐观向上的健康情绪。

2. 提高学生文化素质。一般来说，一个人的文化素质同其承受能力和自控能力成正比。文化素质比较高的人往往能够比较全面正确地认识事物，认识自我和他人的关系，自觉地进行自我控制、自我完善。

3. 帮助他们稳定情绪。用合理发泄、注意力转移、迁移环境等方法，把将要引发冲动的情绪宣泄和释放出来，保持情绪稳定，避免冲动。

4. 教会学生强化自我意识的办法。遇事要沉着冷静，自己开动脑筋，排除外界干扰或暗示，学会自主决断。要彻底摆脱那种依赖别人的心理，克服自卑，培养自信心和独立性。

5. 强化自制实践锻炼。一方面，要加强学习，积累知识，开阔视野，用知识来武装和充实自己，提高自己分析问题和解决问题的水平，并通过学习别人的经验来发展自己决断事情的能力；另一方面，要积极投身到学习和生活实践中去，刻苦锻炼，不断丰富经验，提高自己的适应能力。

6. 强化意志力量。要培养自己性格中意志独立的良好品质。对奋斗的目标要有高度的自觉。只要是经过自己的实践认准的事，就应义无反顾地做下去，想方设法达到预期目的。不必追求十全十美，不必苛求自己没有一点失败，不必过多地注意别人怎样议论你。

7. 调整好需要结构。当需要不能同时兼顾时，抑制一些不可能实现的需要。古人云："鱼，我所欲也；熊掌，亦我所欲也。二者不可得兼，舍鱼而取熊掌者也。"

8. 要强化积极思维。俗话说:"凡事预则立,不预则废。"平时注意经常思考问题,增强预见性,关键时刻才能及时、果断、准确地做出选择。

《第56号教室的奇迹》一书的作者雷夫·艾斯奎斯提出了道德修炼的六重境界,最高境界就是"我有自己的行为准则并奉行不悖"。我觉得这是对自制力的一个最好注脚:当一个学生的行为不是取决于恐惧、取悦他人或是规则,而是已经有自己的一套行为准则时,他就是一个非常强大、完全能够自制、有自己心灵追求的人了。

如果,我们的学生能够以这句话自勉并努力践行,你说,还有什么样的事情不能够交付他们呢?

# 名师推荐集锦

**发现了教育的另一种可能**

在传统的"宣传与灌输""管理就是控制"的教育模式下,郑学志老师关于自主教育的理性思考,真正达到了以人为本、尊重学生、激励学生、发展学生的高度,以学生的人格独立、终身幸福为教育终点,这无疑让我们看到了教育的另一片天空,发现了教育的另一种可能,抵达了教育的另一个境界。

——郭玉良(全国模范教师,全国教育系统劳动模范,
湖南省岳阳县第一中学高级教师)

几年前我就品读过郑学志老师的《做一个会"偷懒"的班主任》,并受益匪浅,它让我快速成长为一名优秀的班主任。如今我再次细细咀嚼,仍如饮甘露。郑老师有"道"而懒、有"法"而懒,"懒"得有目的、"懒"得有艺术、"懒"得有水平,"懒"出了教育的另外一番天地:让学生成为自己的主人,让学生学会自我教育,让班级变得自主、美好、幸福。

——袁红梅(湖北省恩施市桂花园小学校长,
湖北省三八红旗手,小学高级教师)

我每到一所学校任校长,都邀请郑学志老师去给我校老师讲课。每次培训,都能够激发一大批老师向我申请去做班主任,也能够激发一大批老师积极投身于班级管理的创新实践。因为他的做法,总能够传递出一种教育创新的浪漫情怀,鼓舞着老师们不断去尝试;他的言行,总能够体现出一种对教育事业的热爱和对学生的喜欢,让我们情不自禁地爱上教育。他让我看到了另外一种教育可能——让学生站在课堂的中央,站在学校的中央。

——张巨宏(全国优秀语文教师,天门市十佳校长,
湖北省天有教育集团教学总监)

2008年我第一次带小学一年级。因为总不放心孩子，我事必躬亲，大小事务一应全包，身累，心更累。结果，我那金刚不坏的"金嗓子"终于被孩子们吵哑了，我也进了医院。我不禁感叹：现在的孩子怎么这样难教呢？

"辛苦不是我们的教育目的，也不是我们的命运……放手让学生自己管理自己，自己教育自己……"困惑中，《做一个会"偷懒"的班主任》点亮了我。跟随郑学志老师开展班级自主教育管理实验后，我渐渐变得"懒惰"起来，这一"懒"却懒出了另外一种结局——孩子们勤快了……

原来，懒不是放任自流，而是懂得适时放手，懂得激励孩子，懂得让孩子去成为最好的自己。

——**纪继兰**（安徽省特级教师，安徽省首届中小学教师培训专家）

### 一本好书必须要有趣

一本好书必须要有趣。否则，光有深刻的思想，没有有趣的文字，谁喜欢读啊？我是因为一篇有趣的序言，进而喜欢上这本书的。后来，居然被郑学志老师生动有趣的故事、活泼明快的语言、智慧灵动的思想吸引。书中关于一线教师苦和累的那些大实话，深深地打动了我。我废寝忘食、通宵达旦地读完了这本书，这是我看书之前绝对没有想到的，也是我参加工作多年来没有过的、最为疯狂的一件事情。直到现在，我依然会说：无悔遇到郑老师，无悔看到这本书。

——**魏敏**（陕西省合阳县城关第二小学教师，
陕西省学科带头人，陕西省魅力班主任）

喜欢听郑学志老师讲故事，他总能在平淡无奇的事件里发现价值点，也总能在看似平常的事情里发现有趣的内容。譬如：他借用亲力亲为的大禹三过家门而不入来讲凡事包办的班主任，真是形象极了；他讲秦始皇依靠班长管班，最后误了江山社稷，发人深省；他讲嘉靖皇帝的票拟制度，用以发挥民主的作用，幽默有趣……看郑老师的《做一个会"偷懒"的班主任》，我真正地体会到了什么叫"有趣的灵魂百里挑一"。

——李毅靳（河北省阜平县城厢中学高级教师，保定市优秀班主任）

有趣的教育体验会让教师远离职业倦怠，有趣的班级管理会让学生迷上学习。《做一个会"偷懒"的班主任》一书我至少系统地读过三次，主要原因在于：郑老师的工作方法有趣，他和孩子们的生活交往有趣，他的班级管理思路有趣，他对学生激励的手段有趣……甚至，连一次班规修改，都因为尊重我们平时容易忽视的少数学生而变得生动有趣。有趣，让教育者和被教育者没有了距离；有趣，让我们平凡的每一天有了诗意。

——戴荔（山东省曲阜市济宁学院第二附属小学语文高级教师，全国优秀辅导员）

偶然在书店看到郑学志老师的《做一个会"偷懒"的班主任》，感到书名有意思，便顺手翻看，却好像被魔法棒点中一般，立刻被内容牢牢吸引：这个老师也太离经叛道了吧？学生不喜欢读书，他说学生可以装读书的样子，装着装着，就进入了角色……这种做法让我忍俊不禁，又佩服至极，拊掌叫好。读着读着，我的职业倦怠居然被这本书"治愈"了，一个职校的菜鸟班主任，居然喜欢上了"老班"这行当。

——马彩云（江苏省南京工程高等职业学校高级讲师）

**令人怦然心动的是思想**

教育者最令人怦然心动的是有思想，有思想、有远见的老师能够让我们看到教育更美的风景。《做一个会"偷懒"的班主任》让我眼前豁然一亮的，就是郑学志老师对教育、对教和学、对学生的理解，已经远远走在了同龄人前面。他让我发现日常教育生活中竟然也潜藏着那么多美。我后来之所以能够从一名普通的农村中学教师成为高级教师，并出版自己的专著，不得不说,是郑老师关于教育的很多尝试、实践和思考启发了我。在此书再版之际,我有一句发自肺腑的话和大家分享——和有思想的人同行,您将收获温暖的人生。

——**刘坚新**(湖南省邵阳县五峰铺中学高级教师)

"带差班要有名班意识""差班之所以差是从来没有人告诉过他们,他们还有未来""孩子每天都需要励志""优秀教师要善于点燃孩子们内心向上的力量"……读《做一个会"偷懒"的班主任》,和郑老师交流,这些金句不断地刷新我对教育的认识。从来还没有哪一本书,让我产生过如此大的思想震撼。没有改变就是一纸空文,我们经常要面临接差班的挑战,中途如何才能做好差班的工作,郑老师的这些做法,给了我醍醐灌顶的感觉。

——**陈正武**(云南省红河州弥勒市朋普中学高级教师)

好教育成就好人生,郑老师的自主教育,点亮的是教师与学生共同的好人生。当一个教育者有了深邃的思想,时间也就给他凝聚了丰厚的人生底蕴。我有幸认识身边的这样一位教育智者,常常被其芬芳的人格魅力折服:亲切、平和、儒雅、谦逊、低调,浑身散发着人文的气息和温暖的情怀……这就是郑老师,一个"会"偷懒的人。

——**陈丽舫**(湖南省邵阳市北塔区高撑小学教师)

"懒人推动了科技发展""懒人推动了社会进步",这些创造性的观点,让我眼前豁然一亮。《做一个会"偷懒"的班主任》让我深深地体会到:教育是一场灵魂旅行,是一次美好遇见,是一生的守候,是生命的陪伴。我们偷的不是懒,是教育智慧的提炼,是教育创新的体现,是教育情怀的彰显,是教育理想的舒展。正是因为这些,我们才是真正地"会"偷懒。

——**刘松涛**(河南省柘城县第二高级中学高级教师,<br>河南省骨干教师)

### 被一本书改变了人生走向

最开始当班主任时，我完全是凭着"情怀＋别人的经验"开展工作，时而自得、意气风发，时而迷茫、身心俱疲。直到4年前，我有幸读到了郑老师的《做一个会"偷懒"的班主任》，才终于找到了班主任工作的门道。那一则则鲜活的案例让我手不释书，一条条睿智而接地气的治班策略更是令我佩服得五体投地！带着觉察和思考，我发现：自己曾经在班级管理中遇到的问题都在这本书中找到了答案。结合我们的班级愿景，我试着把郑老师的一些治班策略搬过来用，惊喜地找到了"一条师生都解放的道路"。谢谢郑老师！

——*杜丽君*（四川省成都市玉林中学石羊校区教师，成都市"一专多能"优秀青年教师）

4年前，我偶然在同事手中看到《做一个会"偷懒"的班主任》，借过来翻了一下，就被它里面的内容深深吸引并为之折服，之后它一直陪伴着我。在我困惑时，它教给我一个个鲜活的招式；在我迷茫时，它指引我一次次走向成功的彼岸。它让我在班级管理工作中受益匪浅。可以说，我在班主任工作中感受到的很多快乐，取得的很多荣誉，和这本书都有很大的关系。这本书让我在班主任工作中不断创新，克难制胜，感受幸福，走向成功。

——*吴菊萍*（新疆泽普石油基地巴州石油二中教师，新疆维吾尔自治区德育先进个人）

扛起班级管理大旗以来，我每天像个陀螺，忙于处理班级事务，苦不堪言。直到有幸拜读全国知名班主任郑学志老师的《做一个会"偷懒"的班主任》一书，我才茅塞顿开，尝试放下手中的大权，创新班级管理工作，构建一个学生自主的管理体系，把每一个学生都培养成独当一面的干部……我居然也能够从沉重的班级事务中解放出来，这种喜悦让我自信无比！深信其他读者也会有这样的收获，不仅能踏上班主任专业成长的快车道，还能让班级管理迎来明媚的春天。

——*张国东*（天津市蓟州区下营中学高级教师，天津市优秀班主任）

**偷懒的背后是自主教育**

"辛苦不是我们的教育目的,也不是我们的命运,我们完全可以'偷懒'。这个'偷懒',就是放手让学生自己管理自己、自己教育自己,我们老师要做的,是为学生的成长提供咨询和参考!"郑学志老师喊出了我们广大一线班主任的心声。阅读了郑老师的《做一个会"偷懒"的班主任》后,我感到"偷懒"这个词,反射出了班主任更多的深入思考,对班主任提出了更高的要求,要求我们做一个"明白之师"和"民主之师",极尽所能地让学习和管理发生在学生身上,从而让学生做到品德自省、管理自立、成长自强、学习自主和活动自理。

——徐晓莉(浙江省杭州江南实验学校中学高级教师,市级班主任工作室领衔人)

一个"会"字,以科学的思想构建一个让学生自主的制度体系,以"七自"管理建立一个全面放手的运行机制,把每个学生培养成独当一面的干部,着力于学生的自主发展,让我看到教育的发展方向。一个"会"字,让我真正享受"偷懒"的时光,享受做班主任的幸福。"会"字头上一个"人",让我明白教育的主体是学生,要尊重学生、激励学生、发展学生……我活在教育的"春光里"。"会"字下面一片"云",我品味着"偷懒"的妙诀,如同欣赏充满激情的腰鼓表演;看风云际会,赏朝霞满天,小班级、大社会,琴瑟和鸣谱华章。

——陈克敏(天津市静海区第五中学语文高级教师)

教师需要过一种怎样的教育生活?学生需要一种怎样的教育方式?郑老师在他的著作《做一个会"偷懒"的班主任》中破译了教育的密码——自主教育。以生为本、自主教育、自主管理、自主发展,郑老师将他的教育观直指"教育就是解放""教育就是发展""教育就是自我实现"。这种"解放""发展"和"自我实现"同时指向了师生双方,让师生共享有尊严、有价值的教育生活。

——钱碧玉(江苏省无锡师范学校附属小学高级教师,无锡市优秀班主任)

## "懒人"的前提是有智慧灵光

我怀疑自己魔怔了,而且是从读郑学志老师的专著《做一个会"偷懒"的班主任》开始的。这位老师,有着让人着魔的"鬼点子":他让学生抄作业,也抄出了成绩,抄出了进步;他从学生中征集各种奖励"金点子",取之于民,用之于民;他有创意地发大红包,深受学生喜欢……(第一版)序言"做像嘉靖一样会'偷懒'的班主任",既是关于班主任工作的大实话,也是调侃古代帝王的大白话。一看这个序言,我便不能放下,甚至凌晨两点半醒来,也在思考他的"自主管理",还开始往家长义工群里发东西,交代这,交代那,简直"魔怔"了!

——霍松梅(河南省三门峡市第四小学高级教师,
河南省最具智慧力班主任)

"懒人"的前提就是有智慧灵光。读郑老师的书,就如聆听智者开悟,每一个技法后面都蕴含着普遍而深刻的教育规律。"学会偷懒"从某种意义上来讲是热与冷的和谐,是从班级热闹的场景到班级管理冷静思考的蜕变;是术与道的统一,是从班级管理的秘籍到精修高深内功的完美统一;是光与影的旋律,是教育智慧之光映射到读者心灵的惊艳舞动……这就是智慧的教育,正因为如此,他才能够让一个民间的学术团队,历经十年而经久不衰,一个个普通老师因此而找到班主任的专业自信,一位位普通班主任因此而走上专业成长的道路。可以说,《做一个会"偷懒"的班主任》这本书,已成为很多班主任的工作秘籍和案头常备的参考书。

——覃丽兰(湖南省怀化市怀铁一中高级教师,湖南省特级教师,
湖南省示范性名师工作室主持人)

"星星点灯,照亮我的家门,让迷失的孩子,找到来时的路……"歌声敲打着我禁锢的心门,它叩问着我——与其努力做着耗尽自己不惜成灰的蜡烛,为什么不学着做一盏点亮学生航路的灯呢?郑学志老师的《做一个会"偷懒"的班主任》给我带来的,就是做教育点灯之人的精神唤醒。感谢郑老师这清

朗之光在文字中传来的声声呼唤,给我力量,给我鼓励,我愿成为被光点亮的众多灯中的一盏,光芒虽小,但坚持长明!

——陶红霞(深圳市名班主任工作室主持人,
深圳市首届"我最喜欢的班主任"获得者)

如果用一句话来做评价,我想说,"偷懒"这本书,招招见效,招招见笑。

——白莲花(全国首届"种子杯"班主任风采大赛特等奖得主,
深圳市南山区班主任专业成长工作室主持人)

**因为书名而喜欢上了一本书**

我是被书名"骗"了,进而喜欢上这本书的。作为一线班主任,我们的工作确实太累、太辛苦,而能够偷懒,有偷懒秘籍,肯定会成为我们挑选图书时的首选。后来,没想到歪打正着,我竟然找到了一本学生自主教育管理的书籍,按照书上说的去操作,居然孩子们很喜欢,家长也很支持!我自己也乐得和孩子们开始新的生活。《做一个会"偷懒"的班主任》,原来教会我们的不是"偷懒",而是学生自主教育管理的方法。这操作,我服了!

——周勇(湖北省鄂州市第一中学教师,鄂州市教改先进个人)

"偷懒"多吸引人的眼球!是啊,身为忙碌的一线班主任,谁不想轻松,谁不想偷懒?可是,为什么理想如此丰满,现实却如此骨感呢?郑学志老师的《做一个会"偷懒"的班主任》之所以畅销,一版再版,不仅是因为书名引人入胜,更是因为书中破解了"偷懒"的密码——教育的本质是影响,教育的任务并不仅仅是传授知识和技能,更重要的是教会学生学习的方法,教会他们如何做人。让学会做人成为学生成长的内在需求,把更多的机会留给全班学生,使他们在各方面得到锻炼,提高能力。只要做好了这些正本清源的工作,在其他细枝末节上我们自然就能偷偷懒了。其实,"偷懒"不是真正的偷懒，而是教育管理艺术的升华。

——营宗珍（湖北省武汉市东西湖区吴家山第三小学高级教师，武汉市功勋班主任）

偶遇郑学志老师的《做一个会"偷懒"的班主任》，我大吃一惊：书名这么离经叛道，这不是对以往的教化成果进行"赤裸裸"的挑战吗？带着好奇，我一头扎进了书中，结果，这本书完全改变了我的教育人生：班主任的苦与累是因为工作方向错了，教育的目的不是让人累的，科学的发展是让人获得解放的……书中娓娓道来的"偷懒经"和学生自主管理的做法，开启了我教育的智慧。当别的班主任蹲守教室、死死盯着学生的时候，我一边悠闲地备课上课，一边悠闲地享受家庭生活的幸福，更重要的是我开始有大把的闲暇时间读书写作，提升自己。而且，这一切的前提是——我的班级居然挺好的，同事们说"老孙好手气"，我心里乐，其实是因为我好学习！现在，我们校长的抽屉里也放着一本郑老师的"偷懒经"。

——孙玉光（山东省东营市广饶县第一中学政治高级教师，东营市优秀班主任）